国家级职业教育规划教材
人力资源社会保障部职业能力建设司推荐

全国职业院校智能网联汽车新形态工作手册式教材
全国技工院校智能网联汽车工学一体化教材

动力蓄电池及管理系统检修

中德诺浩汽车职业教育研究院　组织编写

主　编　田子欣　吕丕华
副主编　许智达　王洪波　窦　宏
参　编　赵彦斌

中国劳动社会保障出版社

内容简介

本书以新一代汽车企业岗位（群）任职要求、职业标准、典型工作任务为主体内容，以“教、学、做”合一的形式编写而成，具有工作手册和教材的共同特征。全书共有3个学习情境、15个任务，内容主要包括电池单体充、放电，电池单体SOC估算，电池电性能测试，电池模块更换，电池均衡，动力蓄电池管理系统更换与匹配，动力蓄电池管理系统故障检测与维修，动力蓄电池系统更换，电池状态评估与回收利用等。

本书可作为职业院校与技工院校智能网联汽车相关专业教学用书，也可作为汽车企业相关技术人员与社会人士培训参考用书。

图书在版编目（CIP）数据

动力蓄电池及管理系统检修 / 田子欣，吕丕华主编 . -- 北京：中国劳动社会保障出版社，2023
全国职业院校智能网联汽车新形态工作手册式教材　全国技工院校智能网联汽车工学一体化教材
ISBN 978-7-5167-5924-0

Ⅰ. ①动…　Ⅱ. ①田…②吕…　Ⅲ. ①电动汽车 – 蓄电池 – 管理 – 高等职业教育 – 教材②电动汽车 – 蓄电池 – 检修 – 高等职业教育 – 教材　Ⅳ. ①U469.720.3 ②TM91

中国国家版本馆 CIP 数据核字（2023）第 140145 号

中国劳动社会保障出版社出版发行
（北京市惠新东街1号　邮政编码：100029）
*
三河市华骏印务包装有限公司印刷装订　　新华书店经销

880 毫米 ×1230 毫米　16 开本　15.25 印张　330 千字
2023 年 9 月第 1 版　　2023 年 9 月第 1 次印刷
定价：54.00 元

营销中心电话：400-606-6496
出版社网址：http://www.class.com.cn
http://jg.class.com.cn

前言

近年来，我国汽车产销总量连续位居全球第一，汽车产业已发展成为我国国民经济重要的战略性、支柱性产业。伴随新一轮科技革命和产业变革，智能网联汽车已成为全球汽车产业发展的战略方向。

党的二十大报告指出，“坚持把发展经济的着力点放在实体经济上，推进新型工业化，加快建设制造强国、质量强国、航天强国、交通强国、网络强国、数字中国”。国家发展和改革委员会等部门印发的《智能汽车创新发展战略》提出，“发展智能汽车，有利于提升产业基础能力，突破关键技术瓶颈，增强新一轮科技革命和产业变革引领能力，培育产业发展新优势”，具有重要的战略意义。与之呼应，汽车产业对于高素质技术技能型人才的需求越来越紧迫。

根据中共中央办公厅、国务院办公厅印发的《关于加强新时代高技能人才队伍建设的意见》，为贯彻落实全国职业教育大会精神，为我国汽车产业提供有力的人才和技能支撑，编者团队以岗位职业技能为核心，以优化课程结构、加强实践教学、突出能力培养和提高教材质量为突破口，编写了这套职业院校智能网联汽车新形态工作手册式教材。

本套教材融入企业新知识、新技术、新工艺、新方法，根据汽车产业链典型岗位工作标准，将智能网联汽车理论知识与实践应用有机结合，综合培养学生的专业知识、技术技能、职业道德等职业综合素质和行动能力，具有以下特点：

（1）产教融合，内容前瞻。集合职业院校与龙头企业等多方力量，依据职业教育国家专业教学标准，按照生产实际和岗位需求，将新技术、新工艺、新规范、典型生产案例纳入教材内容，对接职业标准和岗位（群）能力要求。

（2）理实结合，工学一体。以真实生产项目、典型工作任务等为载体，把握学生认知规律，体现先进职业教育理念，将工作过程和学习过程融为一体，培养学生的综合职业能力。

（3）模式先进，编排合理。采取行动导向教学模式，按照结构化、模块化、系统化的要求精心编排教材内容，满足项目学习、案例学习、模块化学习等不同学习方式的需求。

（4）形态创新，数字引领。采用工作手册式教材形式，图、文、表并茂，“岗课赛证”融通，配套数字资源形式多样、信息技术应用充分，附有专属二维码便于使用者浏览和学习，有效激发学生的学习兴趣和创新潜能。

（5）课程思政，导向明确。内容编写坚持正确的政治方向和价值导向，落实课程思政要求，弘扬劳动光荣、技能宝贵、创造伟大的时代风尚，培育劳模精神、劳动精神和工匠精神。

（6）彩色印刷，制作精良。全书采用彩色印刷，版面清晰，主题明确，满足理论及实训等多种教学场景。

本套教材可作为职业院校智能网联汽车相关专业核心教材，也可作为其他汽车类专业的专业课教材和拓展课教材使用，同时还可供从事汽车研究、设计、制造、使用和维修的工程技术人员学习和参考。

智能网联汽车技术是传统汽车技术与信息技术、人工智能、通信技术、传感器技术等新技术的深度融合，整个行业还在不断地创新探索技术和服务的内容、模式，加之编写团队水平有限，使本书在一些具体问题的处理上难免有不尽如人意之处，敬请广大读者批评指正！

《动力蓄电池及管理系统检修》由三门峡职业技术学院田子欣、中德诺浩（北京）教育科技股份有限公司吕丕华任主编，中德诺浩（北京）教育科技股份有限公司许智达、江苏安全职业技术学院王洪波、无锡汽车工程高等职业技术学校窦宏任副主编。中德诺浩（北京）教育科技股份有限公司赵彦斌参加编写。

此外，本教材在编写过程中还得到了相关行业、企业，以及职业院校产、学、研各方面的专家和技术骨干的参与和支持，在此致以诚挚的谢意。

编　者

Contents 目录

情境一　动力蓄电池检测与维修......1

任务一　电池成组......3
任务二　电池单体充、放电......19
任务三　电池单体 SOC 估算......32
任务四　电池电性能测试......44
任务五　电池模块更换......60
任务六　电池均衡......75
任务七　动力蓄电池故障诊断与维修......90

情境二　动力蓄电池管理系统检测与维修......107

任务八　动力蓄电池管理系统更换与匹配......109
任务九　动力蓄电池管理系统检测与维修......123
任务十　高压继电器故障检测......142
任务十一　电流传感器故障检测......157
任务十二　高压上电故障检测与维修......173
任务十三　动力蓄电池系统故障诊断与维修......189

情境三　动力蓄电池系统更换与回收......207

任务十四　动力蓄电池系统更换......209
任务十五　电池状态评估与回收利用......225

情境一
动力蓄电池检测与维修

情境介绍

动力蓄电池作为智能网联汽车的核心组成部分，其直接作用是为智能网联汽车提供动力来源，它的产品性能、能量密度和使用寿命等直接影响车辆的续驶里程、动力性和安全性。当动力蓄电池出现故障时，如何快速、有效地诊断及排除故障，是维修人员思考的主要问题。检修动力蓄电池需掌握其组成结构、工作原理、故障类型及原因，还要能熟练运用故障诊断思路和检修方法，这是排除动力蓄电池故障的能力基础。

本情境包含电池成组，电池单体充、放电，电池单体荷电状态（SOC）估算，电池电性能测试，电池模块更换，电池均衡，动力蓄电池故障诊断与维修七个任务。具体内容包括电池单体基本组成，电池组合方式，电池单体充、放电的特性、方式、工作原理和测试方法，电池单体 SOC 估算方法，电池单体及模块电性能测试方法，电池模块更换流程，电池均衡策略，动力蓄电池系统组成、连接方式，动力蓄电池故障类型、原因、诊断思路和排除方法。

情境目标

▸能按照充、放电标准流程，正确使用动力蓄电池充、放电设备，规范完成电池单体充、放电作业以及不同倍率的电池充、放电测试。

▸能按照电池单体 OCV-SOC 曲线测绘方法，使用万用表测量每一工步电池单体的电压，准确绘制出 OCV-SOC 曲线，并运用 SOC 估算方法，准确估算电池当前 SOC。

▸能按照电池单体及模块电性能测试内容与步骤，使用充、放电设备和内阻测试仪等工具，规范完成电池单体及模块各项电性能测试作业。

▸能按照电池模块拆装流程、检查内容及要求，使用拆装专用工具和万用表、绝缘表等检测工具，规范完成电池模块拆装和检查作业。

▸能按照电池均衡标准流程，使用万用表和电池均衡仪细致地检测出不一致的电池单体，并规范完成电池均衡作业。

▸能按照故障诊断思路对动力蓄电池常见故障进行分析，利用诊断仪、万用表等设备、工具，规范完成动力蓄电池故障检测，并出具维修方案。

任务一
电池成组

任务导入

场景： 比亚迪电池组装车间。

人物： 电池组装工李师傅、学生小王。

情境： 小王到比亚迪电池组装车间参观学习，他好奇地问道："李师傅，我们常见的锂离子蓄电池的电压在 4 V 左右，而电动汽车的动力蓄电池系统电压通常为 300 V 以上。通过什么方式可将这些低电压电池组合成满足电动汽车需要的高电压电池呢？"李师傅对小王的问题进行了解答，答案就在本任务的学习内容中。

任务目标

▸能根据电池的组合方式，在电池单体性能测试实验箱上按照要求完成电池的各类组合。

▸能根据动力蓄电池检测教学平台中电池的组合及连接方式，使用铅笔和直尺等工具，准确绘制动力蓄电池连接图。

任务实施

一、电池成组实验

1. 知识学习

（1）电池的定义及分类

电池是一种将化学能、光能、热能和核能等直接转化为电能的装置，它在两个特有的电极及电解质界面上分别进行电化学氧化（失去电子）和电化学还原（得到电子）反应，由此将活性物质内储存的化学能直接转换成电能。例如，在锌铜电池中，锌（Zn）和铜（Cu）分别作为电极被一同浸入稀 H_2SO_4 溶液中，由于锌比铜活泼，容易失去电子，锌被氧化成 Zn^{2+} 进入溶液，电子从锌片通过导线流向铜片，溶液中的 H^+ 从铜片中获得电子，从而被还原成氢原子，氢原子结合成氢分子从铜片上释出。经过上述反应，导线中就有电子流过，锌铜电池的化学反应原理如图 1-1 所示。

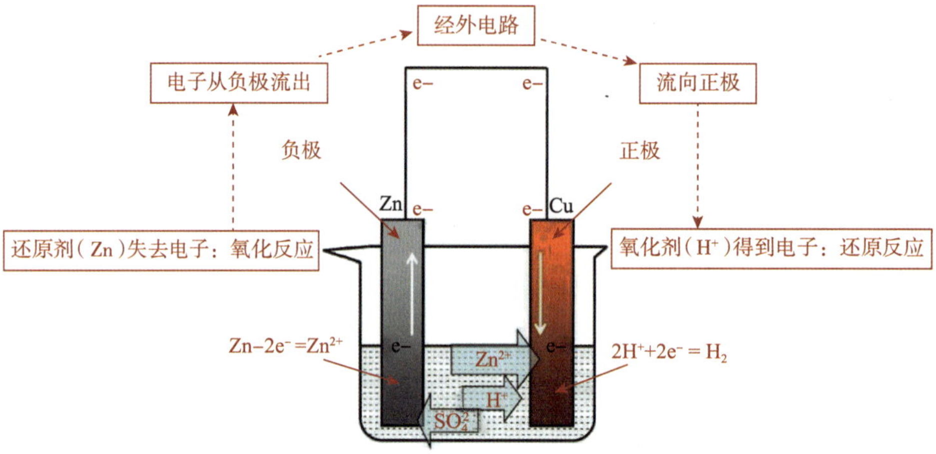

图 1-1　锌铜电池的化学反应原理

电池有多种分类方法，如按电解质种类，正、负极材料，工作性质和储存方式等进行分类，其中最常见的是按照工作性质和储存方式进行分类，一般将电池分为原电池、蓄电池、储备电池和燃料电池四大类，如图 1-2 所示。

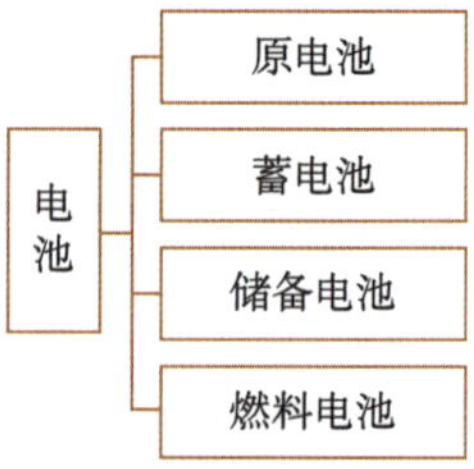

图 1-2　电池按照工作性质和储存方式分类

1）原电池

原电池是可直接使用的一次性电池。在原电池放电时，其中的活性物质会被不断消耗，直到电池反应不再继续为止。在原电池放电的过程中，其正、负极的化学反应是不可逆的，因此原电池只能是一次性电池。严禁对原电池进行再充电操作，这可能造成电池漏液、开裂或爆炸，严重时会引发人身伤害、设备损坏等。原电池的外形如图 1-3a 所示。

原电池的优点是体积小、使用方便、可靠性高、成本低、有较长的储存寿命（自放电率低），缺点是放电电流偏小。

2）蓄电池

蓄电池又称二次电池，在蓄电池工作时，其正、负极上进行的反应均为可逆反应，充电和放电可以反复多次、循环地进行，因此蓄电池是一种电能储存装置，又称为储能电池或可充电电池。蓄电池的外形如图 1-3b 所示。

a）

b）

图 1-3　原电池与蓄电池的外形
a）原电池　b）蓄电池

蓄电池除了有可再充电特性外，还有功率密度高、放电率高、放电曲线平滑和低温性能好等特点，因此它具有非常广泛的用途，例如在汽车上的能量储存装置中，主电源在向负载供电的同时，也对蓄电池充电，当主电源停止工作时，蓄电池则立即向负载供电。

近年来，在能源制约、环保压力增大的大环境下，作为纯电动和混合动力汽车电源的动力蓄电池引起了广泛关注和重视。

3）储备电池

储备电池是需要在使用前进行激活的原电池。这种电池的电解质与正、负极在储存期间是不直接接触的，只要将其电解质与正、负极充分接触，电池可立刻显示电压并投入使用。

储备电池最大的特征就是储备时间长，这种电池通常用于储存时间长或储存环境恶劣的情况。

4）燃料电池

燃料电池是一种通过燃料（包括纯氢、富氢或含氢化合物燃料）与氧化剂（包括纯氧或空气中的氧）的氧化、还原反应，把燃料中的化学能转换成电能的能量转换装置。燃料电池的工作原理如图 1-4 所示。燃料电池最常见的燃料为氢，其他燃料有能分解出氢气的碳氢化合物，如天然气、醇和甲烷等。

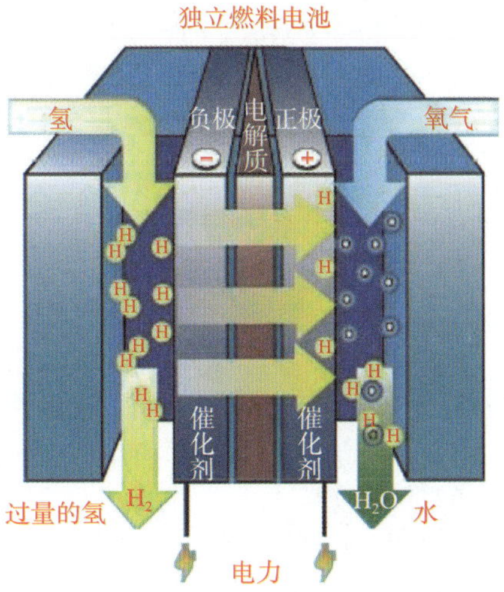

图 1-4　燃料电池的工作原理

在燃料电池的化学反应中，燃料是正极电化学反应的活性物质，而氧是负极电化学反应的活性物质，它们的反应产物都不能通过充电产生可逆反应。因此，燃料电池和普通原电池的工作原理在本质上并无区别，其不同之处在于——燃料电池中既不储存燃料又不储存氧化剂，它只是在工作时从电池外部连续将燃料和氧化剂分别按需求量适时地提供至正、负电极及电解质的反应界面处，就可以形成电极反应，输出电能。只要燃料电池外部源源不断地供应燃料和氧化剂，同时内部电极、电解质界面和其他成分不发生变化，它就能连续不断地放电，向负载输出直流电能。氢燃料电池的工作原理如图 1–5 所示。

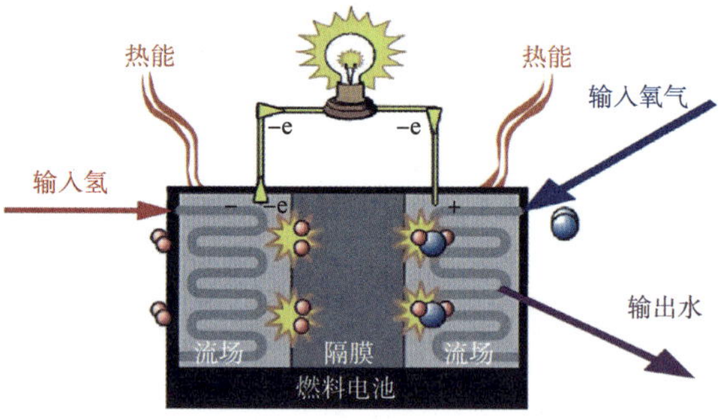

图 1–5　氢燃料电池的工作原理

燃料电池的正、负电极仅提供电化学反应的场所，其本身完全不参与反应，因此该类电极的组成材料本身应该具有化学惰性，在电池反应过程中不会被损耗。

燃料电池与传统热发动机相比，具有更高的热效率和较小的污染性，另外还具有较高的能量密度。由于燃料电池利用的是氢和氧的化学反应，产生的是电流及水，不但污染小，还可以避免传统电池充电耗时的问题，是目前极具发展前景的新能源电池，如能普及并应用在车辆及其他高污染性的设备上，将显著减轻空气污染及温室效应。

（2）电动汽车用动力蓄电池

为电动汽车动力系统提供能量的蓄电池称为动力蓄电池。作为电动汽车的能量储存装置，动力蓄电池的技术体系经历了多次升级。目前，铅酸蓄电池、镍氢蓄电池和锂离子蓄电池在电动汽车领域均有应用，其发展现状及应用领域如图 1–6 所示。

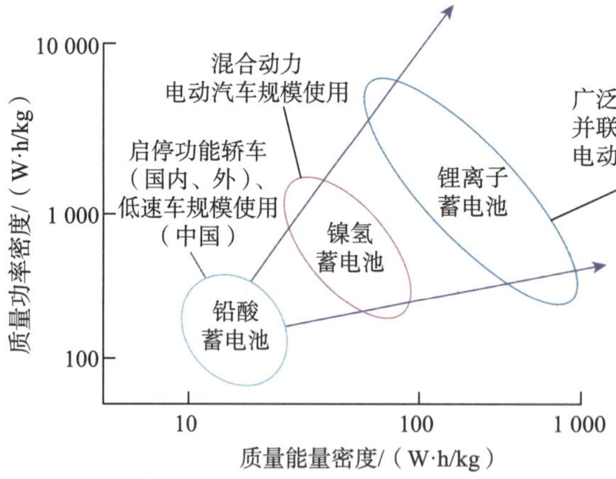

图 1–6　电动汽车用动力蓄电池发展现状及应用领域

其中，锂离子蓄电池具有质量能量密度高、质量功率密度高、自放电率低、无记忆效应以及环境友好等突出优点，成为目前电动汽车用动力蓄电池的主流产品，其应用领域涵盖了混合动力电动汽车、插电式混合动力电动汽车、纯电动汽车以及氢燃料电池电动汽车等。目前，常用的锂离子蓄电池有锰酸锂电池、三元锂电池、磷酸铁锂电池、钴酸锂电池和钛酸锂电池等。

锂电池的安全性、稳定性和耐低温性等是综合评判锂电池性能的重要指标。锰酸锂电池的高温性能、循环性能和储存性能较差。锰在高温下易分解，这使电池组的使用寿命短，不易储存。三元锂电池的高低温性能、循环性能、安全性能、储存性能及各项电性能都比较平均，体积比能量高，材料价格适中，并且性能稳定，其电芯根据镍、钴、锰比例的不同又分为 532、811 等一系列版本，镍的比例越高，动力蓄电池越不稳定。磷酸铁锂电池安全性能好、电导率低、体积比能量低、材料成本高、低温性能很差，不能满足冬季电动汽车的使用需要。

根据《锂离子蓄电池产业发展白皮书（2021 版）》，2020 年中国锂离子蓄电池市场需求快速提升，其中，新能源汽车恢复增速势头，我国锂离子蓄电池产量呈现加速增长态势。国家统计局数据显示，2020 年我国锂离子蓄电池累计产量达到 188.5 亿只，再次创下历史新高，同比增长 19.9%，产业规模达到 1 980 亿元，同比增长 13%，增速较上年提高 12 个百分点，回暖态势明显。在政策和市场双驱动下，锂离子蓄电池必然向着高能量密度、高循环性能和高安全性能等方向发展，这就要求研究机构和公司在正极材料、负极材料和电解液等方面做出改进。固态电池、硅碳负极、高镍三元材料和富锂锰正极等方向被认为是近年来发展的主流技术路线。

（3）电池单体的基本组成

电池单体是将化学能与电能进行相互转化的基本单元。电池在实现能量转化时，必须具备两个条件：

1）组成电池的两个电极上进行的氧化、还原反应必须在两个分开的区域进行。

2）两个电极的活性物质在进行氧化、还原反应时所需的电子必须是通过外电路传递的。

因此，电池单体通常被设计成可充电的形式，其结构包括电极、隔膜、电解质、外壳和端子等。电池单体各部分的说明如下：

1）电极：电池单体的核心组成部分，包括正极和负极。正极是氧化电极，在反应时正极材料接收外电路传来的电子，进行电化学反应，自身被还原；负极是还原电极，在反应时负极材料进行释放电子的电化学反应，将电子传给外电路，自身被氧化。

2）隔膜：为避免电池单体内极性相反的电极直接接触造成内部短路的组件。

3）电解质：电荷转移的介质，含有可移动离子并具有离子导电性。离子在电池单体内正、负极之间移动，实现电池单体内部电荷的转移，完成电流的全回路流通，使电池向负载连续输出电能。

4）外壳：电池单体的容器。

5）端子：电池单体与外部导体连接的部件，分为正极端子和负极端子。

除上述主要组成部分外，电池单体一般还包括上盖，正、负极极耳，安全阀，PTC 器件，密封垫和绝缘材料等零部件，电池单体的基本组成如图 1-7 所示。

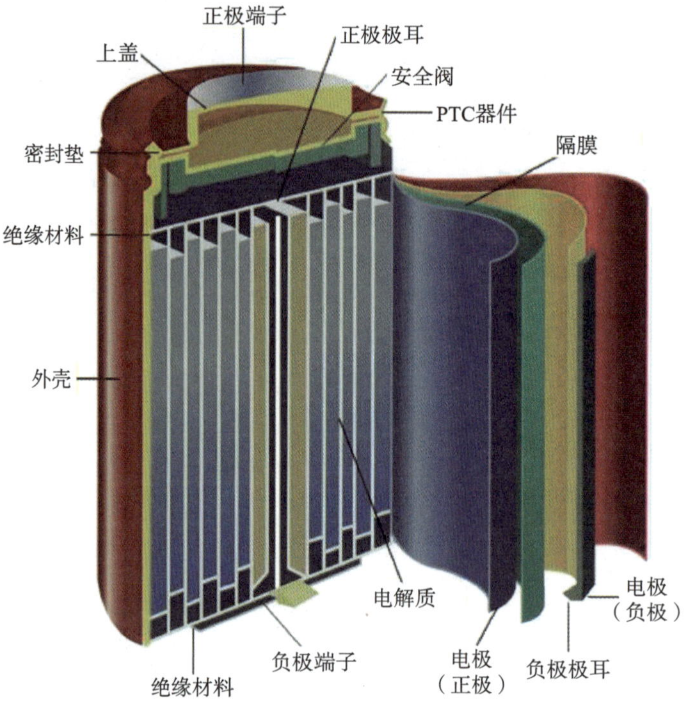

图 1-7　电池单体的基本组成

（4）电池单体的外形

锂离子蓄电池由电芯和保护电路板组成，从电芯外形上看，目前用于电动汽车的锂离子蓄电池有圆柱形锂离子蓄电池、方形锂离子蓄电池和软包锂离子蓄电池三种，它们的外形如图 1-8 所示。

a）　b）　c）

图 1-8　各种锂离子蓄电池的外形

a）圆柱形锂离子蓄电池　b）方形锂离子蓄电池　c）软包锂离子蓄电池

1）圆柱电芯

典型的圆柱电芯结构包括正、负极极片，隔膜，电解液，外壳，盖帽 / 正极帽，垫片和安全阀等。圆柱电芯一般以盖帽为电池正极，以外壳为电池负极。

圆柱电芯的标准化程度较高，常见的型号有 14650、14500（5 号电池）、18650 和 21700 等。其型号的前两位数字代表圆柱电芯的直径（单位为 mm），第三、四位数字代表圆柱电芯的高度（单位为 mm），第五位数字“0”指的是圆柱。特斯拉汽车目前使用的圆柱形锂离子蓄电池是 18650 型号和 21700 型号，未来 4680 型号电池（一款更粗、更高的电池）将批量投入应用。

2）方形电芯

方形电芯如图 1-9 所示，主要由正、负极板，正、负极柱，隔膜，外壳，安全阀，绝缘垫等组成。

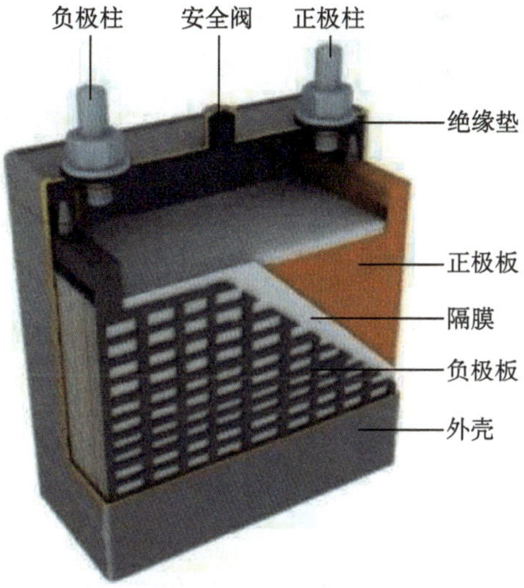

图 1-9　方形电芯

3）软包电芯

软包电芯具有安全性能好、重量轻、容量大和内阻小等优点，如图 1-10 所示。

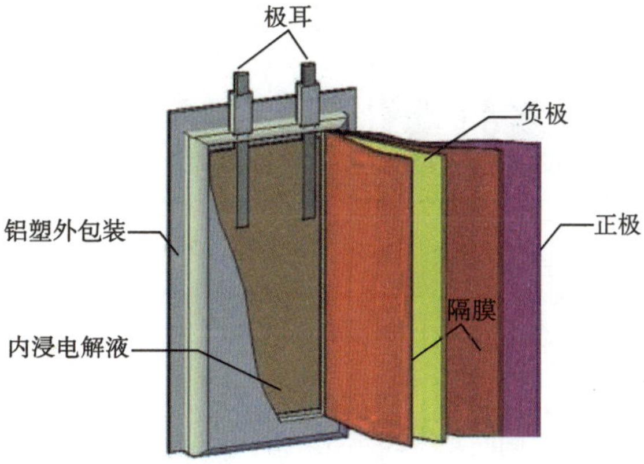

图 1-10　软包电芯

三种电芯各有优势，其性能对比如图 1-11 所示。

特性	圆柱电芯	方形电芯	软包电芯
能量密度	最优	较优	中等
标准化尺寸	最优	中等	较差
单位价格	最优	中等	中等
单体厚度	较差	较优	最优
单体重量	较差	较优	最优
体积效率	中等	最优	较优
膨胀特性	最优	较优	较差

最优　较优　中等　较差

图 1-11　三种电芯的性能对比

（5）电池成组的定义

动力蓄电池作为电动汽车的动力源，需要具备较高的电压和较大的容量，电池单体往往无法满足需求，所以需要根据实际需求，将若干个电池单体通过串联、并联或串并混联的形式组合使用，这个过程被称为电池成组，如图 1-12 所示。

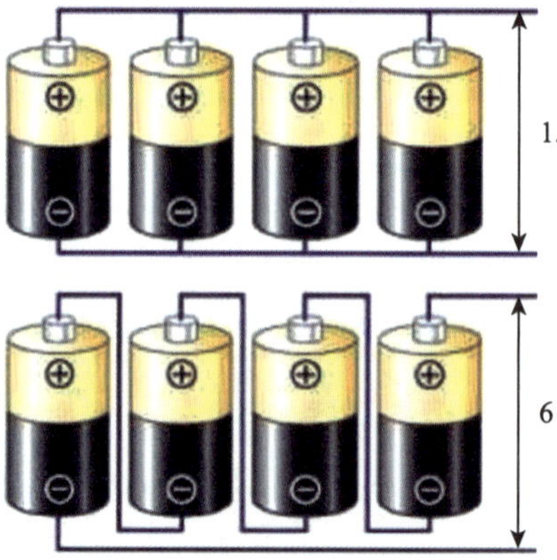

图 1-12　电池成组

（6）电池的组合方式

电池的组合方式有串联、并联和串并混联，如图 1-13 所示。串联可以增大电池组的电压，并联可以增大电池组的容量，串并混联可以同时增大电池组的电压和容量。

电池的组合方式用 mPnS 表示，其中，P 表示并联，S 表示串联，m、n 分别表示并联、串联的电池单体个数。例如，1P4S 表示 4 个电池单体串联组成电池组；3P1S 表示 3 个电池单体并联组成电池组；3P4S 表示每 3 个电池单体并联为 1 组，共 4 组（共 12 个电池单体），将其串联组成电池组。

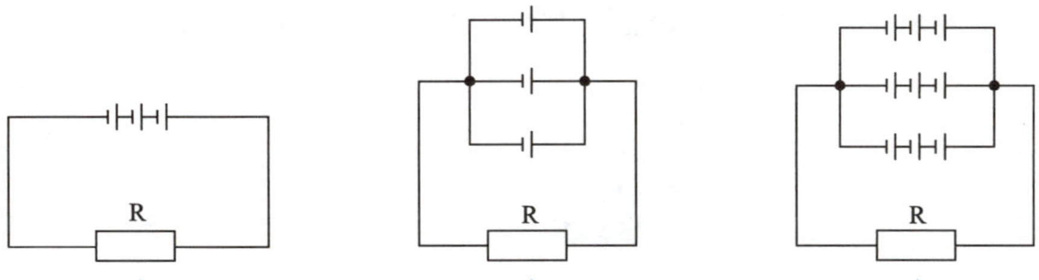

图 1-13　电池的组合方式
a）串联　b）并联　c）串并混联

（7）电池的发展趋势

1）无钴电池

三元锂电池的全称为三元聚合物锂电池，是指正极材料使用镍钴锰酸锂（NMC）或者镍钴铝酸锂（NCA）的锂电池。其中主要用于稳定材料层状结构、提高材料循环性能和倍率性能的钴是三元锂电池不可或缺的贵金属。

成本问题一直是智能网联汽车市场发展的绊脚石，动力蓄电池则属于智能网联汽车的核心成本。降低三元锂电池中钴的比例和含量，可相应地降低整车的成本，因此无钴电池应运而生，部分企业开始布局发展无钴电池，这将有力地推动智能网联汽车市场的发展。

蜂巢无钴电池的重要参数如图 1-14 所示。

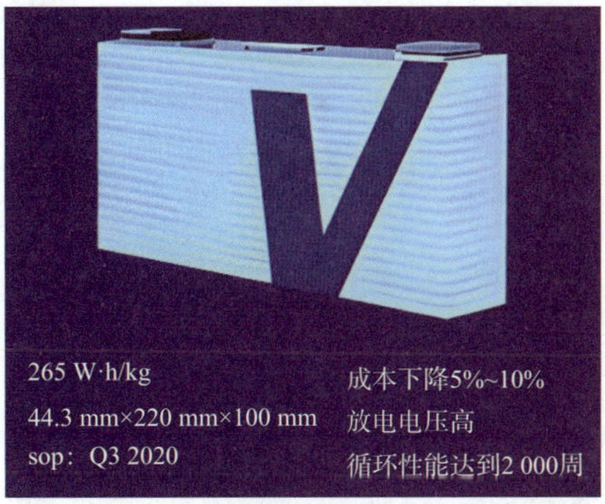

图 1-14　蜂巢无钴电池的重要参数

2）固态电池

与锂离子蓄电池和锂离子聚合物电池不同的是，固态电池是一种使用固体电极和固体电解质的电池，它被视为有望继承锂离子蓄电池地位的电池。固态锂电池技术采用由锂、钠制成的玻璃化合物作为传导物质，取代以往锂电池使用的电解液，大大提升了锂电池的能量密度。

固态电解质具有较高的电化学稳定窗口，可与高电压的电极材料配合使用，提高电池的能量密度。固态电解质还具有高机械强度，在电池的循环过程中能有效抑制锂枝晶的刺穿，让使用具有高理论能量密度的锂来作为负极材料成为可能。电解质的发展趋势如图 1–15 所示。

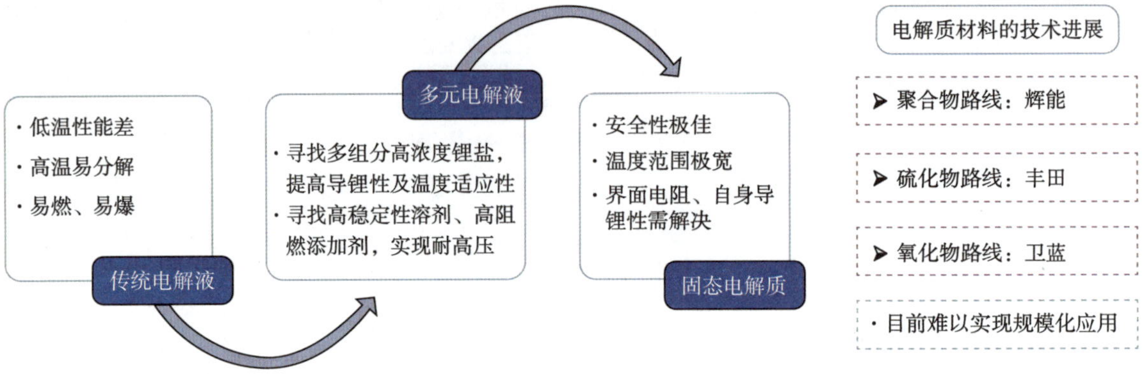

图 1–15　电解质的发展趋势

3）刀片电池

刀片电池采用一种全新的设计理念，在使用长电芯的同时，省去了中间模组环节，直接把电芯装到电池系统中，这样电池的重量和成本都有所下降。例如，比亚迪汽车用刀片电池的结构设计借鉴了蜂窝铝板的原理，通过结构胶把电芯固定在两层铝板之间，让电芯本身充当结构件，以增加整个系统的强度。刀片电芯与传统电芯外形的对比如图 1–16 所示。

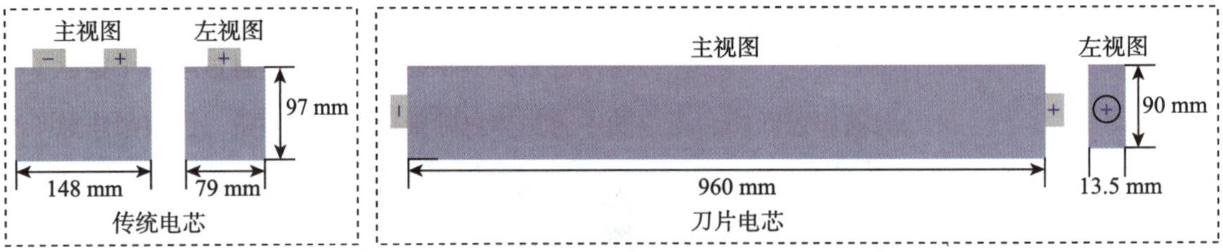

图 1–16　刀片电芯与传统电芯外形的对比

2. 技能操作

（1）物料准备

准备技能操作所需的物料，见表 1–1。

表 1–1　物料准备

类别	所需物料
实训平台及附件	电池单体性能测试实验箱
仪器、设备、工具	导线、电池单体、彩色铅笔、直尺等

（2）电池成组实验

在图 1–17 中分别画出电池单体 1P2S、2P1S 和 2P2S 的接线图，并在电池单体性能测试实验箱中完成接线操作。

a）

b）

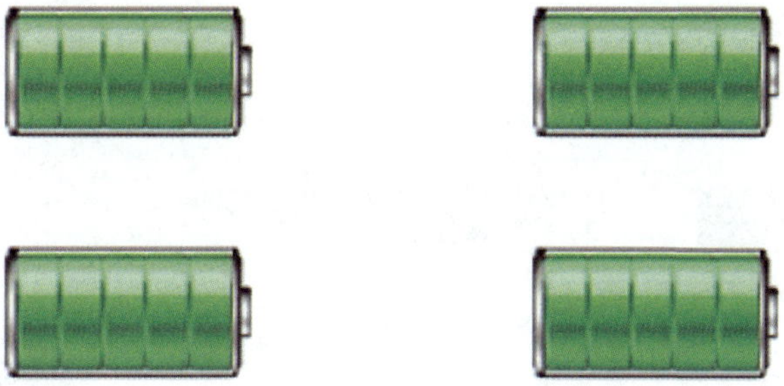

c）

图 1-17　电池组接线

a)1P2S　b)2P1S　c)2P2S

二、动力蓄电池连接图绘制

1. 知识学习

（1）动力蓄电池的基本术语

1）电池单体

电池单体是将化学能与电能进行相互转化的基本单元。

2）电池模块

电池模块是将一个以上的电池单体按照串联、并联或串并混联的方式组合并作为电源使用的组合体。

3）电池组

电池组是由多个电池模块串联组成的组合体。

4）电池包

电池包是可从外部获得电能并可对外输出电能的单元，通常包括电池单体、电池箱体、高压电路、过流保护装置及其他外部系统（如冷却、高压、辅助低压和通信等）的接口。一个电池包内所有动力蓄电池的组合体即为电池组。

5）动力蓄电池系统

动力蓄电池系统是由一个或一个以上的电池包及相应附件（管理系统、高压电路、低压电路、热管理设备及机械总成）构成的为电动汽车整车的行驶提供电能的能量存储系统。

6）动力蓄电池箱

动力蓄电池箱是用于盛装蓄电池组、蓄电池管理系统以及相应的辅助元器件并包含机械连接、电气连接、防护等功能的总成，简称电池箱。

7）动力蓄电池管理系统

动力蓄电池管理系统（battery management system，BMS）是监视蓄电池的状态（如温度、电压和荷电状态等），可为蓄电池提供通信、安全、电芯均衡及管理控制服务并设置应用设备通信接口的系统，其所处位置如图 1–18 所示。

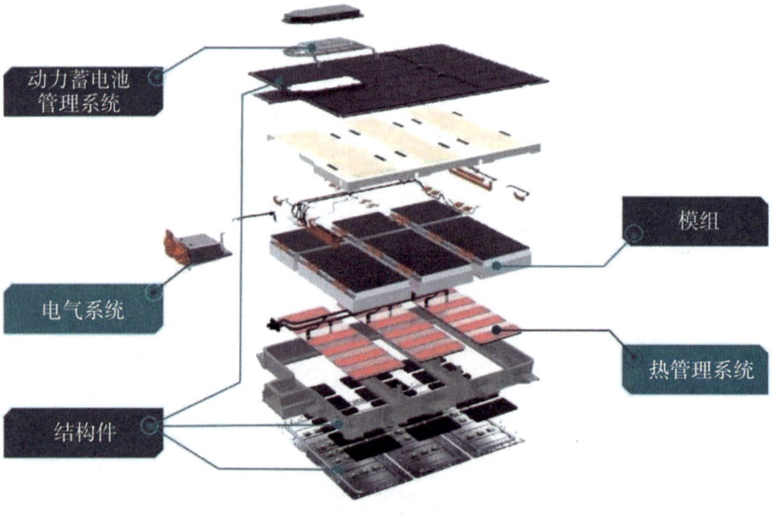

图 1–18　动力蓄电池管理系统的位置

（2）动力蓄电池系统的组成

动力蓄电池在整车上的位置关系如图 1–19 所示。

动力蓄电池的成组原理：电池单体通过串、并联的方式组成电池模块，电池模块串联组成电池组，电池组与 BMS、电池箱和相应附件等组成电池包，电池包与相应附件组成动力蓄电池系统，如图 1–20 所示。

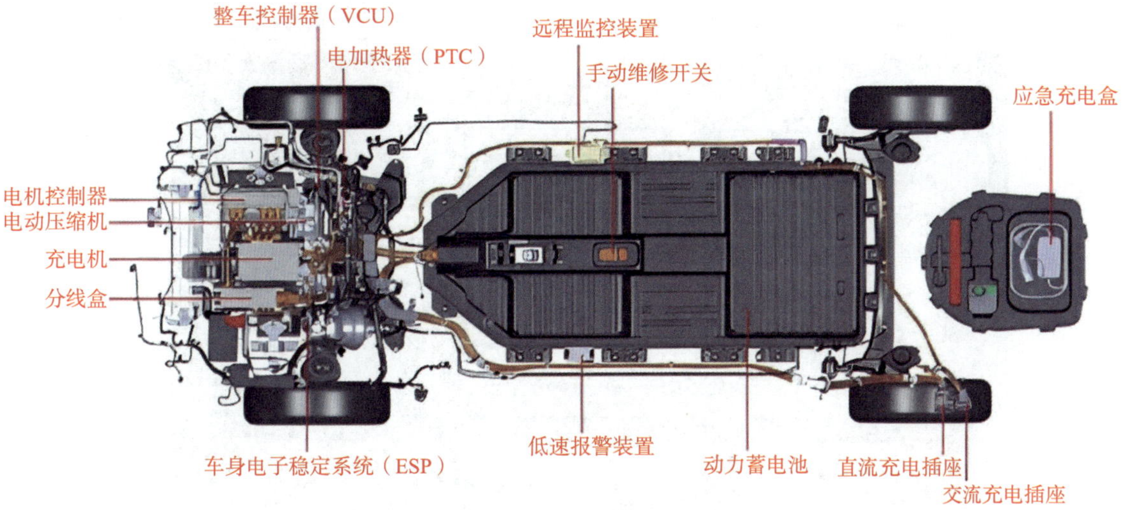

图 1-19　动力蓄电池在整车上的位置关系

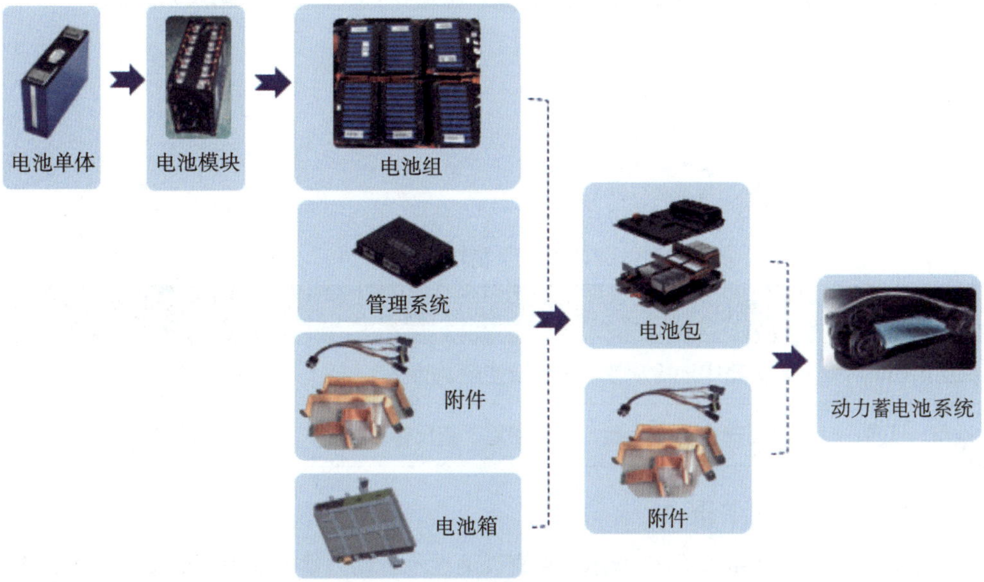

图 1-20　动力蓄电池的成组原理

（3）动力蓄电池的连接方式

动力蓄电池的电池模块之间使用铜排相互串联，并由电压采集线、温度采集线等低压线束与 BMS 连接。为了提高维修过程中的安全性，便于在维修时切断高压回路，通常在电池模块之间串联高压维修开关。电池模块的硬件连接如图 1-21 所示。

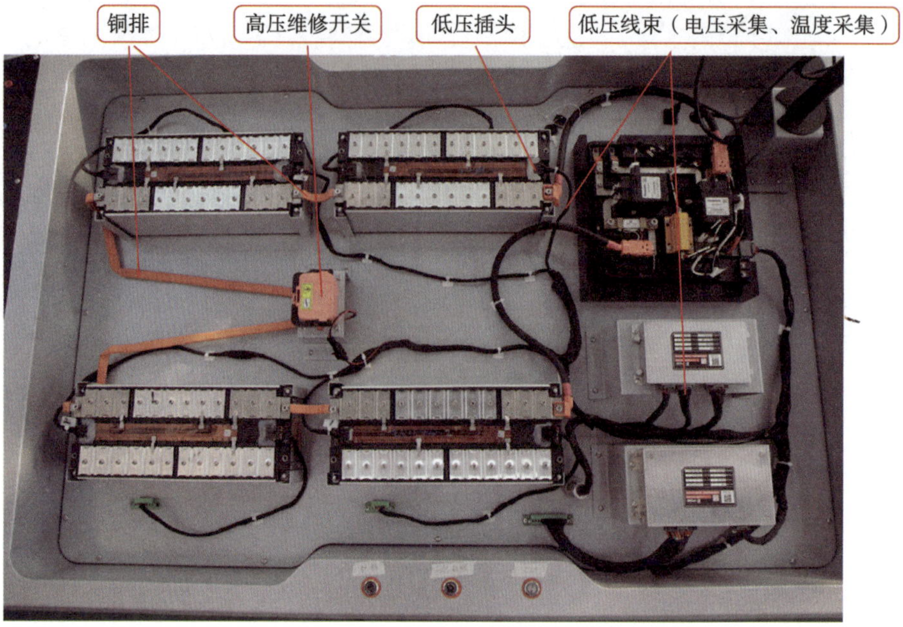

图 1-21　电池模块的硬件连接

2. 技能操作

（1）物料准备

准备技能操作所需的物料，见表 1-2。

表 1-2　物料准备

类别	所需物料
实训平台及附件	动力蓄电池检测教学平台及使用说明书
仪器、设备、工具	高压安全防护用品、彩色铅笔、直尺等

（2）动力蓄电池检测教学平台

动力蓄电池检测教学平台如图 1-22 所示，它直观地展示了动力蓄电池内部的结构组成和连接方式等。

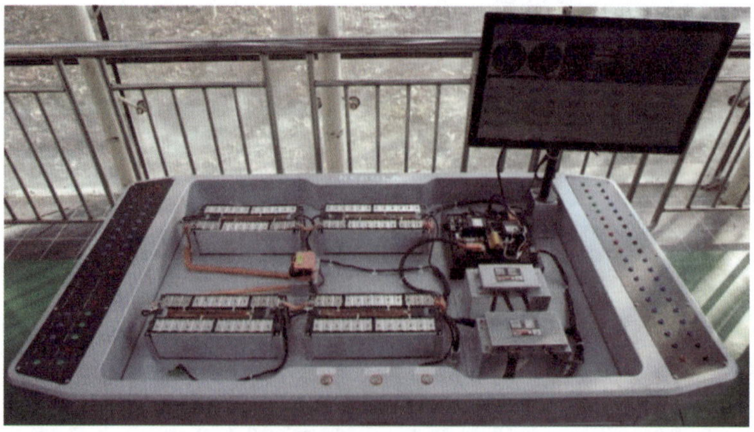

图 1-22　动力蓄电池检测教学平台

（3）动力蓄电池连接图绘制

1）查阅动力蓄电池的基本信息

查阅动力蓄电池检测教学平台说明书，提取动力蓄电池系统的基本信息，并将其填入表 1–3 中。

表 1–3　动力蓄电池系统的基本信息

项目	记录
动力蓄电池的种类	
电池单体的数量	
电池模块的数量	
电池的组合方式	________P________S
是否装有高压维修开关	是□　　否□
标称电压 / 额定电压	
额定容量	

2）绘制动力蓄电池连接图

分析动力蓄电池检测教学平台中电池的组合及连接方式，在图 1–23 中绘制动力蓄电池连接图。

图 1–23　动力蓄电池连接图

检查评估

对本任务的学习情况进行检查，并将检查结果和结果点评记录在表 1–4 中。

表 1–4　检查评估

检查项目	检查结果	结果点评
电池成组实验		
电池组接线图绘制是否正确	是□　否□	
电池单体性能测试实验箱中的接线方式是否正确	是□　否□	
动力蓄电池连接图绘制		
动力蓄电池系统的基本信息填写是否正确	是□　否□	
动力蓄电池连接图绘制是否正确	是□　否□	
整理及恢复		
工具、设备是否整理恢复	是□　否□	
实训工位是否打扫干净	是□　否□	
工作页是否填写完整	是□　否□	

任务小结

本任务小结如图 1–24 所示。

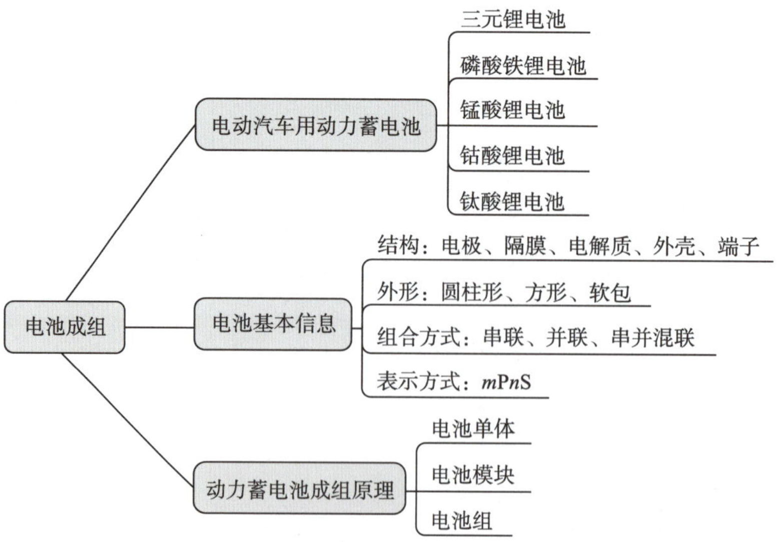

图 1–24　任务小结

任务二
电池单体充、放电

任务导入

场景： 比亚迪电池组装车间。

人物： 电池组装工李师傅、学生小王。

情境： 小王到比亚迪电池组装车间参观学习，了解了电池是如何组合的，那么，电池又是如何工作的呢？小王再次请教李师傅，李师傅对小王的问题进行了解答，答案就在本任务的学习内容中。

任务目标

▸ 能按照充、放电标准流程，正确使用蓄电池充、放电设备，规范完成电池单体充、放电作业。

▸ 能按照充、放电标准流程，正确使用蓄电池充、放电设备，规范完成不同倍率的电池充、放电测试。

任务实施

一、电池单体充、放电

1. 知识学习

（1）电池的工作原理

放电时，电池将化学能转化为电能；充电时，电池将电能转化为化学能并储存起来。电池充、放电过程中的能量转换如图 2-1 所示。

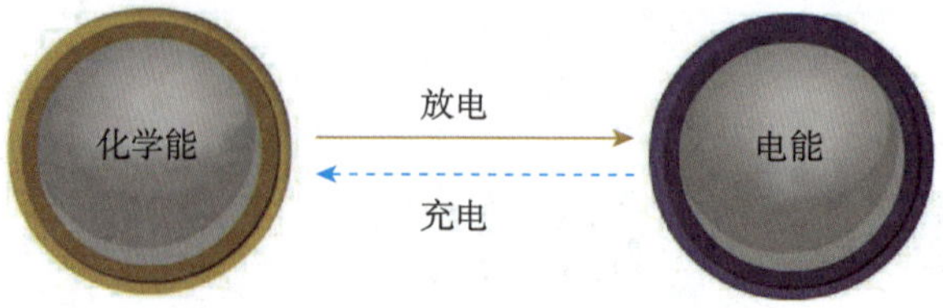

图 2-1 电池充、放电过程中的能量转换

（2）电池充、放电的工作原理

1）电池放电的工作原理

以锂离子蓄电池为例，当电池放电时，电池与外部负载相连，电子从电池的负极通过外电路流向正极，此时负极发生氧化反应，正极发生还原反应，在电解质溶液中，阴离子和阳离子分别向负极和正极移动，从而使整个电路连通起来。电池放电的工作原理如图 2–2a 所示。

2）电池充电的工作原理

电池在充电时的电流流动方向与放电时相反，正极发生氧化反应，负极发生还原反应，在电解质溶液中，阴离子和阳离子分别向正极和负极移动，从而使整个电路连通起来。电池充电的工作原理如图 2–2b 所示。

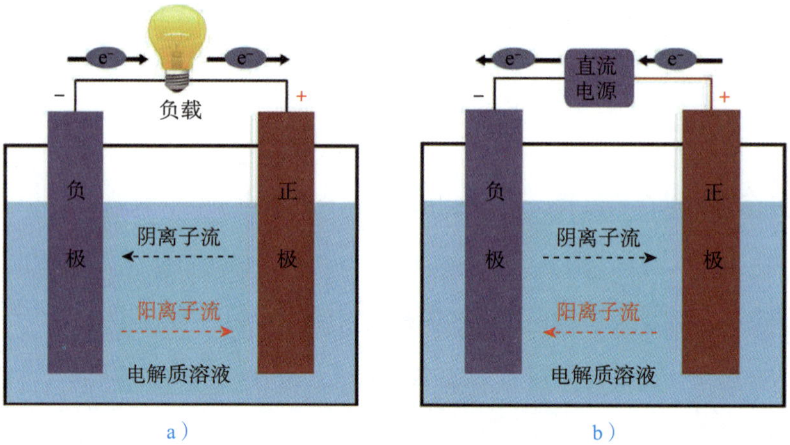

图 2–2 电池充、放电的工作原理

a）放电 b）充电

电池正、负极在充、放电过程中发生的不同反应见表 2–1。

表 2–1 电池正、负极在充、放电过程中发生的不同反应

电池电极	放电	充电
正极	得电子，发生还原反应	失电子，发生氧化反应
负极	失电子，发生氧化反应	得电子，发生还原反应

智能网联汽车中常见的锂离子蓄电池的结构如图 2–3 所示。

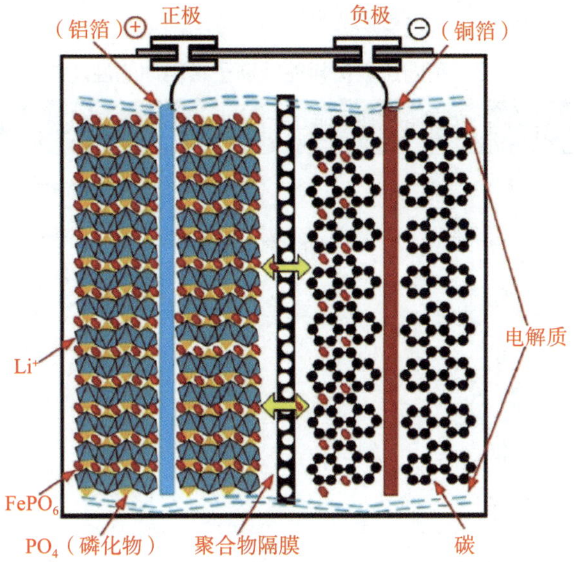

图 2–3　锂离子蓄电池的结构

锂离子蓄电池在充电过程中，其内部反应如图 2–4 所示。

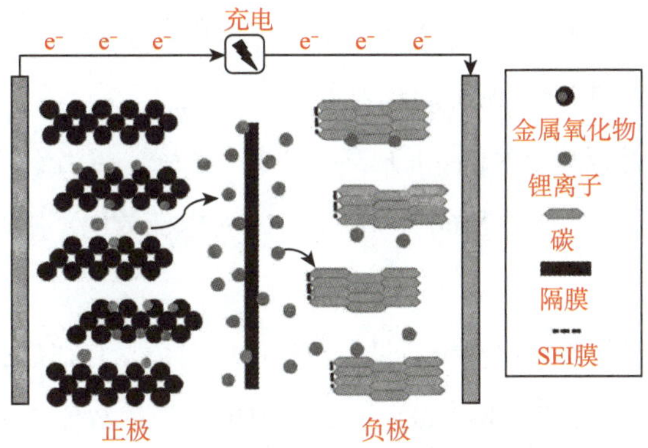

图 2–4　充电过程中锂离子蓄电池的内部反应

注：SEI 膜，全称为 solid electrolyte interphase, 又称固体电解质界面（膜），是具有电解质性质的钝化膜层。

锂离子蓄电池在放电过程中，其内部反应如图 2–5 所示。

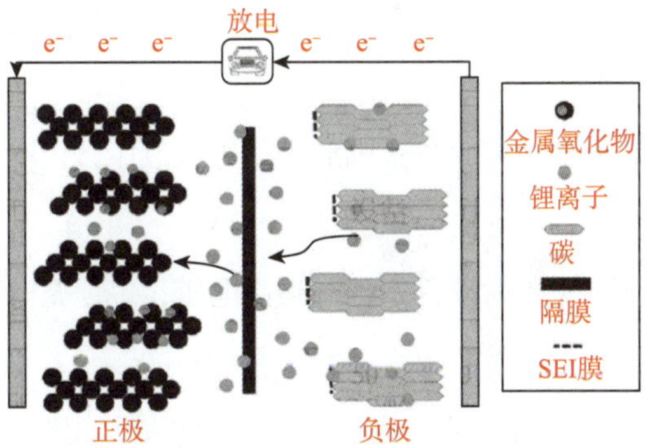

图 2–5　放电过程中锂离子蓄电池的内部反应

不同正极材料的锂离子蓄电池的性能对比见表 2-2。

表 2-2　不同正极材料的锂离子蓄电池的性能对比

正极材料	钴酸锂	锰酸锂	三元锂	磷酸铁锂
安全性能	低	中	中	中高
污染性	有害	无害	有害	无害
经济性	高	低	高	中
循环寿命 /h	>500	>500	>1 000	>2 000
能量密度	高	中	高	中
充、放电倍率	中低	中	中低	中
高温性能	较好	差	中	好
库伦效应 /%	>95	>95	>95	>95

（3）电池单体充、放电特性的基本术语

1）放电电流

放电电流是指放电时蓄电池输出电流的大小。放电电流的大小一般用放电率表示，放电率指电池放电时的速率，常用“时率”和“倍率”两种形式表示。

① 时率也称 n 小时率，是以放电时间（h）表示的放电速率，相当于以一定的放电电流放完额定容量所需的时间。例如，电池的额定容量为 60 A · h，以 10 A 电流放电，则时率为 60 A · h/10 A=6 h，称电池以 6 小时率放电。

② 倍率是指电池在规定时间内放出额定容量所输出的电流值，它在数值上等于额定容量的倍数。例如，2 倍率（记为 $2C$，其中 C 为额定容量）放电，表示放电电流的数值是额定容量数值的 2 倍，若电池的额定容量为 20 A · h，那么放电电流为 2 × 20 A=40 A。如果将其换算成时率，则是 20 A · h/40 A=0.5 h。

一般情况下，放电倍率在 $\frac{1}{3}C$ 以下为低倍率，$\frac{1}{3}C \sim 3C$ 为中倍率，$3C$ 以上为高倍率。

2）充电电流

充电电流是指蓄电池充电时电流的大小，其表示方式与放电电流相同。

3）放电终止电压

放电终止电压是指蓄电池正常放电时允许达到的最低工作电压，也称放电截止电压。

4）充电终止电压

充电终止电压是指蓄电池正常充电时允许达到的最高电压，也称充电限制电压。

5）电池容量

电池容量是指在规定放电条件下可以从电池中获得的总电量，用符号 C 表示，单位为安时（A · h）或毫安时（mA · h）。

6）电池内阻

电池内阻是指在电流通过电池内部时受到的使电池工作电压降低的阻力。

7）放电深度（DOD）

放电深度指蓄电池放电容量与可用容量的百分比。

（4）电池充、放电的方式

1）充电方式

蓄电池的充电方式有恒流充电和恒压充电两种。目前，电动汽车用动力蓄电池多采用先恒流后恒压的两段式充电方式。首先以设定好的充电电流进行恒流充电至充电终止电压，之后转为恒压充电，充电电流逐渐减小，当其减小至 0.05*C* 时结束充电，充电曲线如图 2-6 所示。

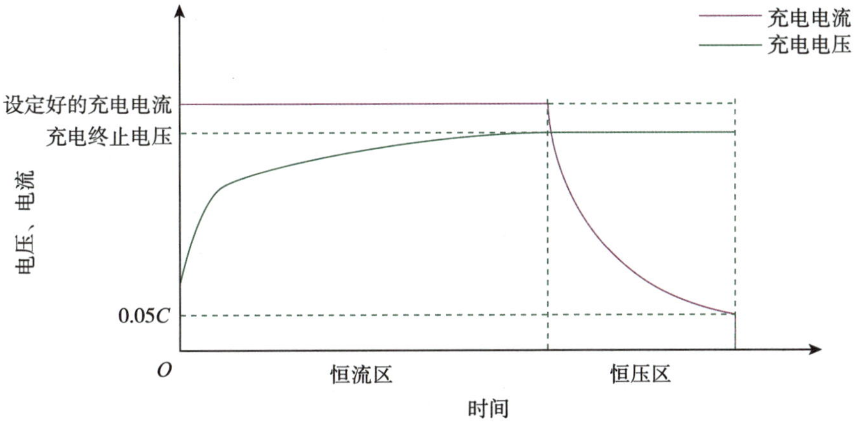

图 2-6　充电曲线

2）放电方式

蓄电池的放电方式有恒流放电和恒阻放电两种。目前，电动汽车用动力蓄电池多采用恒流的放电方式，即以设定好的恒定电流放电至放电终止电压后停止放电，放电曲线如图 2-7 所示。

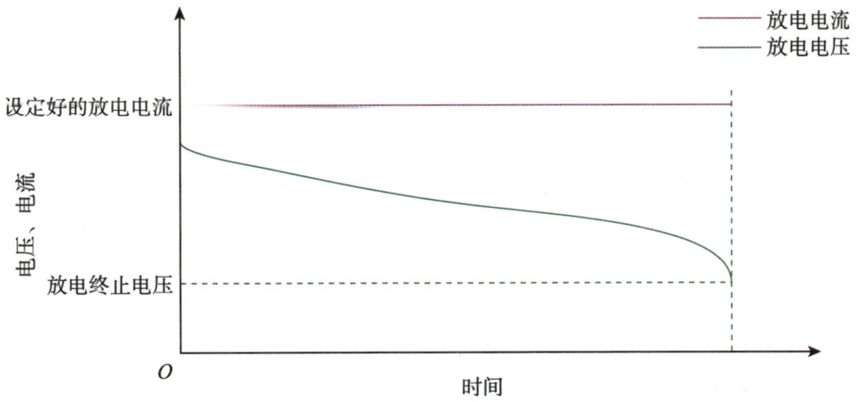

图 2-7　放电曲线

（5）电池充、放电特性的影响因素

1）充电特性的影响因素

影响充电特性的主要因素有充电电流、放电深度和充电温度等。

充电电流增大，充电时间减少，内阻能耗增大，不同充电倍率下的充电曲线如图 2–8 所示。放电深度增加，充电所需时间增加，恒流充电时间占总充电时间比例增大，恒流充电容量占所需充入容量的比例增大；随着环境温度的降低，电池的可充入容量明显降低，而充电时间明显增加。

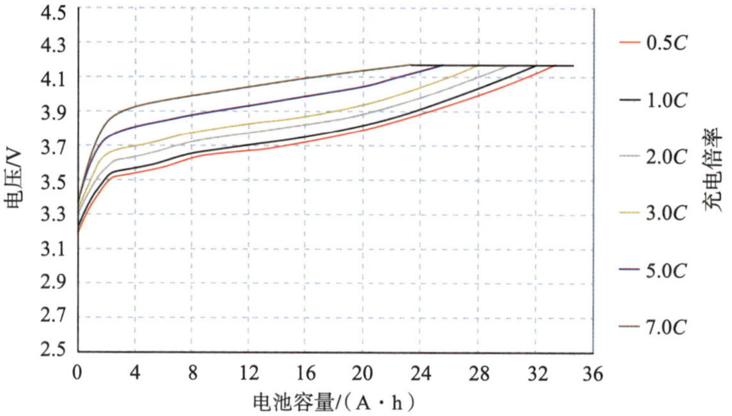

图 2–8 不同充电倍率下的充电曲线

2）放电特性的影响因素

影响放电特性的主要因素有放电电流、放电终止电压和放电温度等。

高倍率放电时，电极的极化增强，内阻增大，放电电压下降较快，导致实际放出的容量较低；低倍率放电时，电极的极化较弱，放电电压下降较慢，因此实际放出的容量较高，有时会高于额定容量，不同放电倍率下的放电曲线如图 2–9 所示。在电池正常工作温度范围内（–20~60 ℃），电池温度越高，端电压就越高，可用容量就越多；但是，长期在高温下工作会使电池容量迅速下降，从而影响电池的使用寿命。

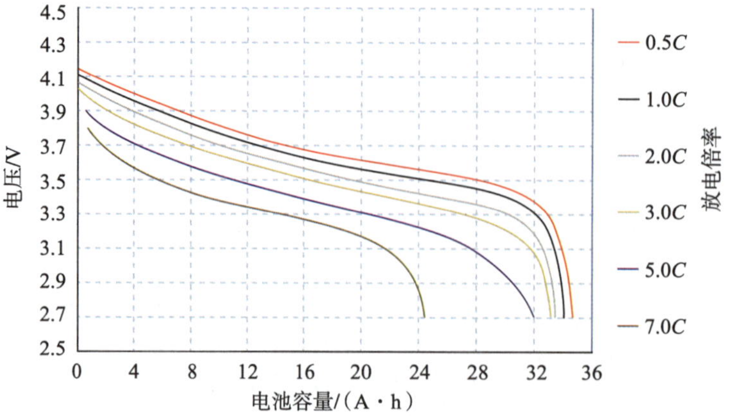

图 2–9 不同放电倍率下的放电曲线

2. 技能操作

（1）物料准备

准备技能操作所需的物料，见表 2–3。

表 2–3　物料准备

类别	所需物料
实训平台及附件	动力蓄电池 PACK 教学实训平台及使用说明书，维修手册，蓄电池充、放电设备及使用说明书
仪器、设备、工具	万用表、纸、笔、直尺等

（2）动力蓄电池 PACK 教学实训平台与充、放电设备

动力蓄电池 PACK 教学实训平台与蓄电池充、放电设备如图 2–10 所示，动力蓄电池 PACK 教学实训平台以实车动力蓄电池为基础，提供充、放电设备和均衡设备等，以实现对实际蓄电池的充、放电以及均衡操作。

a）

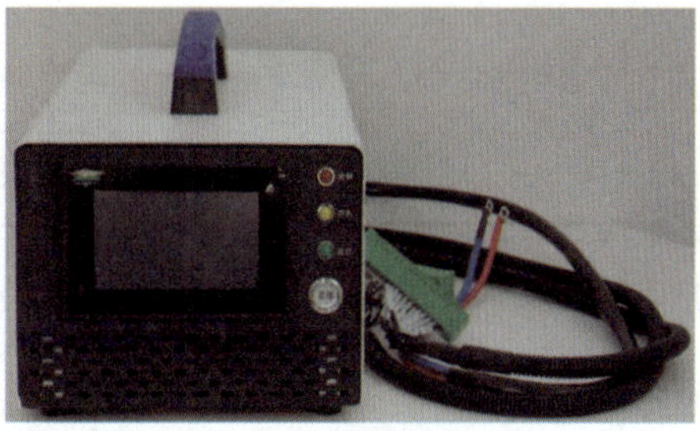

b）

图 2–10　动力蓄电池 PACK 教学实训平台与蓄电池充、放电设备

a）动力蓄电池 PACK 教学实训平台　b）蓄电池充、放电设备

（3）电池单体充电

参照维修手册和蓄电池充、放电设备使用说明书，或根据下列步骤对电池单体进行充电操作，填写表 2–4 中的相关内容。

表 2–4　电池单体充电步骤及操作记录

序号	步骤	工具	操作记录	
1	选定需充电的电池单体	—	电池类型：	电池单体编号：
2	检测电池单体的端电压	万用表	电压值：	
3	连接充、放电电缆	蓄电池充、放电设备	是否正确连接：是□　否□	
4	连接信息采集线	蓄电池充、放电设备	是否正确连接：是□　否□	
5	设置充电参数	蓄电池充、放电设备	目标电压：	充电电流：

续表

序号	步骤	工具	操作记录
6	开始充电→充电结束	蓄电池充、放电设备	充电过程是否正常：是□　否□
7	检测电池单体端电压	万用表	电压值：是否与设定的目标电压一致：是□　否□

（4）电池单体放电

参照维修手册和蓄电池充、放电设备使用说明书，或根据下列步骤对电池单体进行放电操作，填写表 2-5 中的相关内容。

表 2-5　电池单体放电步骤及操作记录

序号	步骤	工具	操作记录	
1	选定需放电的电池单体	—	电池类型：	电池单体编号：
2	检测电池单体的端电压	万用表	电压值：	
3	连接充、放电电缆	蓄电池充、放电设备	是否正确连接：是□　否□	
4	连接信息采集线	蓄电池充、放电设备	是否正确连接：是□　否□	
5	设置放电参数	蓄电池充、放电设备	目标电压：	放电电流：
6	开始放电→放电结束	蓄电池充、放电设备	放电过程是否正常：是□　否□	
7	检测电池单体端电压	万用表	电压值：是否与设定的目标电压一致：是□　否□	

二、电池单体充、放电测试

1. 知识学习

（1）相关术语及定义

电动汽车蓄电池容量的单位为库仑（C）或安时（A·h），表征电池容量特性的专用术语有以下三个：

1）理论容量。理论容量是指根据参加电化学反应的活性物质的电化学当量数计算得到的电量。理论上 1 电化当量物质将放出 1 法拉第电量，即 96 500 C 或 26.8 A·h（1 电化当量物质的量等于活性物质的原子量或分子量除以反应的电子数）。

2）额定容量。额定容量是指在设计和制造电池时，规定或保证电池在一定的放电条件（如温度、放电终止电压、放电倍率等）下应该放出的最低限度的电量。

3）实际容量。实际容量是指在一定的放电条件（一定的放电电流和温度）下，电池在到达终止电压前所能放出的电量。在实际工作中，实际容量是电池在荷电状态（SOC）为 1 时所能放出的全部电量。

电池的实际容量通常比额定容量大 10%~20%。电池容量的大小与其正、负极上活性物质的数量和活性有关，也与电池的结构和制造工艺、电池的放电条件（电流、温度）有关。影响电池容量的综合指标是活性物质的利用率。换言之，电池的活性物质利用得越充分，其给出的电量也就越高。活性物质的利用率可定义为

$$利用率 =（实际容量 / 理论容量）\times 100\%$$

或

$$利用率 =（活性物质理论用量 / 活性物质实际用量）\times 100\%$$

电动汽车蓄电池的实际容量主要受环境温度，充、放电倍率，使用寿命等因素的影响。

1）环境温度对电池容量的影响。随着温度的升高，电池的活性物质活性增强，电子扩散速率增大，电导率增大，电化学反应加快，电池所能放出的电量增加。

2）放电倍率对电池容量的影响。电池在 1 h 内进行恒流放电时，放电倍率越大，放完所有电量所需要的电流越大。

3）使用寿命对电池容量的影响。随着电池循环次数的增加，活性锂离子减少，负极上形成钝化膜，这些电池的内部变化会导致电池容量减小。

（2）电池寿命

1）循环寿命

在指定的充、放电终止条件下，以特定的充、放电制度进行充、放电，动力蓄电池在不能满足寿命终止标准前所能进行的循环数被称为蓄电池的循环寿命或使用周期。蓄电池经历一次充电和放电，称为一个循环或一个周期。应注意的是，电池的锂离子全部跑到电池一极，然后又全部跑到另一极，才算一次循环。简单来说，一个循环就是电池满充、满放一次。三元锂电芯的理论寿命为 800~1 200 次循环，磷酸铁锂电芯的理论寿命为 2 000~2 500 次循环，达到了 70% 的容量。

循环寿命受放电深度，温度，充、放电电流的影响比较明显。因此，一般在表示蓄电池循环寿命的同时还要指出循环条件，如“循环寿命 1 000 次（在 100% DOD、常温、1C 条件下）”。

在蓄电池出厂时，应注明其循环寿命及循环条件。

2）储存寿命

储存寿命是指电池通过自放电，容量下降到某一规定值所经过的时间，也称搁置寿命。

3）如何减少电池容量衰减

① 保证电池在合适的温度（一般在 0~40 ℃）下工作，可以较少产生副反应。

② 少用快充。快充时电压大，容易导致电池过充，使锂离子沉积在隔膜或电极表面，且快充时温度相对较高，容易对三元锂电池造成不可逆的影响。

③ 避免汽车急加速等动作。突然的电流变化很容易使电池内部发生副反应，导致电池受损。

④ 浅充浅放。对于锂电池来说，完全充、放电反而会使电池寿命下降，尤其是三元锂电池，适合

在剩余 20% 左右的电量时充电，不可过度使用。

（3）不同倍率下的充电测试方法

1）在动力蓄电池检测教学平台上选定某一电池单体，记录其编号。

2）将万用表调整至合适挡位，连接在被测电池两端，确保其可以实时检测电池电压。

3）在动力蓄电池检测教学平台设置充电电流、初始 SOC、充电终止电压等参数，并将参数记录在后续技能操作相关表格（见表 2-7）中。

4）以 0.5C 的电流充电至充电终止电压，静置 2 min。

5）对整个充电过程中万用表的显示界面进行录像。

6）充电结束后，根据录像结果绘制充电过程中的电压 - 时间充电曲线。

7）重复步骤 3~ 步骤 6，分别测绘充电电流为 1C、5C 和 10C 的充电曲线。

（4）不同倍率下的放电测试方法

1）在动力蓄电池检测教学平台上选定某一电池单体，记录其编号。

2）将万用表调整至合适挡位，连接在被测电池两端，确保其可以实时检测电池电压。

3）在动力蓄电池检测教学平台设置放电电流、初始 SOC、放电终止电压等参数，并将参数记录在后续技能操作相关表格（见表 2-8）中。

4）以 0.5C 的电流放电至放电终止电压，静置 2 min。

5）对整个放电过程中万用表的显示界面进行录像。

6）放电结束后，根据录像结果绘制放电过程中的电压 - 时间放电曲线。

7）重复步骤 3~ 步骤 6，分别测绘放电电流为 1C、5C 和 10C 的放电曲线。

2. 技能操作

（1）物料准备

准备技能操作所需的物料，见表 2-6。

表 2-6　物料准备

类别	所需物料
实训平台及附件	动力蓄电池检测教学平台及使用说明书、维修手册
仪器、设备、工具	万用表、纸、笔、直尺、录像设备（手机、平板）等

（2）不同倍率充电测试

将绘制的充电曲线与动力蓄电池检测教学平台后台自动生成的充电曲线进行对比，分析不同倍率下的充电特性，将结果记录在表 2-7 中。

表 2-7　不同倍率下的充电测试记录

基本信息			
电池编号		电池类型	
初始 SOC		充电终止电压	
充电曲线			

充电特性分析			

（3）不同倍率放电测试

将绘制的放电曲线与动力蓄电池检测教学平台后台自动生成的放电曲线进行对比，分析不同倍率下的放电特性，将结果记录在表 2-8 中。

表 2-8　不同倍率下的放电测试记录

基本信息			
电池编号		电池类型	
初始 SOC		放电终止电压	

续表

放电曲线
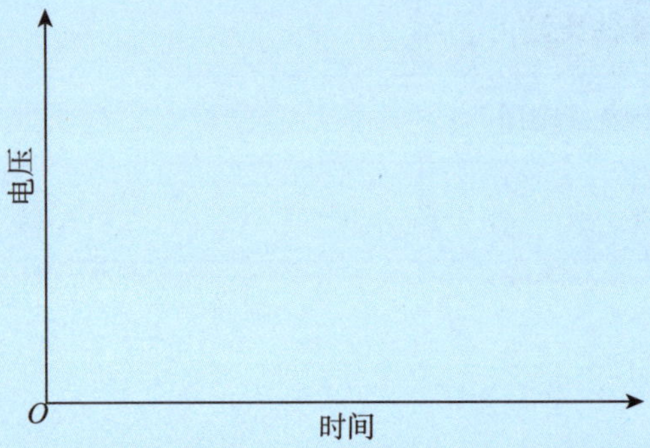
放电特性分析

检查评估

对本任务的学习情况进行检查，并将检查结果和结果点评记录在表 2-9 中。

表 2-9　检查评估

检查项目	检查结果	结果点评
电池单体充、放电		
电池单体充电是否达到目标电压值	是□　否□	
电池单体放电是否达到目标电压值	是□　否□	
电池单体充、放电测试		
充、放电曲线绘制是否准确	是□　否□	
充、放电特性分析是否正确	是□　否□	
整理及恢复		
工具、设备是否整理恢复	是□　否□	
实训工位是否打扫干净	是□　否□	
工作页是否填写完整	是□　否□	

任务小结

本任务小结如图 2-11 所示。

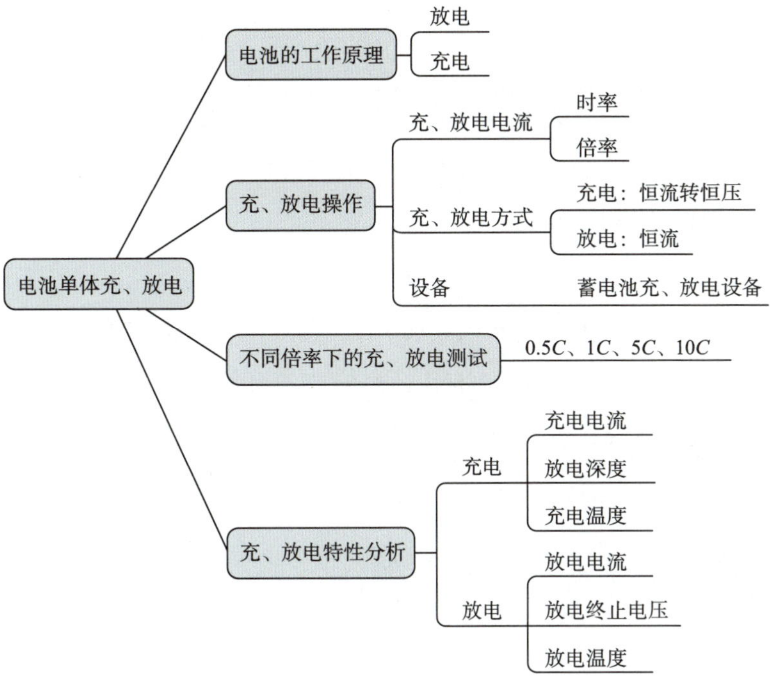

图 2-11　任务小结

任务三
电池单体 SOC 估算

任务导入

场景： 比亚迪电池组装车间。

人物： 电池组装工李师傅、学生小王。

情境： 小王到比亚迪电池组装车间参观学习，他好奇地问道："李师傅，电动汽车仪表盘上的'SOC'是什么意思？它和电池有什么关系？"李师傅答道："SOC 反映电池的剩余电量状况，与电池开路电压存在一一对应关系。"

任务目标

▸ 能按照测绘方法，通过万用表测量每一工步电池单体的电压值，准确绘制电池单体 OCV-SOC 曲线。

▸ 能按照 SOC 估算的方法，利用绘制的电池单体 OCV-SOC 曲线，准确估算电池当前 SOC。

任务实施

一、电池单体 OCV-SOC 曲线测绘

1. 知识学习

（1）电池电压的有关参数

1）电动势

电动势即电子运动的趋势，指能够克服导体电阻对电流的阻力，使电荷在闭合的导体回路中流动的一种作用，一般用符号 E 表示。这种作用源于相应的物理效应或化学效应，通常还伴随能量的转换，因

为电流在导体（超导体除外）中流动时要消耗能量，该能量必须由产生电动势的能源来补偿。锂电池的电动势是指电池正极与负极平衡电势（平衡电位）的差值。

2）开路电压（OCV）

OCV 是指锂电池在断路条件下，其内部无化学反应时的端电压，即在外电路中没有电流流过时，电池正、负两极之间的电位差。一般情况下，电池的 OCV 小于它的电动势。由于电池内部的极化效应，当锂电池断开负载电路时，其端电压会逐渐降低。当电池内部无化学反应时，端电压达到平衡，此时的端电压值为 OCV，理论上其值等于电动势的值，因此，OCV 可作为 SOC 估算中的一个重要参数。在电池工作过程中，如果其实际工作电压高于额定电压过多，充电时正极的锂离子将过度逃逸至负极，这些堆积的锂离子不能及时地嵌入负极的活性材料，在增加短路风险的同时还会破坏晶格结构的稳定性，产生安全隐患；如果其实际工作电压长时间低于电池设计的截止电压，电池负极的碳基集流体可能在放电时分解，从而导致电池漏液。

3）工作电压

工作电压又称端电压，是指电池在工作状态下（电路中有电流流过时）其正、负极之间的电势差。在电池放电工作状态下，电流在流过电池内部时，需克服电池内阻所造成的阻力，这会造成欧姆压降和电极极化，故端电压总是低于开路电压；电池充电时则相反，端电压总是高于开路电压。极化的结果是在电池放电时端电压低于电池的电动势，在电池充电时端电压高于电池的电动势。

由于极化现象的存在，电池在充、放电的过程中瞬时电压与实际电压会产生一定的偏差。充电时，瞬时电压略高于实际电压，充电结束后极化消失，电压回落；放电时，瞬时电压略低于实际电压，放电结束后极化消失，电压回升。

4）标称电压

标称电压是指用以标志或识别系统电压的给定值，它可以用于区分不同的电化学体系电池。

（2）荷电状态的定义

锂电池的荷电状态又称 SOC（全称是 state of charge），也称剩余电量。它反映了电池的剩余电量状况，是电池使用过程中的重要参数，代表锂电池在一定的放电倍率下，其剩余容量与相同条件下额定容量的比值，常用百分数表示。SOC 为 0 时表示电池放电完全，SOC 为 100% 时表示电池完全充满，因此 SOC 的数值范围为 0~100%。

（3）电池单体 OCV-SOC 曲线

OCV-SOC 曲线是在电池 SOC 标定过程中非常重要的一条曲线，通常在电动汽车运行了一段时间后，车辆静置再启动前，BMS 会调用这个曲线，以对 SOC 值进行一次校正，并通过一定的算法和其他校正系数得到一个 SOC 更新值，因此此曲线的准确性尤为重要，它直接关系到 SOC 的精度。

电池单体 SOC 与 OCV 存在一一对应的关系，因而可形成 OCV-SOC 曲线，常用锂离子蓄电池的 OCV-SOC 曲线如图 3-1 所示。

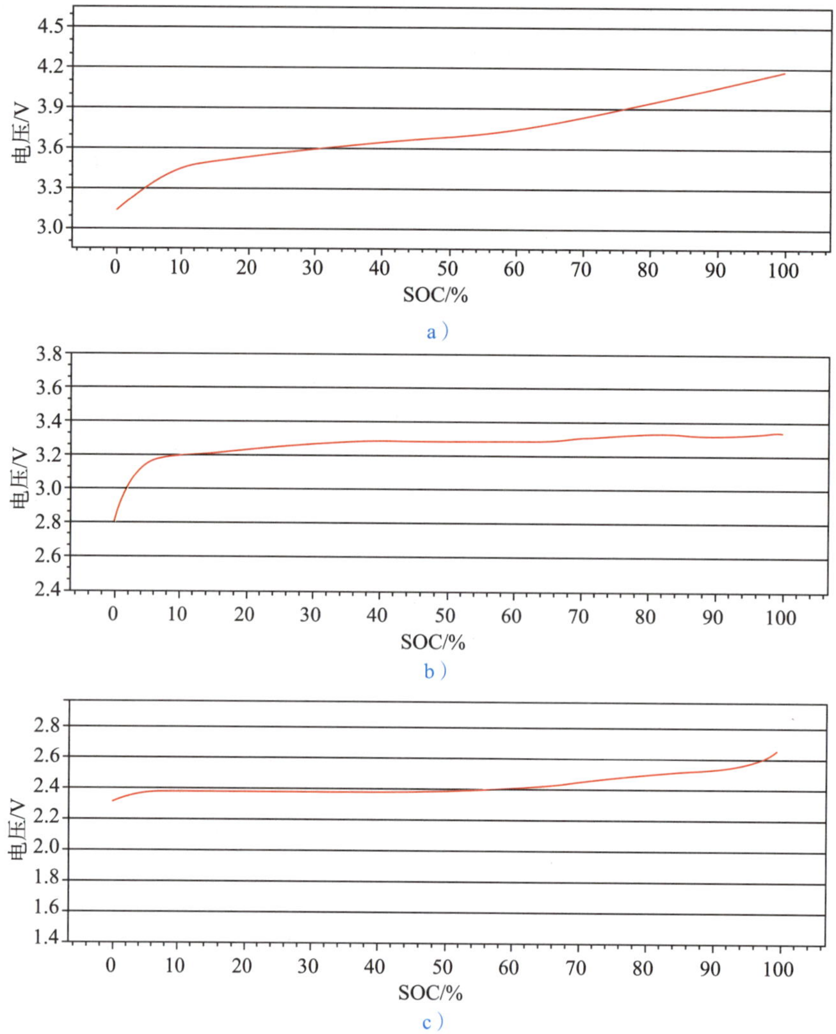

图 3-1 常用锂离子蓄电池的 OCV-SOC 曲线

a）三元锂电池 b）磷酸铁锂电池 c）钛酸锂电池

（4）电池单体 OCV-SOC 曲线的测绘方法

1）选定待测电池单体，分别测量 SOC 从 0~100% 范围内的不同数值对应的 OCV 值。

使用万用表检测电池单体正、负极端子之间的电压值，即端电压。在电池单体不工作时，端电压为开路电压；在电池单体工作时，端电压为工作电压。

注意：电压值的读数须精确到 mV 级别。

2）根据检测结果，通过描点连线的方式绘制所测电池单体的 OCV-SOC 曲线。

（5）电池单体电压取点的方法

1）在动力蓄电池检测教学平台上选定待测电池单体，并设定电池种类。

2）根据锂离子蓄电池的 OCV-SOC 曲线特性，在 SOC 值较低和较高的区间设置较多的取点数，在中间段设置较少的取点数。OCV-SOC 曲线测绘工步的设置情况如图 3-2 所示。

序号	SOC分段		取点数
	起始SOC/%	终止SOC/%	
1	0	20	5
2	20	80	4
3	80	100	5

图 3-2 OCV-SOC 曲线测绘工步的设置情况

3）按照所取点数测量电压并记录电压值。

2. 技能操作

（1）物料准备

准备技能操作所需的物料，见表 3-1。

表 3-1 物料准备

类别	所需物料
实训平台及附件	动力蓄电池检测教学平台及使用说明书
仪器、设备、工具	万用表、纸、笔、直尺等

（2）电池单体电压值测量

使用万用表检测电池单体每一工步的电压值，并将结果记录在表 3-2 中。

表 3-2 电池单体端电压检测记录

SOC	OCV	SOC	OCV
0		60%	
4%		80%	
8%		84%	
12%		88%	
16%		92%	
20%		96%	
40%		100%	

（3）电池单体 OCV-SOC 曲线绘制

根据上述检测结果，通过描点连线的方式在图 3-3 中绘制电池单体的 OCV-SOC 曲线。

情境一

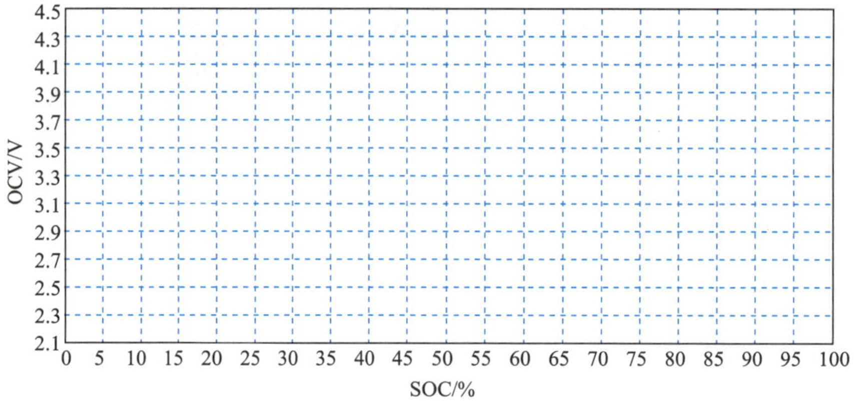

图 3-3 电池单体 OCV-SOC 曲线绘制

二、电池单体 SOC 估算

1. 知识学习

（1）SOC 估算的目的

通俗来说，SOC 描述了电池还剩下多少电，它是 BMS 中最重要的参数，因为其他车辆相关设置均是以 SOC 为基础的，所以它的精度和健壮性极其重要。SOC 算法一直是 BMS 开发应用的关键技术之一。

SOC 的估算精度也十分重要。SOC 估算的目的主要有以下几点：

1）估算电动汽车的续驶里程。在电池容量相同的情况下，SOC 的估算精度越高，电动汽车的续驶里程越高。准确显示的剩余电量还能帮助车辆控制系统计算续驶里程，也可以让驾驶者更好地规划行驶路线。

2）有效提高电池利用效率，延长电池使用寿命。高精度的 SOC 估算可以使锂离子蓄电池组发挥更大的效能。例如，通过精确的 SOC 值，车辆控制系统可以在制动时尽量多地吸收回馈的能量而不伤害电池；在加速时提供更大的功率以获得更大的加速度而不伤害电池；在 SOC 值很低时保证车辆在行驶过程中不会因欠压或者过流保护而失去动力。在低温、旧电池以及很低的 SOC 值等情况下，精确的 SOC 估算尤为重要。例如，对于一组均衡性很好的电池包，在 SOC 值比较高时，电池单体彼此间的 SOC 值可能相差很小，如 1%~2%；但当 SOC 值很低时，会出现某个电芯电压急速下降的情况，这个电芯的电压甚至会比其他电池的电压低 1 V 多。要保证每一个电芯电压始终不低于电池供应商给出的最低电压，SOC 必须精确地估算出下一时刻电压急速下降的电芯的最大输出功率，以限制电池的使用，从而保护电池。SOC 估算的核心是实时、在线估算电池的每一个等效阻抗。

3）保证电池的使用安全，有效降低所需的电池成本。

（2）SOC 估算的方法

SOC 估算的方法有放电实验法、开路电压法、安时积分法、卡尔曼滤波法和神经网络法等，如图 3-4 所示。

目前，电动汽车 BMS 常用的 SOC 估算方法是开路电压法和安时积分法，通过建立锂离子蓄电池模型和大量的数据采集，将实际数据与计算数据进行比较，这需要长时间的、大量的数据积累，同时也是各个厂家技术含量最高的部分。

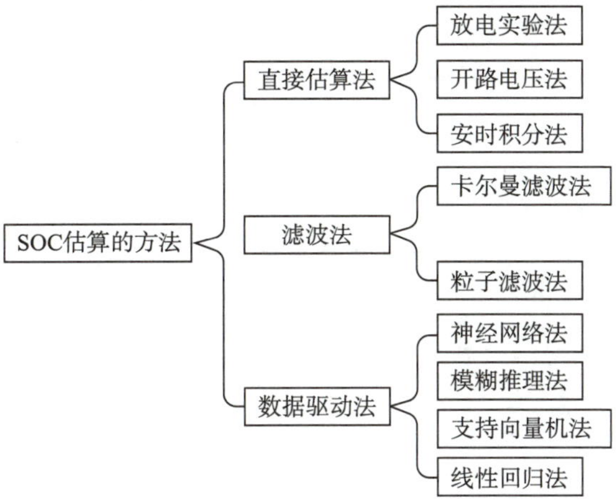

图 3-4　SOC 估算的方法

1）放电实验法

放电实验法的原理：以恒定电流使电池处于不间断的放电状态，当放电到达截止电压时对所放电量进行计算，放电电量值为放电时所采用的恒定电流的值与放电时间的乘积。放电实验法经常用于在实验室条件下估算电池的 SOC，目前许多电池厂商也采用此方法进行电池的测试。

放电实验法的显著优点是方法简单，估算精度相对较高；其缺点是不可以带负载测量，需要占用大量的测量时间，并且在放电测量时，必须中断电池正在进行的工作，将电池置于脱机状态，不能在线测量。因为行驶中的电动汽车电池一直处于工作状态，其放电电流并不恒定，此法不适用，但放电实验法可在检修电池和确定参数模型时使用。

2）开路电压法

开路电压法的原理：将电池充分静置（一般需要 1 h 以上），使电池端电压恢复至开路电压，通过测量电池的开路电压、结合 OCV-SOC 曲线估算电池当前的 SOC 值，如图 3-5 所示。

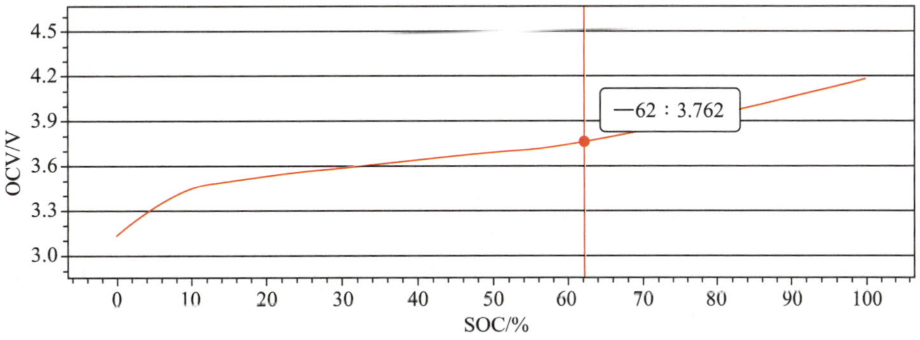

图 3-5　用开路电压法估算电池当前的 SOC 值

由于开路电压法需要将电池进行较长时间的静置，且有些电池存在电压平台，如磷酸铁锂电池在SOC为30%~80%时，其OCV-SOC曲线近似为直线，如图3-6所示，这会导致SOC估算的精度不够，而且此方法不适用于动态估算，所以常将此方法与其他方法相结合来进行SOC的估算。

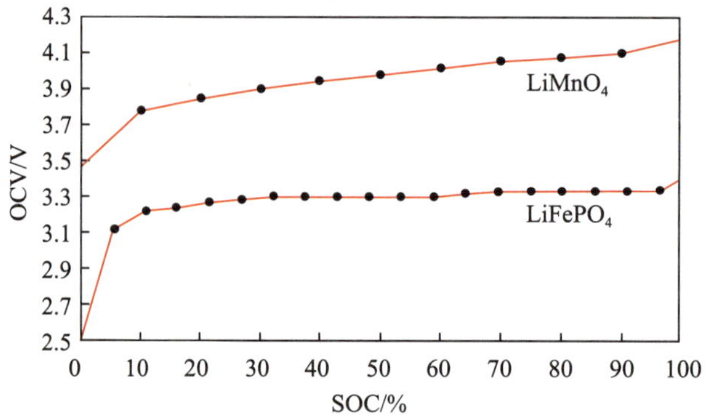

图 3-6　磷酸铁锂电池 OCV-SOC 曲线

电池在长时间充分静置后的各项参数相对稳定，此时电池的开路电压与电池SOC间的函数关系也是相对较稳定的。

开路电压法的优点是操作简单，只需测量开路电压值并对照OCV-SOC曲线图即可估算SOC值，但是其缺点也有很多：

① 在电池充、放电比率不同的情况下，电流的波动会使电池的开路电压发生变化，从而导致电池组的开路电压不一致，预测的剩余电量与电池实际剩余电量会产生较大偏差。

② 电池须经过长期静置，但电动汽车启动频繁，开路电压在短时间内很难稳定。

③ 当电池处于不同温度或不同寿命时期，尽管其开路电压一样，但实际上的SOC值差别也可能较大。

3）安时积分法

安时积分法是在初始时刻SOC的基础上估算电池当前的SOC，它通过计算在一定时间内电池的充、放电电流和对应时间的积分来计算变化电量占总电量的百分比，最终求出初始SOC和变化的SOC之间的差值，即当前时刻的SOC值，其具体公式如下：

$$\mathrm{SOC} = \mathrm{SOC}_0 - \frac{\int_0^t i(t)\,\mathrm{d}t}{Q_0}$$

由上式可知，安时积分法在估算过程中只需实时监测电池的电流，然后通过计算得出SOC值。由于安时积分存在误差，且随着时间的增加，累计误差会越来越大，所以在单独采用安时积分法对电池SOC进行估算时不能取得较高精度的值。

在使用安时积分法时，需注意实时测量电池包主回路的电流，并将其对时间积分，充电为负、放电为正，在放电过程中，用初始电量减去积分结果可得到当前电量；在充电过程中，用初始电量加上积分结果可得到当前电量。还需注意在此方法中无法直接得到初始电量，另外，由于系统电流的波动性很大，而电流采样间隔一定时间才进行一次，这使采样值与一段时间的平均值并不一定近似，这样长时间累计下来，会产生比较明显的误差，并且误差不是安时积分法自己能够消除的。因此，安时积分法在实际应用时必须与其他方法相结合，以解决初值和累计误差的问题。

安时积分法的简化公式如下：

1

$$\mathrm{SOC}_{\mathrm{now}} = \mathrm{SOC}_{\mathrm{past}} - \frac{I_{\mathrm{now}} \times t}{C_{\max}}$$

3　　2

式中，$C_{\max}$ 为电池容量；I_{now} 为电流；t 为时间。

从上式不难看出，该估算方法存在的误差主要源于以下三个方面：

① 电流采样造成的误差

采样间隔引起的采样精度不足。

② 电池容量变化造成的误差

温度变化，电池老化，充、放电倍率不同以及电池自放电等会影响电池的容量。

③ SOC 估算造成的误差

初始 SOC 估算困难，最终 SOC 的估算过程存在取舍误差。

4）卡尔曼滤波法

卡尔曼滤波法是利用时域状态空间理论的一种最小方差估计方法，属于统计估算的范畴，宏观上就是尽可能减小和消除噪声对观测信号的影响，其核心是最优估计，即根据系统的输入量在预估基础上对状态变量进行有效修正。

该算法的基本原理：将噪声与信号的状态空间模型作为算法模型，在测量时，应用当前时刻的观测值与上一时刻的估计值更新状态变量的估算。卡尔曼滤波法对锂电池 SOC 进行预测的实质是安时积分法，同时用测量的电压值来对初步预测的值进行修正。

卡尔曼滤波法的优点是将误差（预测误差和测量误差，通称为噪声）纳入了计算，误差独立存在且不受测量数据的影响，用计算机对数据进行实时运算处理，应用范围广，可用于非线性系统，对行驶过程中电动汽车的 SOC 值预测具有较好的效果。此方法的缺点是对电池模型的准确程度依赖较大，为了提高该算法预测结果的准确性和精度，需要建立可靠的电池模型。此外，卡尔曼滤波法的算法相对比较复杂，因此其计算量也较大，对运算器的性能要求较高。

卡尔曼滤波法已广泛应用于航天、通信、导航、控制和图像处理等领域。对动力蓄电池采用卡尔曼滤波法进行 SOC 值估算，是当前非常主流的方向。

5）神经网络法

近年来，人工智能被应用于电池 SOC 值的估算中，目前采用的主流方法是 BP（back propagation，反向传播）神经网络法。

神经网络法是通过模拟人脑及神经元来处理非线性系统的新型算法。神经网络通过并行结构与自身较强的学习能力获得表达数据的能力，它能够在存在外部激励时给出相应的输出响应，并具有良好的非线性映射能力。在运用神经网络法时，无须深入研究电池的内部结构，只需提前从电池中提取出符合工作特性的输入与输出样本，并将其输入系统，就能获得电池运行中的 SOC 值。

神经网络法应用于锂电池 SOC 检测的原理：将大量对应的电压值、电流值等外部数据以及电池的 SOC 数据作为训练样本，通过神经网络自身在学习过程中对输入信息的正向传播和误差传递的反向传播，反复进行训练和修改，在预测的 SOC 值达到设计要求时，通过输入新的数据来得到电池的 SOC 预测值。

用神经网络法估算 SOC 的后期处理相对简单，此方法既能有效避免卡尔曼滤波法中将电池模型进行线性化处理所带来的误差，又能实时地获取电池的动态参数。

（3）动力蓄电池 SOC 估算的方法及缺陷

电池组一致性问题是在动力蓄电池使用期间的常见问题，也是最难解决的技术难题，对于电动汽车而言，该问题非常影响车辆的实际充、放电电量和汽车的续驶里程，情况严重时还会发生热失控故障及引起车辆自燃等事故，例如，电动汽车在出发前显示续驶里程远远高于驾驶者的实际路程，但在行驶途中却急速掉电，甚至突然没电，半路抛锚，如果此汽车是在高速公路上行驶的，则非常容易发生追尾事件。车载 BMS 的 SOC 估算准确度往往是建立在电池组一致性良好的情况下，电池组一致性问题的存在可彻底扰乱 SOC 估算的准确性。

动力蓄电池 SOC 估算有很多种方法，既有传统的电流积分法、电池内阻法、放电试验法、开路电压法和负载电压法，也有较为创新的卡尔曼滤波法、模糊逻辑理论法和神经网络法等，各种估算方法都有优、缺点，适合不同的电池系统。

在 BMS 中，SOC、SOP（电池功率状态）和 SOH（电池健康状态）都是非常重要的管理指标，它们直接关系到 BMS 的管理质量，特别是实时 SOC 值，它是驾驶者在实际使用中判断电池系统状态的依据，直接影响出行计划的安排和实施。

（4）影响 SOC 估算的因素

锂离子动力蓄电池组的实时 SOC 是一个变量，不能通过传感器件直接测量，在电动汽车工作时该变量会受到外部环境多方面因素的影响，包括温度、放电电流、放电倍率、内阻、自放电率和衰减程度等。

在上述因素中，影响最大的是电池组的衰减程度，衰减程度直接决定电池组的 SOC 估算值和可用范围，衰减程度只是外在表现，它实质上是电池组一致性问题。

电池组的 SOC 值取决于电池组中容量最小即衰减程度最严重的电池单体，类似于“木桶原理”中最短的木板，即使其他电池未发生容量衰减，超过衰减最严重电池容量的部分也无法得到利用，这不仅影响电池组的实际续航时间，还会浪费宝贵的电池容量。衰减后的锂电池组容量分布如图 3-7 所示。

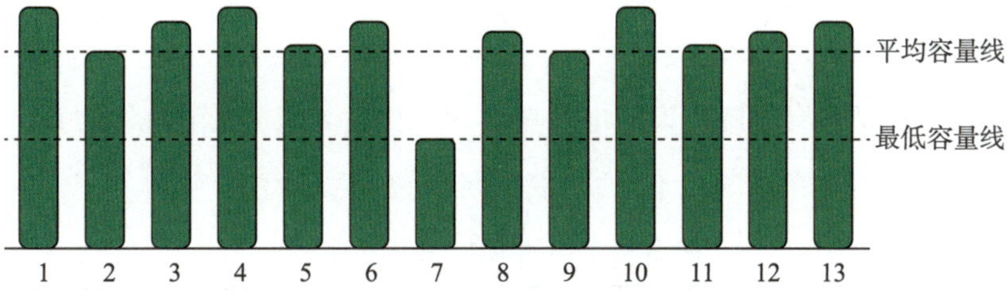

图 3-7 衰减后的锂电池组容量分布

由图 3-7 可以看出，在衰减后的电池组中，7 号电池衰减最严重，在整个电池组中剩余容量最小，因此电池组的 SOC 值就取决于 7 号电池，其他电池虽然衰减程度相对较小，剩余容量都远远高于 7 号电池，但是由于 BMS 需要保护容量最小的 7 号电池不发生过放电，其他电池的容量再多也会被 BMS 忽略，不起任何作用。

因此，电池组实际放电容量的最大值就是 7 号电池的容量，即电池组可使用容量的最大值就是图 3-7 中最低容量线的值。

最低容量与平均容量存在的差异越大，一致性问题越严重，这将最终导致可用 SOC 与平均 SOC 存在较大差异，直接影响电池组的实际续航时间和利用效率。

SOC 估算需要用到电流、电池单体电压和电池单体内阻等参数，在一致性问题的影响下，不管 SOC 估算策略如何，受制于 BMS 在均衡管理功能上的限制，SOC 估算值只能无限接近于电池组内最小容量电池的 SOC 值，低于平均 SOC 值。即在整组电池中，发生衰减的一两块电池的 SOC 值决定了整个电池组的 SOC 值。电池组的一致性问题越严重，SOC 估算值就越低，且会更严重偏离 SOC 平均值。

衰减电池普遍具有内阻偏高的特点，当对其进行充、放电操作时，其电压的波动幅度明显高于正常电池。这一特征会严重影响 SOC 的实时估算，甚至会使 SOC 计算值严重偏离 SOC 实际值，影响用户的实际体验。

2. 技能操作

（1）物料准备

准备技能操作所需的物料，见表 3-3。

表 3-3 物料准备

类别	所需物料
实训平台及附件	动力蓄电池检测教学平台及使用说明书
仪器、设备、工具	万用表、纸、笔等

（2）电池单体 SOC 估算

1）电池单体种类判断

将绘制的 OCV-SOC 曲线与不同种类电池的标准 OCV-SOC 曲线对比，判断当前电池的种类。

当前电池的种类为：

□三元锂电池 □磷酸铁锂电池 □锰酸锂电池 □钛酸锂电池 □其他电池

2）用开路电压法估算 SOC

在动力蓄电池检测教学平台上随机设定电池单体 SOC，检测当前电池单体的 OCV 值，根据绘制的 OCV-SOC 曲线估算电池单体当前的 SOC 值，并将结果记录在表 3-4 中。

表 3-4 电池单体 SOC 估算

OCV 实测值	SOC 估算值	OCV 实测值	SOC 估算值

检查评估

对本任务的学习情况进行检查，并将检查结果和结果点评记录在表 3-5 中。

表 3-5 检查评估

检查项目	检查结果	结果点评
电池单体 OCV-SOC 曲线绘制		
电池单体电压值记录精度是否准确	是□ 否□	
电池单体 OCV-SOC 曲线绘制是否准确	是□ 否□	
电池单体 SOC 估算		
电池单体种类判断是否正确	是□ 否□	
电池单体 SOC 估算是否准确	是□ 否□	
整理及恢复		
工具、设备是否整理恢复	是□ 否□	
实训工位是否打扫干净	是□ 否□	
工作页是否填写完整	是□ 否□	

任务小结

本任务小结如图 3-8 所示。

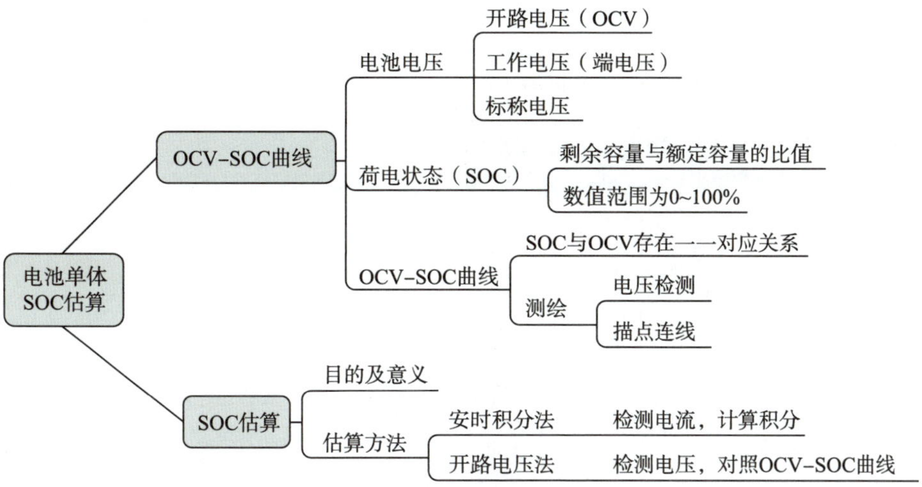

图 3-8 任务小结

任务四 电池电性能测试

任务导入

场景： 比亚迪电池检验车间。

人物： 电池检验员刘师傅、学生小王。

情境： 小王到比亚迪电池检验车间参观学习，在车间里，刘师傅正在对电池进行出厂测试。小王第一次接触电池测试工作，不禁感叹道："原来电池的出厂需要经过这么多项严苛的测试！"刘师傅耐心地向小王讲解电池测试的工作内容，请你和小王一起开始这趟学习之旅。

任务目标

- 能按照电池单体电性能测试的内容与步骤，使用蓄电池充、放电设备，蓄电池内阻测试仪等工具，规范完成电池单体各项电性能测试作业。
- 能按照电池模块电性能测试的内容与步骤，使用蓄电池充、放电设备，动力蓄电池检测教学平台等工具，规范完成电池模块各项电性能测试作业。

任务实施

一、电池单体电性能测试

1. 知识学习

（1）动力蓄电池的性能要求

电动汽车的性能要求包括续驶里程、环境适用性、加速爬坡性能、使用安全性、经济性、使用便捷性、回收利用性等方面，这些性能要求体现在动力蓄电池层面，则要求其具有自放电率低、能量密度高、功能密度高、安全性高、循环寿命长、日历寿命长、成本低、快速充电以及环境友好等性能。动力蓄电池作为电动汽车的核心部件，其性能直接影响车辆的续驶里程和动力性。

动力蓄电池的性能要求主要分为规格尺寸、一致性、电性能、安全性和寿命五个方面，如图 4–1 所示。

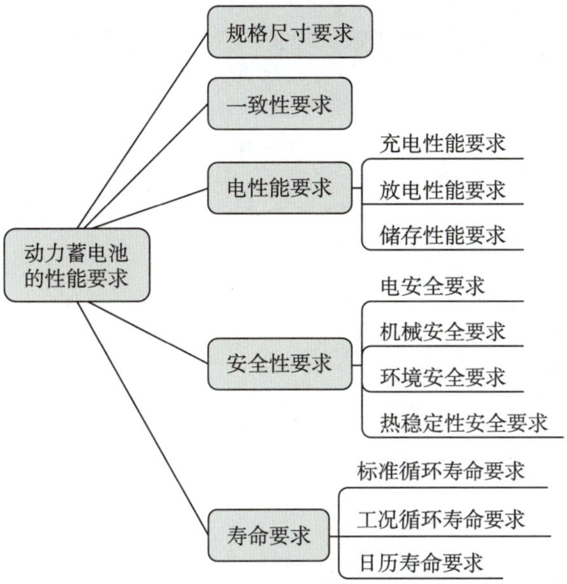

图 4–1　动力蓄电池的性能要求

动力蓄电池作为一种化学储能元件，在一段时间的使用后，会发生性能衰退的现象，在电池系统衰退后通过性能测试对其进行性能评估是电动汽车评估的核心。对电池系统的评估在整车技术鉴定中占比为 30%（占比的确定依据是电池系统价值在整车价值中的比例），续驶里程不同、采用电池种类不同的车辆，其价值占比也会有差异。当前动力蓄电池性能测试的内容主要包含电池内阻和电池容量两个参数，其中电池容量与电动汽车的续驶能力直接相关。为避免电池工况对电池性能的影响，在电池性能测试中，要规范测试工况，以消除因其产生的差异。

（2）相关术语及定义

1）电池能量

电池能量是指电池在一定放电条件下对外做功所能输出的电能，单位通常为瓦时（W·h）。

① 理论能量

假设电池在放电过程中始终处于平衡状态，其放电电压保持为电动势（E）的数值，且放电容量为理论容量，则在此条件下电池输出的能量为理论能量，用 W_0 表示，即

$$W_0=C_0E$$

② 实际能量

实际能量是指电池放电时实际输出的能量，用 W 表示。它在数值上等于电池实际放电电压、放电电流与放电时间的积分。在实际应用中，常用电池实际容量（C）与电池放电平均工作电压（U_{av}）的乘积来对实际能量进行估算，即

$$W=CU_{av}$$

③ 比能量

比能量是指单位质量或单位体积的电池所放出的能量，相应地称为质量比能量或体积比能量，也称为质量能量密度或体积能量密度，常用 W' 表示，单位为 W·h/kg 或 W·h/L。

质量比能量公式为

$$W'=W/G$$

体积比能量公式为

$$W'=W/V$$

式中，G——电池的质量；

V——电池的体积。

2）电池功率

电池功率是指电池在一定放电制度下，单位时间内输出的能量，用符号 P 表示，单位为瓦（W）或千瓦（kW）。

功率密度（比功率）是指单位质量或单位体积的电池所输出的功率，相应地称为质量功率密度或体积功率密度。功率密度的大小表示电池所能承受的工作电流的大小。电池的功率密度大，表示它可以承受大电流放电。功率密度是评价动力蓄电池系统能否满足电动汽车加速能力、爬坡能力和制动能量回收能力要求的重要指标。

3）电池内阻

电池内阻是指电流通过电池内部时受到的阻力，它包括欧姆内阻和电极在电化学反应时极化产生的电阻两部分。欧姆内阻和极化内阻之和称为电池的全内阻。

① 欧姆内阻

欧姆内阻主要由电极材料、电解液、隔膜的电阻以及各组件的接触电阻组成。

② 极化内阻

极化内阻是指在进行电化学反应时，电池的正极和负极由于极化产生的电阻，它包括电化学极化和浓差极化产生的电阻。极化内阻与活性物质的种类、电极的结构及电池的制造工艺等有关，特别是与电池的工作条件密切相关，放电电流和温度对其影响很大。

电池内阻是决定电池性能的一个重要指标，它直接影响电池的工作电压、工作电流、输出的能量与功率等。电池的欧姆内阻由电池的总电导率决定，电池的极化内阻由锂离子在电极活性材料中的固相扩散系数决定。随着锂离子蓄电池存储时间的增加，电池不断老化，其内阻不断增大。不论是欧姆内阻还是极化内阻，在一定程度上都可以反映电池当前的性能，对于一个实用的电池，其电池内阻越小越好。

4）电池的自放电特性

自放电是指电池开路时，在一定条件（如温度、湿度等）下电池内部自发的或不期望的化学反应造成的电池可用容量自行下降的现象。自放电的产生主要是由于电极在电解液中处于热力学的不稳定状态，两个电极各自发生了氧化、还原反应。

5）自放电率

自放电率表示电池在存放时间内且没有负荷的条件下自行放电，造成的电池容量损失的速度。自放电率 X 用单位时间内电池容量降低的百分数表示，即

$$X=\frac{C_{前}-C_{后}}{C_{前}T}\times 100\%$$

式中，$C_{前}$——储存前电池的容量；

$C_{后}$——储存后电池的容量；

T——储存时间，常用天、月、年表示。

对于部分自放电率较高的电池，其在电动汽车上的直观表现为电池的容量损失，电池的自放电现象致使电池在搁置一段时间后，其电池电压明显降低，在其放电过程中，电池会更快到达其放电截止电压，而其他电池由于自放电现象不明显，其电池电压与放电截止电压仍有一定距离，因而导致电池包的放电时间缩短，其电池容量降低。

6）容量恢复能力

容量恢复能力是指完全充电的蓄电池在一定温度下储存一定时间后，再完全充电，其后放电容量与初始容量之比。

锂离子蓄电池模块在试验时，其室温及高温荷电保持率应不低于初始容量的 85%，容量恢复应不低于初始容量的 90%。金属氢化物镍蓄电池模块在试验时，其室温荷电保持率应不低于初始容量的 85%，高温荷电保持率应不低于初始容量的 70%，容量恢复应不低于初始容量的 95%。

7）荷电保持能力

荷电保持能力是指电池在开路状态下，其储存的电量在一定条件下的保持能力。

8）电池的储存性能

电池的储存性能由电池在一定条件下储存一定时间后主要性能参数的变化来体现，包括容量的下降、有无变形或渗液情况等。

（3）电性能及其影响因素

动力蓄电池的电性能主要体现在其容量和内阻等特性参数上，电池内部活性物质的缺失是电池老化的主要原因。随着电池老化，其性能也会随之衰退，动力蓄电池的容量和内阻等特性参数也会产生变化。对于同一块动力蓄电池，在不同的测试条件下，电池的特性参数也不同。

动力蓄电池电性能要求包括电池的充电性能要求、放电性能要求和储存性能要求。电性能测试从测试内容来讲，主要是针对不同工况下电池的容量和内阻等参数进行测量。电池的充电性能测试主要是测试电池在一定测试条件下的充电能力，由于不同充电桩厂家以及不同汽车厂商的产品之间的充电效率不

同，很难测试电池的充电容量，所以充电性能测试主要应规范充电条件；电池的放电性能测试主要测试电池在不同测试条件下的放电容量和内阻等特性参数；电池的储存性能测试主要针对电池模块及更高级别的电池来测试其储存电池容量的能力。

影响电池单体特性参数的因素主要有以下两个方面：

1）温度

温度对动力蓄电池的特性影响较大，在实际使用过程中，温度对电池的影响直接体现在电池的内阻大小和电池的实际容量上。在不同温度（–10 ℃、0 ℃、25 ℃和 40 ℃）的测试环境下，以某款额定容量为 27 A·h 的动力蓄电池为例，进行放电容量测试，充电电流大小为 27 A，测试得到的结果如图 4–2 和图 4–3 所示。

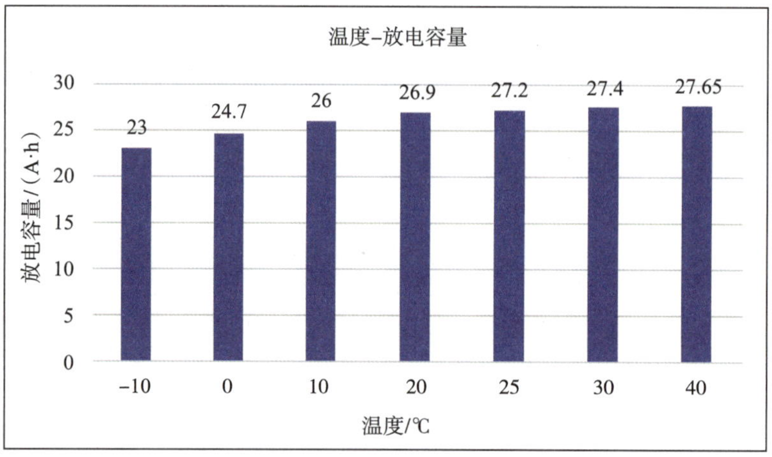

图 4–2 不同温度下的放电容量

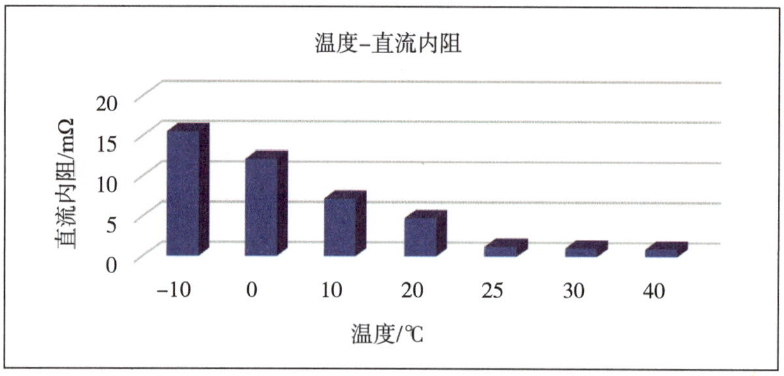

图 4–3 不同温度下的欧姆内阻

从图 4–2 中可见，在一定的温度范围内，动力蓄电池的容量随温度的升高而上升，在 –10 ℃和 40 ℃下电池的放电容量相差最高，可达 4.65 A·h，约占额定容量的 17.2%。在不同温度下的放电过程中，温度会影响电池材料的活性，从而影响电池的电性能，这直接表现在电池的内阻和端电压上，在放电过程中，高温时端电压比低温时高，电池的内阻也会明显降低。

当前动力蓄电池充电截止时刻主要由电池端电压决定，当电池单体的最高电压达到其充电截止电压时，它将停止充电。在温度较高的充电环境下，动力蓄电池的端电压较低，充电时间较长，其放电容量随之提高；在温度较低的充电环境下，其端电压相对较低，放电容量也随之减少。

因此，在相同的放电截止电压和放电电流的条件下，在温度较高时，动力蓄电池的放电持续时间长，放电容量大，电池内阻较小；在温度较低时，动力蓄电池由于端电压较高，会提前达到其充电截止电压，放电容量减少，电池内阻偏大。

2）充、放电倍率

电池的充、放电倍率是指电池在规定时间内放出其额定容量时所需要的电流值，它在数据值上等于电池额定容量的倍数，其计算公式如下

$$X = \frac{I_1}{C_{额}} \times 100\%$$

式中，I_1——当前电池的充电电流大小；

$C_{额}$——电池的额定容量。

图 4–4 所示是在 25 ℃时新电池和老化电池在不同的放电倍率下实际的放电容量。相较于新电池，老化电池的放电容量低。从图中可以看出，老化电池的放电容量受充、放电倍率的影响更大，当以 2C 放电倍率进行放电时，老化电池的放电容量仅为其以 0.2C 放电倍率进行放电时的 82%，新电池以 2C 放电倍率进行放电时的放电容量则为其以 0.2C 放电倍率进行放电时的 95.6%。

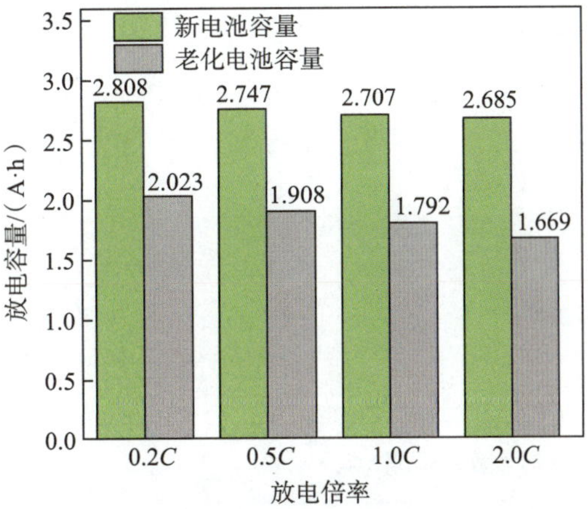

图 4–4 不同放电倍率下新、老化电池的放电容量

图 4–5 所示是在 25 ℃时新电池和老化电池在不同的放电倍率下电池表面的温度上升值（温升数值）。两种电池在相同放电倍率下放电时，老化电池的温升数值更大，老化电池在放电倍率为 1C 时温升达到 5.3 ℃，在放电倍率为 2C 时达到 10.8 ℃，其在放电倍率为 1C 与 2C 下使用时，放电容量较低，且温升较大。电池老化后其欧姆内阻和极化内阻的增加是导致产热量增加的主要原因。

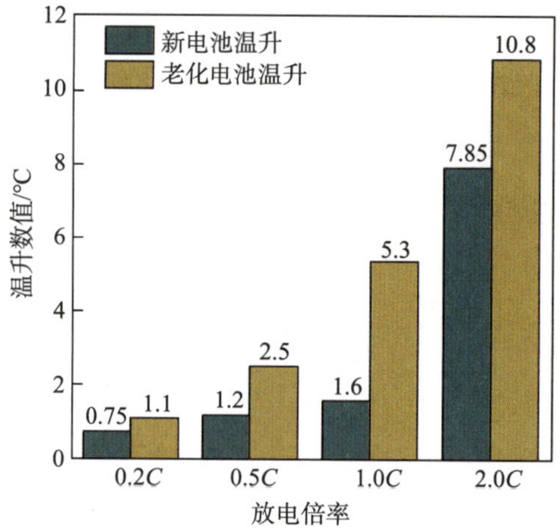

图 4-5　不同放电倍率下新、老化电池的温升数值

(4) 电性能测试的内容

电池电性能测试通过特定的测试设备加载特定的测试程序，可以获得动力蓄电池在不同状态下的电压、容量、内阻和功率等参数，就当前对动力蓄电池的使用要求而言，该测试的内容主要为测试动力蓄电池在不同环境下的充、放电性能及荷电能力等。在不同的测试条件下，电池的电性能参数受到试验环境的影响（温度和充、放电倍率是其主要影响因素），其电池容量、内阻也不同，为了对电池的电性能进行测试，需要规范其测试条件。电性能测试的具体内容见表 4-1。

表 4-1　电池单体和电池模块电性能测试内容

测试内容		电池单体	电池模块
充电性能	室温倍率充电性能		√
放电性能	室温放电性能	√	√
	室温倍率放电性能		√
	低温放电性能		√
	高温放电性能		√
	内阻	√	
储存性能	荷电保持与容量恢复能力		√
	储存性能		√

注：电池单体和电池模块的电性能测试除倍率充电和内阻测试外，在开始前均需按下述标准充电方法对动力蓄电池充电。

1）电池单体标准充电方法

在室温下，将电池单体以 $1I_1$（A）电流放电至放电终止电压，搁置 1 h；然后以 $1I_1$（A）电流恒流充电至充电终止电压时转恒压充电，至充电电流降至 $0.05I_1$（A）时停止充电，搁置 1 h。

2）电池模块标准充电方法

在室温下，将电池模块先以 $1I_1$（A）电流放电至任一电池单体电压达到放电终止电压，搁置 1 h（或企业规定的不高于 1 h 的搁置时间）后按企业提供的充电方法进行充电。若企业未提供充电方法，则依据以下方法充电：

① 对于锂离子蓄电池，以 $1I_1$（A）电流恒流充电至企业技术条件中规定的充电终止电压时转恒压充电，至充电电流降至 $0.05I_1$（A）时停止充电，若充电过程中有电池单体电压超过充电终止电压 0.1 V，则停止充电，充电后搁置 1 h（或企业规定的不高于 1 h 的搁置时间）。

② 对于金属氢化物镍蓄电池，以 $1I_1$（A）电流恒流充电 1 h，然后再以 $0.2I_1$（A）电流充电 1 h，充电后搁置 1 h（或企业规定的不高于 1 h 的搁置时间）。

（5）电池单体室温放电性能测试

1）性能要求

电池单体室温放电容量不低于额定容量，并且不超过额定容量的 110%，所有测试对象室温放电容量的极差不大于平均值的 5%。

2）电池单体室温放电性能测试步骤

① 按照标准充电方法对电池单体充电。

② 在室温下，将电池单体以 $1I_1$（A）电流放电至放电终止电压。

③ 计量放电容量。

④ 重复步骤①～步骤③ 5 次，取平均值。当连续 3 次试验结果的极差小于额定容量的 3% 时，可提前结束试验，取最后 3 次试验结果的平均值作为结果。

注意：电池单体室温放电性能测试应使用专用的测试设备进行，该测试设备应能对电池单体进行充、放电控制，且可以控制测试环境温度，除此之外，其应该还具有与电池单体的正、负极相连的测试线，并可通过数据线记录测试过程中电池的端电压、电流和内部温度等特性参数，部分测试场景和测试设备如图 4-6 所示。

a）

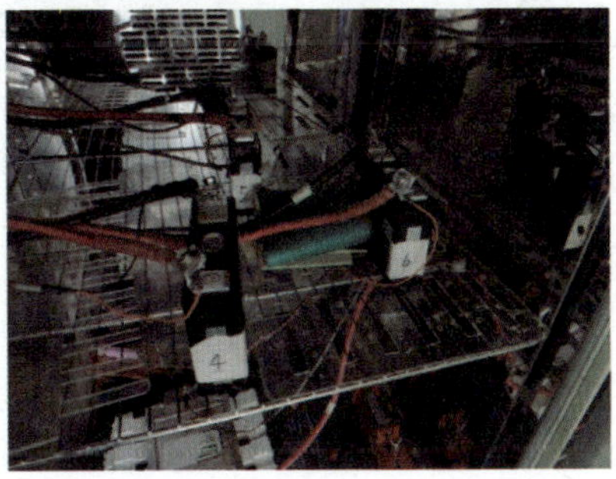

b）

图 4-6 电池单体室温放电性能测试场景和设备

a）测试场景 b）测试设备

（6）电池单体内阻测试

1）性能要求

采用先交流、后直流的方法测试电池单体的内阻，在测试过程中不需要对电池进行充电和放电。电池单体极化内阻应不大于企业提供的 R_{ac} 的值，欧姆内阻应不大于企业提供的 R_{dc} 的值。

2）极化内阻的测量方法

对电池单体施加 1~5 s 的电流大小为 I_a、频率为 1.0 kHz ± 0.1 Hz 的交流电，测量交流电压 U_a，计算电池单体的极化内阻 R_{ac}。

$$R_{ac}=U_a/I_a$$

式中，U_a——交流电压有效值，V；

I_a——交流电流有效值，A。

注意：交流电流的峰值应不小于 20 mA，图 4–6b 中的测试设备可以实现高频率的电流控制。

3）欧姆内阻的测量方法

将电池单体以 $0.2I_1$（A）电流恒流放电，10 s 后测量并记录放电电压 U_1；然后瞬间提升放电电流至 $1I_1$（A），1 s 后测量并记录放电电压 U_2；计算电池单体的欧姆内阻 R_{dc}。

$$R_{dc}=\frac{U_1-U_2}{1I_1-0.2I_1}$$

式中，I_1——1 小时率放电电流，A。

注意：目前电池单体的极化内阻和欧姆内阻只能通过专用的测试设备进行测试，图 4–6b 中的测试设备可以实现对电池单体内阻的测量。

2. 技能操作

（1）物料准备

准备技能操作所需的物料，见表 4–2。

表 4–2　物料准备

类别	所需物料
实训平台及附件	动力蓄电池检测教学平台及使用说明书
仪器、设备、工具	蓄电池充、放电设备，蓄电池内阻测试仪，万用表等

（2）电池单体室温放电性能测试

按照上述流程对电池单体室温放电性能进行测试，并将相关内容记录在表 4–3 中。

表 4-3 电池单体室温放电性能测试记录

序号	步骤	内容	工具	操作记录	
1	放电	以 $1I_1$（A）电流放电至放电终止电压	蓄电池充、放电设备，万用表	放电电流	
				放电终止电压	
2	搁置	—	—	时长	
3	充电	（1）以 $1I_1$（A）电流恒流充电至充电终止电压 （2）转恒压充电 （3）充电电流降至 $0.05I_1$（A）时停止充电	蓄电池充、放电设备，万用表	充电电流	
				充电终止电压	
4	搁置	—	—	时长	
5	放电	以 $1I_1$（A）电流放电至放电终止电压	蓄电池充、放电设备，万用表	放电电流	
				放电终止电压	
6	搁置	—	—	时长	
7	计算	（1）记录室温放电容量 （2）根据公式计算放电比能量	—	室温放电容量	
				放电比能量	
8	第一次重复	重复步骤 3 ~ 步骤 6，计算室温放电容量和放电比能量	蓄电池充、放电设备，万用表	室温放电容量	
				放电比能量	
9	第二次重复	重复步骤 3 ~ 步骤 6，计算室温放电容量和放电比能量，判断是否停止试验	蓄电池充、放电设备，万用表	室温放电容量	
				放电比能量	
				是否停止试验	是□ 否□
10	第三次重复	重复步骤 3 ~ 步骤 6，计算室温放电容量和放电比能量，判断是否停止试验	蓄电池充、放电设备，万用表	室温放电容量	
				放电比能量	
				是否停止试验	是□ 否□
11	第四次重复	重复步骤 3 ~ 步骤 6，计算室温放电容量和放电比能量	蓄电池充、放电设备，万用表	室温放电容量	
				放电比能量	
12	结果判定	（1）统计各次试验结果，取平均值 （2）判断所测电池单体是否符合标准	—	是否符合标准	是□ 否□
				判断标准	

（3）电池单体内阻测试

按照上述测试方法和标准对电池单体内阻进行测试，并将相关内容记录在表 4–4 中。

表 4–4　电池单体内阻测试记录

序号	内容	工具	操作记录		结果判定
1	极化内阻测量	蓄电池内阻测试仪、万用表	I_{ac}		合格□　不合格□
			U_{ac}		
			R_{ac}		
			企业提供的极化内阻		
2	欧姆内阻测量	蓄电池内阻测试仪、万用表	I_1		合格□　不合格□
			U_1		
			U_2		
			R_{dc}		
			企业提供的欧姆内阻		

二、电池模块电性能测试

1. 知识学习

（1）电池单体与电池模块电性能的区别

动力蓄电池单体的初始容量、电压、内阻和衰减特性等参数存在差异性，将其成模块使用时会产生不均衡现象，影响电池模块的使用效率和寿命，甚至引发安全事故。对动力蓄电池模块而言，由于电池单体并联工作环境复杂，它们之间会产生不一致问题，随着电池的使用，各个蓄电池单体之间电性能参数的不一致性也会随之提高。

电池模块的各个电池单体内阻不尽相同，在实际使用过程中，电池单体的内阻之间还存在耦合关系，很难直接通过测试判定电池模块的内阻，所以电池单体的内阻测试方法不适用于电池模块。

相比于电池单体而言，电池模块由于电池单体之间的不一致性和复杂耦合关系，随着电池老化，其在不同温度和不同放电倍率下的放电能力会下降得更加剧烈，所以在电池模块电性能测试中引入了不同温度及不同放电倍率下的放电容量测试。

为了防止电池模块由于电池单体的不一致性或局部短路等对电池模块产生影响，电池模块电性能测试在电池单体测试的基础上引入了荷电保持与容量恢复能力测试和储存性能测试，以确保科学地测试电池模块的电性能。

(2) 电池模块室温倍率充电性能测试

1) 性能要求

电池模块在室温倍率充电后，放电容量不低于初始容量的 80%。

2) 电池模块室温倍率充电性能测试步骤

① 在室温下，将电池模块以 $1I_1$（A）电流放电至任一电池单体达到放电终止电压。

② 在室温下，将电池模块以 $2I_1$（A）电流充电至任一电池单体达到充电终止电压，并且总充电时间不超过 30 min（注意：充电电流最大不超过 400 A）。

③ 在室温下，将电池模块以 $1I_1$（A）电流放电至任一电池单体达到放电终止电压。

④ 计量放电容量。

注：电池模块室温倍率充电性能测试应使用专用的测试设备进行，该测试设备应能对电池模块进行充、放电控制，且可以控制测试环境温度、监控特性参数等，部分测试场景和测试设备如图 4-7 所示。

a)

b)

图 4-7 电池模块室温倍率充电性能测试场景和设备

a) 测试场景 b) 测试设备

(3) 电池模块室温放电性能测试

1) 性能要求

电池模块室温放电容量不低于额定容量，并且不超过额定容量的 110%，所有测试对象室温放电容量的极差不大于平均值的 7%。

2) 电池模块室温放电性能测试步骤

① 按照标准充电方法对电池模块充电。

② 在室温下，将电池模块以 $1I_1$（A）电流放电至任一电池单体达到放电终止电压。

③ 计量放电容量。

④ 重复步骤①～步骤③ 5 次，取平均值。当连续 3 次测试结果的极差小于额定容量的 3% 时，可提前结束试验，取最后 3 次测试结果的平均值作为最终结果。

（4）电池模块室温倍率放电性能测试

1）性能要求

电池模块室温倍率放电容量不低于初始容量的 90%。

2）电池模块室温倍率放电性能测试步骤

① 按照标准充电方法对电池模块充电。

② 在室温下，将电池模块以 $3I_1$（A）电流放电至任一电池单体达到放电终止电压（注意：放电电流最大不超过 400 A）。

③ 计量放电容量。

（5）电池模块低温放电性能测试

1）性能要求

电池模块低温放电容量不低于初始容量的 70%。

2）电池模块低温放电性能测试步骤

① 按照标准充电方法对电池模块充电。

② 在低温下搁置 24 h。

③ 在低温下，将电池模块以 $1I_1$（A）电流放电至任一电池单体达到放电终止电压。

④ 计量放电容量。

注：低温是指（−20 ± 2）℃。图 4–7b 中的测试设备可以控制充、放电过程中的温度和电池端电流等，以实现对电池低温放电性能的测试。

（6）电池模块高温放电性能测试

1）性能要求

电池模块高温放电容量不低于初始容量的 90%。

2）电池模块高温放电性能测试步骤

① 按照标准充电方法对电池模块充电。

② 在高温下搁置 24 h。

③ 在高温下，将电池模块以 $1I_1$（A）电流放电至任一电池单体达到放电终止电压。

④ 计量放电容量。

注：高温是指（55 ± 2）℃。

（7）电池模块荷电保持与容量恢复能力测试

1）性能要求

电池模块室温及高温荷电保持率不低于初始容量的 85%，容量恢复不低于初始容量的 90%。

2）电池模块室温荷电保持与容量恢复能力测试步骤

① 按照标准充电方法对电池模块充电。

② 在室温下储存 28 d。

③ 在室温下，将电池模块以 $1I_1$（A）电流放电至任一电池单体达到放电终止电压。

④ 计量荷电保持容量。

⑤ 再次按照标准充电方法对电池模块充电。

⑥ 在室温下，将电池模块以 $1I_1$（A）电流放电至任一电池单体达到放电终止电压。

⑦ 计量恢复容量。

3）电池模块高温荷电保持与容量恢复能力测试步骤

① 按照标准充电方法对电池模块充电。

② 在高温下储存 7 d。

③ 再在室温下搁置 5 h，然后以 $1I_1$（A）电流放电至任一电池单体达到放电终止电压。

④ 计量荷电保持容量。

⑤ 再次按照标准充电方法对电池模块充电。

⑥ 在室温下，将电池模块以 $1I_1$（A）电流放电至任一电池单体达到放电终止电压。

⑦ 计量恢复容量。

（8）电池模块储存性能测试

1）性能要求

电池模块容量恢复不低于初始容量的 90%。

2）电池模块储存性能测试步骤

① 按照标准充电方法对电池模块充电。

② 在室温下，将电池模块以 $1I_1$（A）电流放电 30 min。

③ 在（45 ± 2）℃下储存 28 d。

④ 在室温下搁置 5 h。

⑤ 再次按照标准充电方法对电池模块充电。

⑥ 在室温下，将电池模块以 $1I_1$（A）电流放电至任一电池单体达到放电终止电压。

⑦ 计量放电容量。

2. 技能操作

（1）物料准备

准备技能操作所需的物料，见表 4-5。

表 4-5　物料准备

类别	所需物料
实训平台及附件	动力蓄电池检测教学平台及使用说明书
仪器、设备、工具	蓄电池充、放电设备，万用表，温度计等

情境一

（2）电池模块电性能测试

按照上述方法和步骤对电池模块进行电性能测试，并将相关内容记录在表 4–6 中。

表 4–6 电池模块电性能测试记录

序号	内容	测试过程记录			测试结果记录			结果判定
		项目	测试值	标准值	项目	测试值	标准值	
1	室温倍率充电性能	环境温度			放电容量			合格□ 不合格□
		放电电流						
		充电电流						
2	室温放电性能	环境温度			放电容量			合格□ 不合格□
		放电电流						
		重复次数						
3	室温倍率放电性能	环境温度			放电容量			合格□ 不合格□
		放电电流						
4	低温放电性能	环境温度			放电容量			合格□ 不合格□
		放电电流						
5	高温放电性能	环境温度			放电容量			合格□ 不合格□
		放电电流						
6	室温荷电保持与容量恢复能力	储存时间			荷电保持			合格□ 不合格□
		环境温度						
		放电电流			容量恢复			
		充电电流						
7	高温荷电保持与容量恢复能力	储存时间			荷电保持			合格□ 不合格□
		环境温度						
		放电电流			容量恢复			
		充电电流						
8	储存性能	储存时间			放电容量			合格□ 不合格□
		环境温度						
		放电电流						

检查评估

对本任务的学习情况进行检查，并将检查结果和结果点评记录在表 4–7 中。

表 4-7　检查评估

检查项目	检查结果	结果点评
电池单体电性能测试		
测试内容是否完整	是□　否□	
测试结果是否正确	是□　否□	
电池单体状态判断是否准确	是□　否□	
电池模块电性能测试		
测试内容是否完整	是□　否□	
测试结果是否正确	是□　否□	
电池模块状态判断是否准确	是□　否□	
整理及恢复		
工具、设备是否整理恢复	是□　否□	
实训工位是否打扫干净	是□　否□	
工作页是否填写完整	是□　否□	

任务小结

本任务小结如图 4-8 所示。

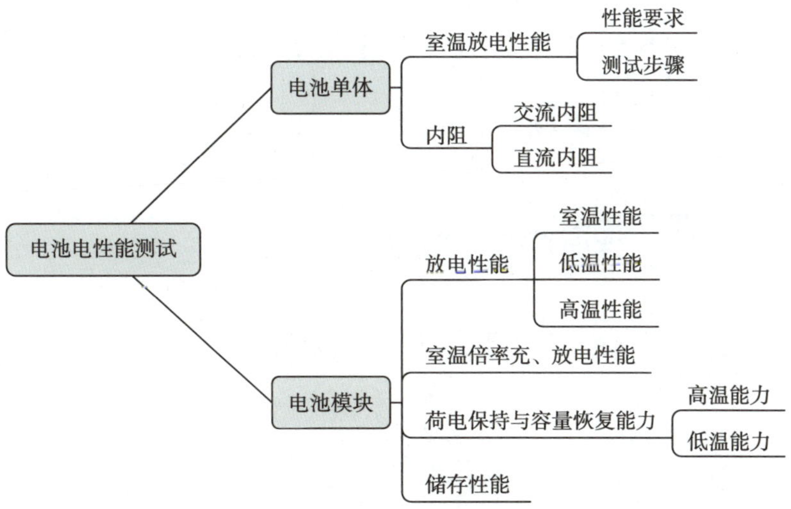

图 4-8　任务小结

情境一

任务五
电池模块更换

任务导入

场景：比亚迪电池检验车间。

人物：电池检验员刘师傅、学生小王。

情境：小王到比亚迪电池检验车间参观学习，正好遇到一组电池模块不合格的动力蓄电池，小王问道："刘师傅，这种不合格的电池要怎么处理呢?"刘师傅说："需要更换新的电池模块。"请你和小王一起完成电池模块的更换。

任务目标

▸能按照电池模块拆卸步骤，使用拆装专用工具，规范地完成电池模块拆卸作业。

▸能按照电池模块检查与安装内容及要求，使用万用表、绝缘表等工具，规范地完成电池模块检查与安装作业。

任务实施

一、电池模块拆卸

1. 知识学习

（1）电池模块的外形

根据电池单体类型的不同，电池模块分为圆柱形、方形以及软包电池模块，如图 5–1 所示。电池模块的外形采用标准化设计，均为长方体，电池模块的长、宽、高分别指其厚度、宽度和高度，如图 5–2 所示。电池模块的规格、尺寸需符合国家相关标准。

a）

b）

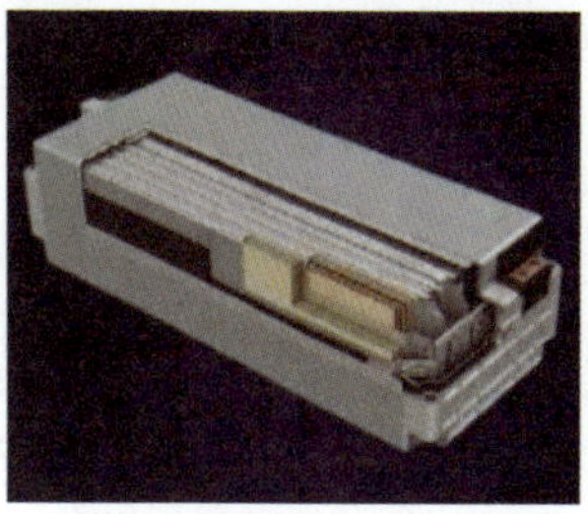

c）

图 5-1　不同类型的电池模块

a）圆柱形电池模块　b）方形电池模块　c）软包电池模块

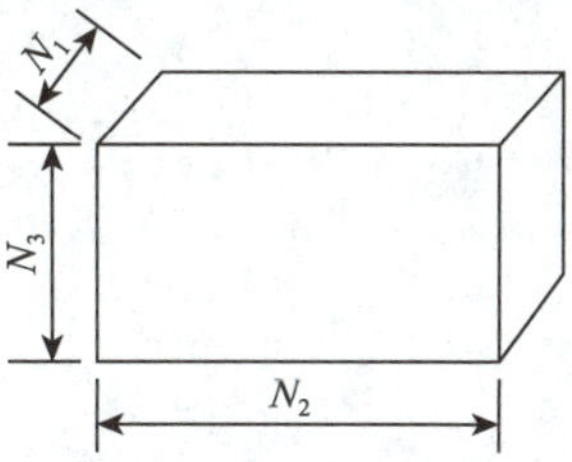

图 5-2　电池模块的外形

N_1—电池模块的厚度　N_2—电池模块的宽度　N_3—电池模块的高度

圆柱形动力蓄电池是目前应用最为广泛的动力蓄电池，现有 14650、18650 和 21700 等型号，编号代表了电池的尺寸标准，可以确保产品安全标准的一致性。特斯拉、江淮等电动汽车就采用了圆柱形电池模块。

1）圆柱形电池模块

有些车型的电池电芯采用 18650 型圆柱电芯，多个 18650 型圆柱电芯通过并联和集流板串联后可由模块夹板及 C 形固定架组成模块。

该电池组总成共有两种成组结构，分别为 10 个长形 4 串和 9 个 L 形 6 串，如图 5-3 所示。

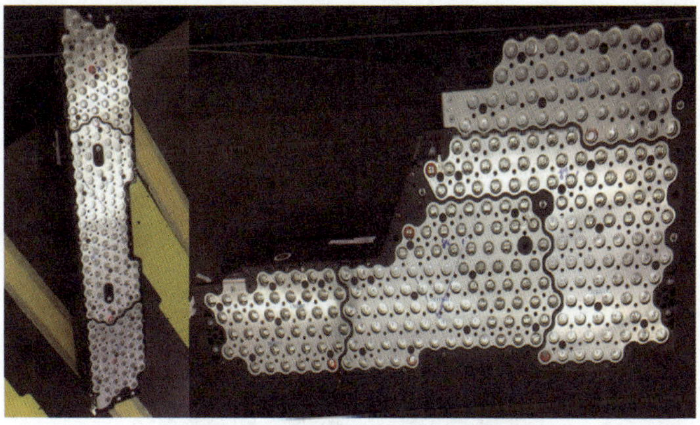

图 5-3　18650 型圆柱电芯成组模块

每一电池单体由 43 节电芯并联组成，同一电池模块的单体与单体之间通过集流板连接，电池模块与模块之间通过软连接正、负极串联（软连接是指通过螺栓紧固，并涂上导电膏）。电池包由 9 个 L 形 6 串模块串联组成，通过两端螺杆和两侧模块固定板连接成整体，单体间依靠中间夹板进行绝缘防护。模块靠其两侧的模块固定板与 PACK 底壳上的横梁螺纹副连接固定，如图 5-4 所示。使用 18650 型圆柱电池极大地提高了空间利用率，除此之外，电池组的上壳由轻质聚合物复合材料制成，由于该部分与车身底盘直接相连，iEV5 等车型采取加强车身底部结构的措施来保护电池组，因此无须额外的加强结构。与电池组的上壳不同，电池组的下壳异常坚固，整个外壳一般由两层钢结构焊接而成，整个电池组具有 IP67 等级的防护密封效果。

图 5-4　43 并 54 串电池模块

2）方形电池模块

方形电池模块由方形电芯组成，如图 5-5 所示。在成组效率方面，相较于软包和圆柱形动力蓄电池，方形动力蓄电池的成组效率更高。方形电芯的模块成组效率约为 89%，系统成组效率约为 70%。方形电芯更适用于规则箱体，电芯体积变大有利于提高电芯能量密度，但其后续模块成组效率的提升空间有限，依赖于单体电芯能量密度的提升。

图 5-5　方形电芯成组电池包

3）软包电池模块

软包电池模块是目前最灵活的电池形式，它的尺寸可以自由定制，可以堆叠多个电池，且重量轻、能量密度高，具有非常明显的优势，但是软包电池模块对自身和封装的工艺都有很高的要求，图 5-6 所示为一种典型的由软包电芯构成的电池包。

图 5-6 软包电芯成组电池包

（2）电池模块的标识

电池模块的标识内容主要包括标称电压、额定容量和组合方式等，如图 5-7 所示，图中电池铭牌上的“1P12S”表示电池模块是 12 串 1 并的连接方式，“43.2 V”和“37 A · h”代表电池的标称电压和电池的额定容量。

图 5-7 电池模块的标识

（3）电池模块的更换流程

电池模块的更换流程如图 5-8 所示。更换电池模块的步骤主要分为拆卸、检查和安装三部分内容。

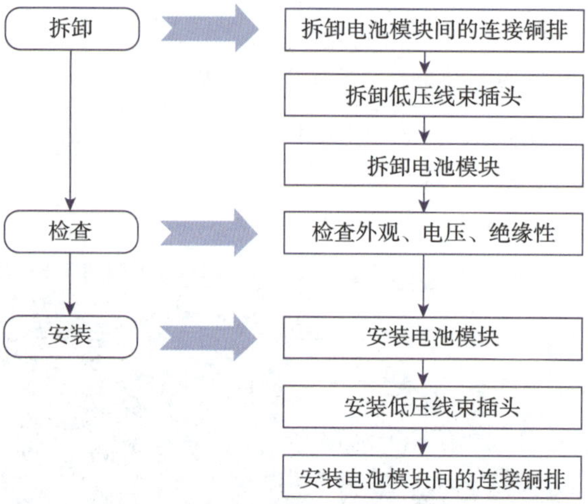

图 5-8　电池模块的更换流程

（4）电池模块的拆卸步骤

电池模块的拆卸主要分为以下几个步骤：

1）拆卸电池模块间的连接铜排。连接铜排的两端与不同电池模块的正、负极相连，其连接方式以螺栓为主，如图 5-9 所示。

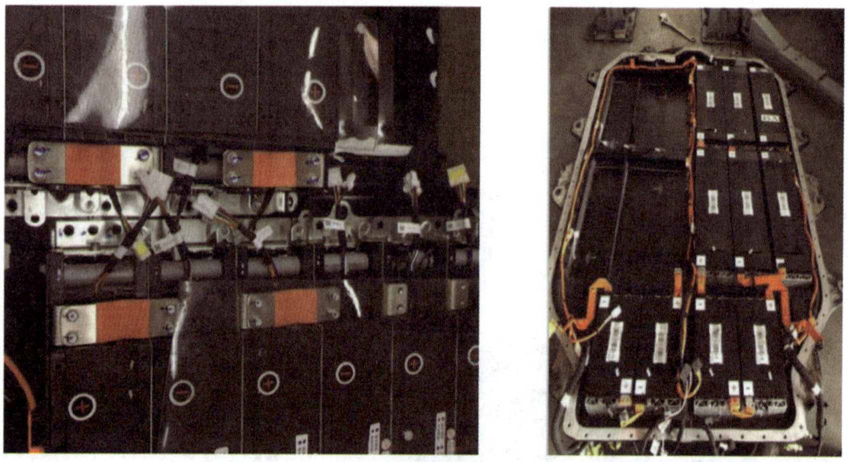

a）　　　　b）

图 5-9　电池模块的连接

a）部分　b）整体

拆卸电池模块间的连接铜排的情形如图 5-10 所示，在使用专用拆装工具（如 M4 内六角扳手等）拆除电池模块正、负极连接片的过程中，工具不可戳伤电池或软连接等，并避免短路风险。

注意：在拆除电池模块正、负极连接片的过程中，务必使用绝缘胶带缠住铜排两端的金属裸露部分（以现场方法为准），对铜排进行绝缘处理。

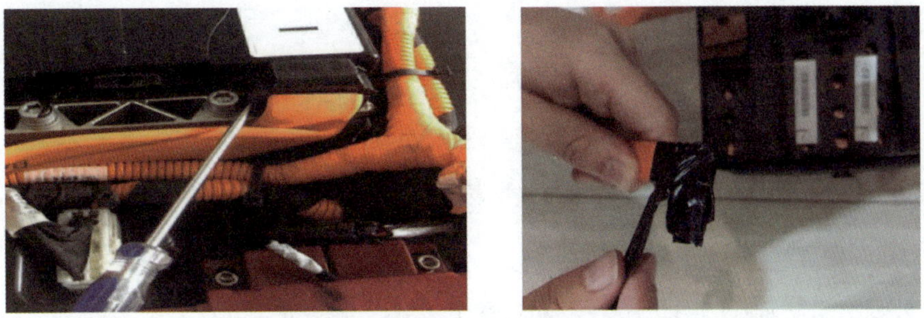

图 5-10　拆卸电池模块间的连接铜排的情形

2）拆卸低压线束插头。电池模块的低压线束一般用于采集电池的端电压、电流等信息。在拆卸过程中，使用专用拆装工具拆除电池模块的固定螺栓，注意防止螺栓滑丝。在拆除固定螺栓之后，按住连接件锁位，拆除低压线束插头，将低压线束分离，注意防止损坏连接件。现场拆卸低压线束插头的情形如图 5-11 所示。

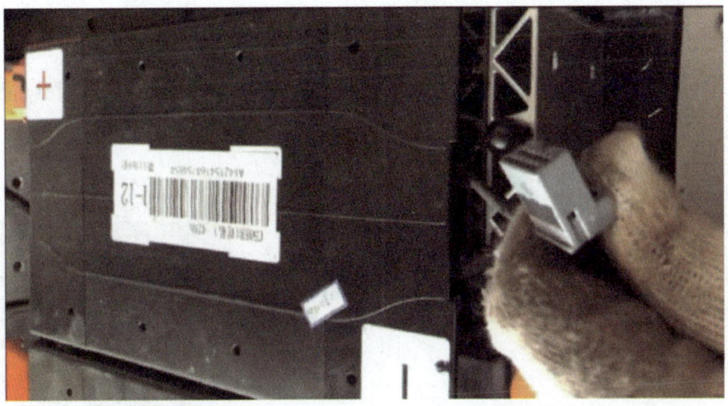

图 5-11　现场拆卸低压线束插头的情形

3）拆卸电池模块。在完成低压线束插头的拆卸后，即可拆卸电池模块，注意防止野蛮操作损坏连接件。拆卸下的电池模块如图 5-12 所示。在拆卸完成后，要将拆卸下来的旧电池模块放置于指定区域的收集盒内。

图 5-12　拆卸下的电池模块

（5）更换电池模块的注意事项

1）在进行电池模块的更换作业时需两人协同完成，在电动汽车的调试过程中一定要坚持“以人为本，安全第一”的原则，一定要将安全放在首位，将人的安全问题作为最优先级考虑。

① 操作人员上岗时不得佩戴金属饰物，如手表和戒指等；工作服口袋内不得有金属物件，如钥匙、金属壳笔、手机和硬币等。

② 调试人员必须佩戴必要的防护用具，如绝缘手套、绝缘帽等，并穿好绝缘鞋。

③ 严禁非专业人员对高压部件进行移除及安装工作。

④ 未经过高压安全培训的维修人员不允许对高压部件进行维护工作。

⑤ 在车辆充电过程中不允许对高压部件进行移除或维护等工作。

⑥ 对高压部件进行作业前，必须确认车辆钥匙处于 lock 挡位并将 12 V 电源断开。

⑦ 打开高压部件后或断开插头后，应使用万用表对其电压进行测量，电压在 36 V 以下时才可以进行下一步的操作。

在高压维修操作前需做好高压安全防护措施，按照准备要求穿戴必要的防护用具，并完成高压断电。部分防护用具及隔离防护区域标识如图 5-13 所示。

a）

b）

图 5-13　部分防护用具及隔离防护区域标识

a）防护用具　b）隔离防护区域标识

2）在拆卸或安装电池模块间的连接铜排时，需用绝缘胶带对裸露的铜排进行绝缘防护，以防止铜排的裸露部分与电池模块的正、负极区域接触，产生电弧。在拆装电池模块之间的铜排时，如果未对铜排的裸露部分进行绝缘处理，使铜排与电池模块的金属部分接触，形成回路，当触头间的电压大于 10 V、电流超过 80 mA 时，会产生蓝色的光柱，即电弧。电弧的示意图如图 5-14 所示。

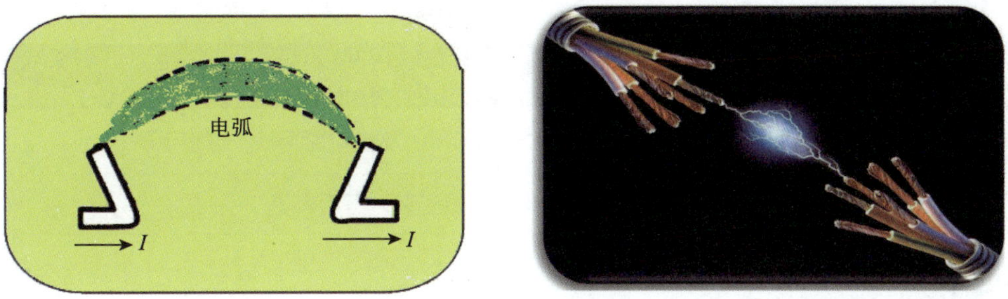

a） b）

图 5-14 电弧的示意图

a）产生过程 b）效果

电弧的危害：

① 电弧延长了切断电路的时间。

② 电弧产生的高温会使其附近的电气绝缘材料烧坏。

③ 电弧会形成飞弧，造成电源短路事故。

④ 电弧是造成电器使用寿命缩短的主要原因。

3）在进行电池模块拆装时，如发现电池有电解液漏出（见图 5-15），应在渗漏处用小刀或一字旋具将漏液电池周围的壳体清理干净，防止电池包壳体被电解液腐蚀，并将漏液电池放置在指定的破损电池容器中。

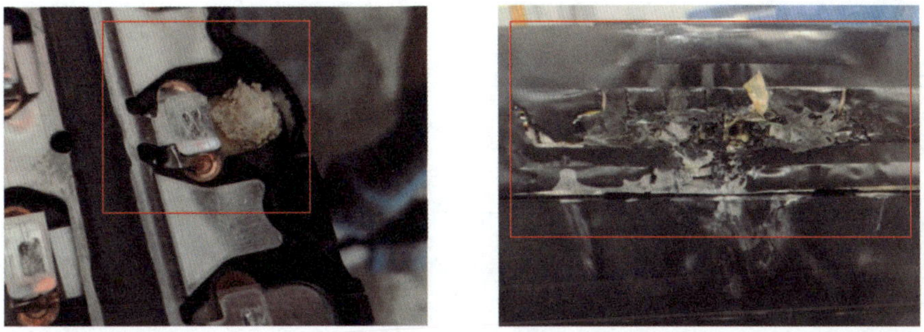

图 5-15 电池漏液

导致电池漏液的主要原因有：

① 电池在使用时输出电流太大，会导致电池内部温度升高，破坏平衡，引起漏液。即使是小电流，倘若长时间使用电池，也有可能发生漏液。

② 电池内部的材料发生化学反应，导致漏液。

③ 废电池长时间不取出也会发生漏液。

2. 技能操作

（1）物料准备

准备技能操作所需的物料，见表 5-1。

表 5–1　物料准备

类别	所需物料
实训平台及附件	动力蓄电池 PACK 教学实训平台及使用说明书、维修手册
仪器、设备、工具	高压安全防护用品、绝缘工具套装、万用表等

（2）电池模块拆卸

参考维修手册，拆卸电池模块，并将相关内容记录在表 5–2 中。

表 5–2　电池模块拆卸记录

序号	步骤	操作内容	工具	操作记录（是否完成此项操作）
1	高压安全防护工作			是□　否□
2				是□　否□
3				是□　否□
4	拆卸电池模块间的连接铜排			是□　否□
5				是□　否□
6	拆卸低压线束插头			是□　否□
7				是□　否□
8				是□　否□
9	拆卸电池模块			是□　否□
10				是□　否□

二、电池模块检查与安装

1. 知识学习

（1）电池模块的检查内容及要求

1）外观

在良好的光线条件下，用目测法检查电池模块的外观，电池模块不得有变形及裂纹，其表面应干燥、无外伤、无污物，电池单体应排列整齐、连接可靠。图 5–16a 所示的电池外观有污物、外伤等情况时，应及时进行清理或更换，以达成图 5–16b 所示的效果。检查电池模块标识，其标称电压、额定容量和组合方式应与电池组的其他电池模块一致。

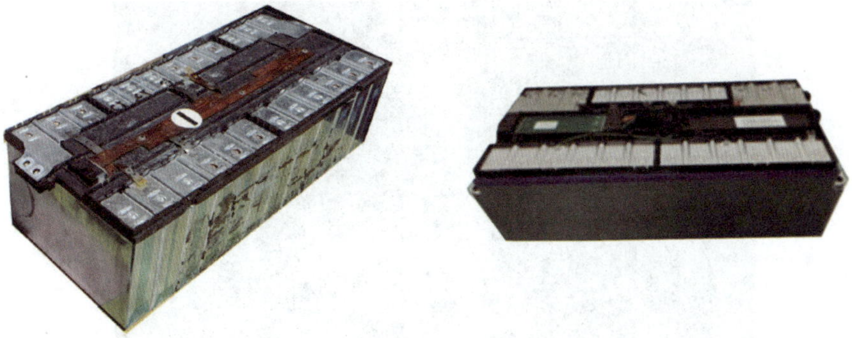

a）　　b）

图 5-16　电池外观

a）清理或更换前　b）清理或更换后

2）电压

使用万用表检测电池模块端电压，其应与标称电压一致；再检测电池模块中各电池单体端电压，最大压差应不超过规定值。电压检查如图 5-17 所示。

图 5-17　电压检查

电池单体间最大压差由电池生产企业规定，在电池产品说明书中可以查到。一般情况下，电池单体间最大压差应不超过 10 mV，具体以电池产品说明书为准。

3）绝缘性

使用绝缘表检测电池模块正、负极端子分别与外壳之间的绝缘电阻，其应不小于 100 Ω/V。绝缘表测试如图 5-18 所示。

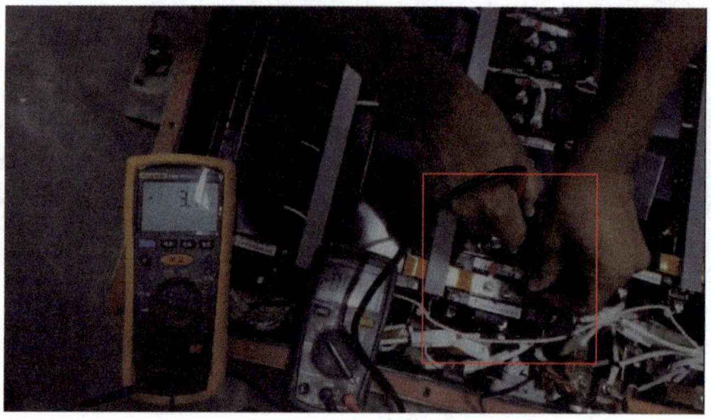

图 5-18 绝缘表测试

（2）电池模块的安装流程

在实际安装过程中，安装流程主要分为安装电池模块、安装低压线束插头和安装电池模块间的连接铜排三个步骤。实际安装步骤应以电池模块对应厂商维修手册为准，本书以北汽集团的一款电池模块的安装为例进行讲解，电池模块的安装流程一共包括以下六个步骤：

1）安装电池一层模块。

2）按住连接件锁位，连接低压线束插头，注意防止野蛮操作损坏连接件（遵循“一插、二听、三拉、四画线”原则）。

3）按住连接件锁位，连接加热线束，注意防止野蛮操作损坏连接件（遵循“一插、二听、三拉、四画线”原则）。

4）安装电池模块固定螺栓，使用专用拆装工具（如 M5 内六角扳手等），紧固力矩达到（10 ± 1.0）N · m，注意控制扭力以防螺栓滑丝。

5）安装电池模块正、负极保护盖，注意防止电池模块正、负极短路。

6）使用专用拆装工具（如 M4 内六角扳手等）安装电池模块正、负极连接片，紧固力矩达到（5 ± 1.0）N · m。

其中，加热线束和电池模块正、负极保护盖的安装情况如图 5-19 所示。

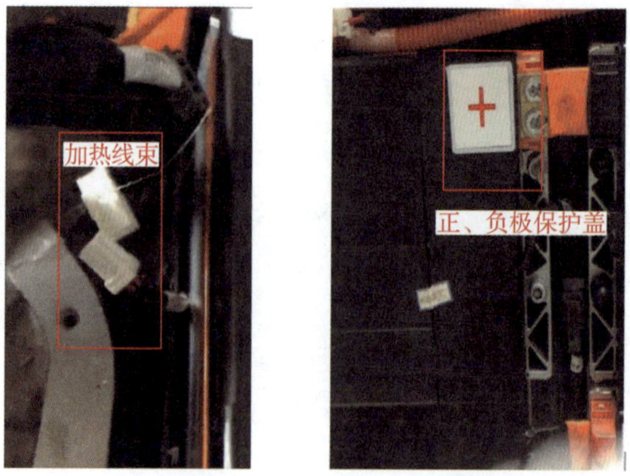

图 5-19 加热线束和电池模块正、负极保护盖的安装

“一插、二听、三拉、四画线”原则：

当将低压线束插头插入插座中，如果连接成功，会听到插头和插座之间发出“咔”的声音，用手拉一下低压连接线以确保连接牢靠，确认连接无误后，在插头和插座上画上标记符号。

（3）电池模块的安装注意事项

1）与电池模块相连的螺栓一经拆卸后不可再次使用，需更换成新的螺栓进行装配。

2）注意不碰撞、不敲击电池模块，避免电池模块受力变形导致箱体及其内部结构变形。

3）作业前确认作业空间内无尖锐障碍物。

4）安装完成后，对新更换的电池模块进行电压测量，若其与其他电池模块压差较大，应进行均衡处理。

2. 技能操作

（1）物料准备

准备技能操作所需的物料，见表 5-3。

表 5-3 物料准备

类别	所需物料
实训平台及附件	动力蓄电池 PACK 教学实训平台及使用说明书、维修手册
仪器、设备、工具	高压安全防护用品、绝缘工具套装、绝缘表、万用表等

（2）电池模块检查

根据上述内容和要求，对新的电池模块进行检查，并将相关内容记录在表 5-4 中。

表 5-4 电池模块检查记录

序号	内容	工具	操作记录		结果判定
1	外观	—	是否有变形、裂纹	是□ 否□	合格□ 不合格□
			表面是否有污物、外伤	是□ 否□	
			电池单体排列是否整齐，连接是否可靠	是□ 否□	
			标称电压		
			额定容量		
			组合方式		

续表

序号	内容	工具	操作记录		结果判定
2	电压	万用表	电池模块端电压		合格□　不合格□
			电池单体 1 端电压		
			电池单体 2 端电压		
			电池单体 3 端电压		
			电池单体 4 端电压		
			电池单体 5 端电压		
			电池单体 6 端电压		
			电池单体 7 端电压		
			电池单体 8 端电压		
			电池单体 9 端电压		
			电池单体 10 端电压		
			电池单体 11 端电压		
			电池单体 12 端电压		
			电池单体间最大压差		
3	绝缘性	绝缘表	正极端子与外壳之间		合格□　不合格□
			负极端子与外壳之间		

（3）电池模块安装

参考维修手册，安装电池模块，并将相关内容记录在表 5-5 中。

表 5-5　电池模块安装记录

序号	步骤	操作内容	工具	操作记录（是否完成此项操作）
1	高压安全防护工作			是□　否□
2				是□　否□
3	安装电池模块			是□　否□
4				是□　否□

续表

序号	步骤	操作内容	工具	操作记录（是否完成此项操作）
5	安装低压线束插头			是□　否□
6				是□　否□
7				是□　否□
8	安装电池模块间的连接铜排			是□　否□
9				是□　否□

检查评估

对本任务的学习情况进行检查，并将检查结果和结果点评记录在表 5-6 中。

表 5-6　检查评估

检查项目	检查结果	结果点评
电池模块拆卸		
是否正确完成电池模块拆卸工作	是□　否□	
是否进行高压安全防护工作	是□　否□	
电池模块检查与安装		
检查内容是否完整	是□　否□	
检查结果判断是否正确	是□　否□	
是否正确完成电池模块安装工作	是□　否□	
更换的电池模块是否符合要求	是□　否□	
整理及恢复		
工具、设备是否整理恢复	是□　否□	
实训工位是否打扫干净	是□　否□	
工作页是否填写完整	是□　否□	

任务小结

本任务小结如图 5-20 所示。

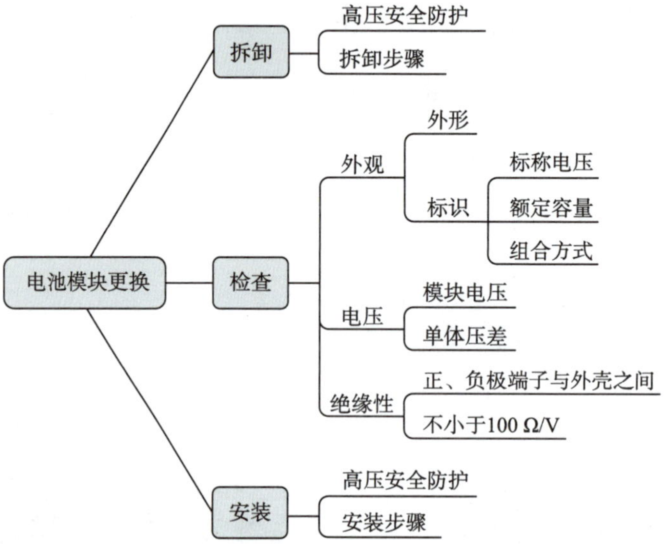

图 5-20　任务小结

任务六
电池均衡

任务导入

场景： 比亚迪电池检验车间。

人物： 电池检验员刘师傅、学生小王。

情境： 在比亚迪电池检验车间，小王在刘师傅的指导下更换了新的电池模块，刘师傅说："小王，我们的工作可还没有结束。"看着充满好奇心的小王，刘师傅解释道："接下来，我们的工作是进行电池均衡操作。"请你和小王一起学习电池均衡的相关内容。

任务目标

- 能理解电池不一致性的定义，并能使用万用表规范地完成电池不一致性检测。
- 能按照电池均衡的标准流程，正确使用电池均衡仪，规范地完成电池均衡作业。

任务实施

一、电池不一致性检测

1. 知识学习

（1）电池不一致性的定义

电池不一致性是指同一规格、同一型号的电池单体组成电池模块后，其电压、荷电量、容量及容量衰退率、内阻及内阻变化率、使用寿命和自放电率等参数存在一定差别的现象，如图 6–1 所示。

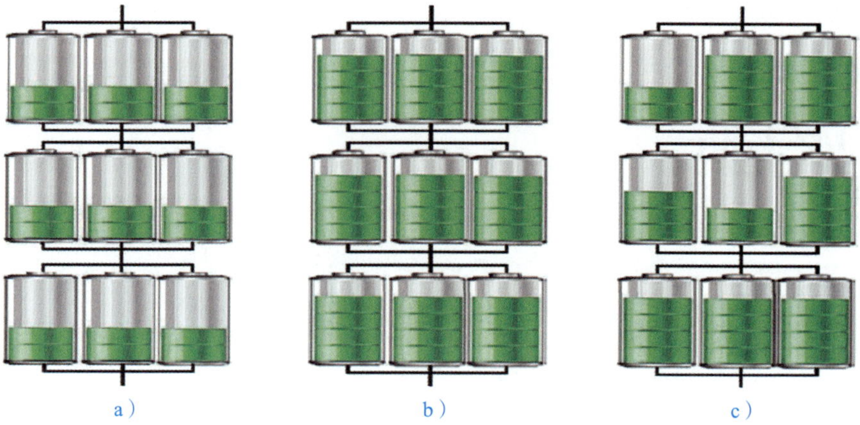

图 6-1　电池不一致性示意图

a）一致　b）一致　c）不一致

（2）电池不一致性产生的原因

电池模块不一致性是指同一规格、同一型号的电池在成组应用时，组内电池单体之间存在性能差异的现象，其主要表现为电池之间性能参数的不一致性，如电池外电压、极化电压、直流内阻、容量和 SOC 等方面的不一致，不一致性问题是造成电池在成组应用时性能下降的主要原因。

电池模块不一致性产生的原因分为电池的初始状态不一致及电池性能衰退的速度不一致两个方面。由于在生产和使用过程中成组的电池单体之间不可能做到完全一致，所以电池模块的一致性是相对的，不一致性是绝对的。

电池不一致性产生的原因主要有以下两点：

1）生产过程中的不一致

在生产过程中，工艺、涂覆、配料及杂质含量的不同都会造成电池初始性能（初始容量、直流内阻、充电效率及自放电率等）的差异。在电池，特别是大容量动力蓄电池尚未完全实现自动化生产的今天，电池的制造工艺和水平不能有效地保障其初始性能的一致性。当对一致性要求太高的时候，电池的成品率会大大下降，价格会大幅上升，这会相应地增加用电设备的成本和价格。

2）使用过程中的不一致

电池模块中各个电池单体的温度和通风条件，自放电程度及充、放电过程等的差别对各电池单体的影响造成了电池单体的自放电速度和内部副反应速度的差别。造成使用过程不一致的主要原因如下。

① 电池初始性能的差异会在使用过程中逐渐反映到电池的实际容量、内阻和 SOC 上，如生产时的内部杂质含量、内阻及充电效率等差异会反映到电池的自放电特性、SOC、内部发热热量及性能衰退速度上。以充电效率为例，两只初始容量均为 100 A・h、充电效率分别为 99.90% 和 99.95% 的电池，经过 100 次循环后，其容量分别为 90 A・h 和 95 A・h；经过 200 次循环后，其容量分别为 81 A・h 和 90 A・h；经过 300 次循环后，其容量分别为 74 A・h 和 86 A・h。由此可见，即使是很小的充电效率差异（0.05%），经过一定的循环次数后，也会造成不可忽视的容量差异。

② 纯电动汽车用电池空间狭小，电池热场分布和热管理的有效性直接影响摆放在不同位置上的电池的温度差异，实际装车的电池在一天的运行过程中，从不同温度采样点得到的最高温度和最低温度变化曲线的温度差异约为 10 ℃，这会导致电池的性能以不同速度衰退，加大了电池模块的不一致性。车辆在不同温度下的放电曲线如图 6–2 所示。

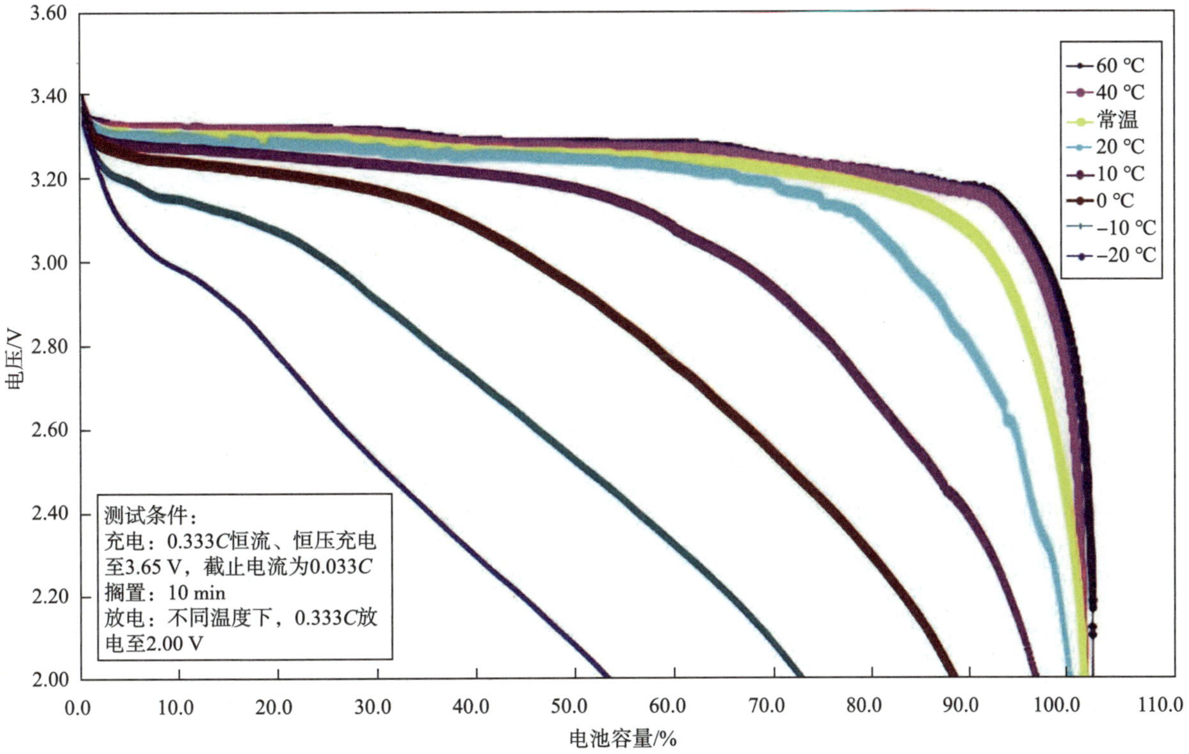

图 6–2 车辆在不同温度下的放电曲线

③ 容量小、内阻大和自放电率高的电池在充、放电过程中更容易发生过充电、过放电和过热的现象，导致电池性能下降速度加快，呈现“正反馈”，电池模块不一致性的问题被加速放大。如在初始容量存在差异时，容量小的电池单体的电流接受能力较差，在充、放电电流相同的情况下，该电池的衰减速度势必将大于容量大的电池，如此出现恶性循环，将导致电池模块不一致性的问题被加速放大。

④ 由于电池初始性能差异的积累和电池模块工作环境的差异，电池间极化现象和极化深度的差异会被逐渐放大。极化过电势可以反映出电池内部的化学反应速度和反应状态。一方面，电池生产工艺无法保证各个电池内部活性物质和配料完全一致，这势必会导致电池在使用过程中内部化学反应的差异。另一方面，随着在使用过程中电池初始性能差异的积累和放大，处于不同老化阶段的电池的内部化学反应也存在差异，这些差异最终也会反映到电池的外电压上。

电池模块内电池单体的不一致参数之间并不是相互独立的，而是相互耦合、相互影响的。电池单体初始容量的不一致及衰退速度的不一致是造成 SOC 不一致的原因，而所有的不一致性最直接的表现形式就是电压的不一致性，电压的不一致性可以从一定程度上反映电池其他参数之间的差异，如图 6–3 所示。

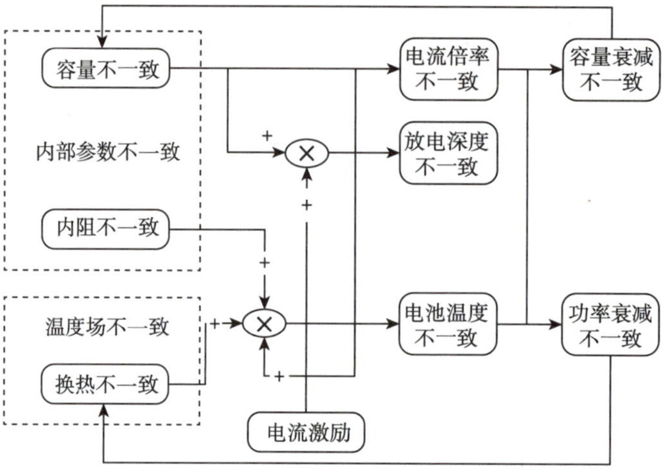

图 6-3 影响电池不一致性的因素及其耦合关系

（3）电池不一致性的分类

根据在使用过程中电池不一致性扩大的原因和对性能的影响方式，电池不一致性可以分为容量不一致性、电压不一致性和电阻不一致性。

无论哪种电池类型，其电池单体的电压和容量都无法满足电动汽车的需求，为了达到一定的电压、功率和能量等级，必须通过串、并联的方式将电池单体组成电池模块，为电动汽车提供能量。实践发现，即使电池成组已经过了严格的筛选，在实际使用时，电池模块在容量利用、安全性及使用寿命等方面的性能依然远不及电池单体，其核心问题在于电池模块的不一致性。由于不一致性的存在，电池成组的应用存在类似于木桶效应的问题，同时不一致性对电池模块的可用容量及可靠度具有重要影响。

（4）电池不一致性的影响

电池模块不一致性对其性能的影响主要表现在以下几个方面：

1）容量和能量利用方面

在充电时，先于其他电池单体充满电的部分电池单体限制了电池模块的充电容量，这导致电池模块的总存储容量和能量减少；在放电时，先于其他电池单体放完电的部分电池单体限制了电池模块的放电容量，这导致电池模块存储的容量和能量不能得到充分的利用，从而很难平衡电池模块使用的安全性和高效性之间的矛盾，这就是电池模块不一致性导致的“木桶效应”。当充、放电过程中首先充满电和放完电的电池不是同一只时，电池模块的最大可用容量可能比组内容量最小的电池单体的容量还要小，这使“木桶效应”更加突出。

2）功率输出方面

当接近充满电或者放完电状态的时候，电池的最大允许充、放电电流会有所下降。当存在差异的电池串联成组的时候，在充电过程中，SOC 偏高的电池会限制整组电池的充电电流，使充电时间增加；同理，在放电过程中，SOC 偏低的电池会限制整组电池的功率输出能力，降低汽车的动力性能和舒适程度。还有，在接近充满电或者放完电状态的时候，电池的极化电压明显增加，能量利用效率下降。

3）电池模块状态估算方面

电池单体之间的容量和SOC差异给串联电池模块的状态准确估算和能量优化使用带来了很大的困难。当电池的最大可用容量和SOC不一致时，成组电池SOC和SOE（电池剩余能量）的估算难度和计算复杂程度会明显增加。为了满足实际运行和在线估算的需要，电池模块的状态识别经常被简化，甚至会将电池模块看作一只“大电池”来进行状态识别，这大大增加了电池模块滥用和不合理使用的概率。

与电池单体相比，不一致性的存在使电池成组后的使用更加复杂，电池单体的基于端电压的状态估算和充、放电控制模式并不能有效地保证电池使用的安全性；而采用电池单体电压控制时，电池的容量又不能得到有效的利用，电池使用过程的高效性不能得到有效的保证。所以对电池的不一致性建立评价体系，并据此对电池模块进行均衡，才能有效地提高电池模块的容量和能量利用效率，保证电池使用的高效性。

2. 技能操作

（1）物料准备

准备技能操作所需的物料，见表6-1。

表6-1 物料准备

类别	所需物料
实训平台及附件	动力蓄电池PACK教学实训平台及使用说明书
仪器、设备、工具	万用表、高压安全防护用品等

（2）电池不一致性检测

检测待均衡电池模块电池单体的电压，将结果填写在表6-2中，判断电压值不一致的电池单体。

表6-2 电池单体电压检测记录

电池单体编号	电压值	电池单体编号	电压值
电压值不一致的电池单体编号			

情境一

二、电池均衡操作

1. 知识学习

（1）电池均衡的定义

电池在使用一段时间后，其不一致性问题会逐渐地显现，这使电池模块的容量和能量都不能得到有效的利用，对于电动汽车而言，这使其运行效率下降，一次性充电续驶里程缩短。为了解决这个问题，最常用的办法就是对电池进行均衡。电池均衡是指通过对电池模块中的部分电池单体单独充电或者放电来进行维护的一种方法，可达到调节各电池单体运行状态的目的，从而在保证所有电池单体不出现过充电和过放电的前提下增加电池模块的最大可用容量。

有些电动汽车的电池包里包含数百甚至数千节电池，这些电池采用“串并”的方式组合，串联以升高电压、并联以扩大容量，因此在使用过程中就无法保证每节电池或某个模块不出现电压、容量和温度的差异，这会造成不均衡或不平衡趋势的问题。

假设某几个电芯或模块出现容量严重下降的情况，其所属电池的电压自然也会降低，在充电时，这些电池就会先充满，控制单元在检测到这些电池充满之后就会停止充电，但此时其他电池还没有充满，却也不得不停止充电，这就导致电池模块总是充不满，续驶里程当然也会受到影响。在用车过程中可能出现“跳电”的情况，比如在 SOC 为 40% 时车辆正常行驶，忽然出现 SOC 从 40% 降低到 20% 的情况，虽然在 SOC 处于 40%~60% 区间时可以行驶几千米，但剩下的 20% 的电量可能就只能行驶几百米，电池模块的问题很严重，此时就需要进行均衡充电。

电动汽车在充电时，SOC 值是按照最高电池单体电压来计算的；在放电时，SOC 值是按照最低电池单体电压来计算的。电池包由多个电芯串联而成，在充电状态下，最高电池单体电压达到充电截止电压时，最低电池单体电压未必能达到满充截止点，这就导致整包电池实际上充不满，如图 6–4 所示；在放电状态下，最低电池单体电压达到放电截止电压时，整包电池实际上留有未使用电量，如图 6–5 所示。因此，需要通过主动 / 被动均衡，把最高电压电池单体的电量转移出去（即均衡放电），同时对最低电压电池单体进行额外充电（即均衡充电），这就是充电过程中的均衡操作。

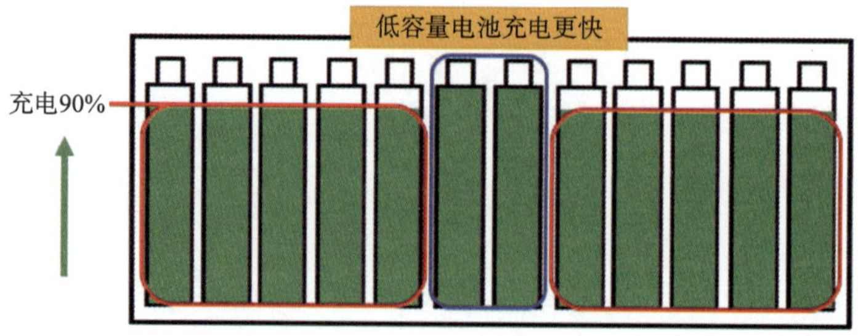

图 6–4　动力蓄电池包无法充满示意图

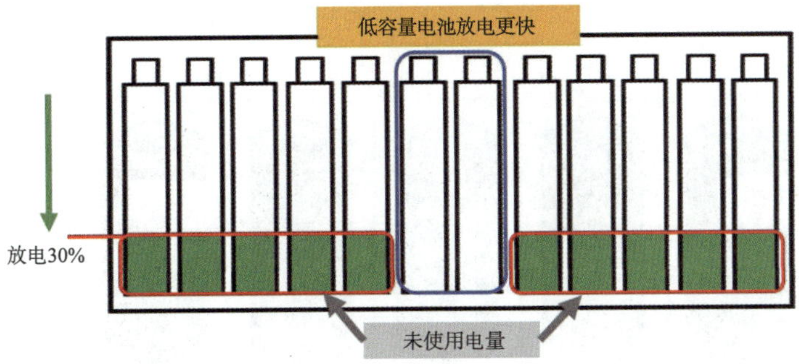

图 6-5 动力蓄电池包电量无法完全使用示意图

（2）电池均衡的分类

电池均衡分为在车辆行驶过程中 BMS 对电池的均衡管理和在维修工作中使用电池均衡仪对电池的均衡操作。在车辆行驶过程中，BMS 实时监控电池单体的电压，计算电池单体间最大压差，当压差大于 10 mV 时，不进行均衡；当压差在 10~50 mV 时，实施均衡控制。如果电池单体间最大压差超过 50 mV，BMS 会报电池单体压差相关故障，这时就需要使用电池均衡仪对电池模块进行均衡操作。

1）BMS 均衡

BMS 均衡就是通过电池的外部辅助电路对需要均衡的电池进行充电或者放电，从而保证电池模块内部的电池单体处于一致状态，让电池模块内部的电池单体能够在同一时间充满电，也能在同一时间完成放电，提高电池模块的能量利用率，同时还能防止电池单体出现过充电或者过放电的情况，以保证电池模块的安全性。图 6-6 所示的木桶效应表示图能够形象地描述电池不一致性对电池模块的影响，当电池模块在放电时，最小容量的电池单体很快进入放电截止状态，当其电压到达截止电压时会触发 BMS 的欠压保护，这时 BMS 会发出控制信号让电池模块停止放电，以避免某一电池单体出现过放电现象。在充电时，最小容量的电池单体相对于其他单体更早地到达充电截止状态，此时会触发 BMS 的过压保护，为了避免某一电池单体过充电而导致安全问题，BMS 会发出控制信号让电池模块停止继续充电，这时其他容量较大的电池还未达到充电截止电压，使整个电池模组的充电效率降低。BMS 均衡一般分为主动均衡和被动均衡两种。

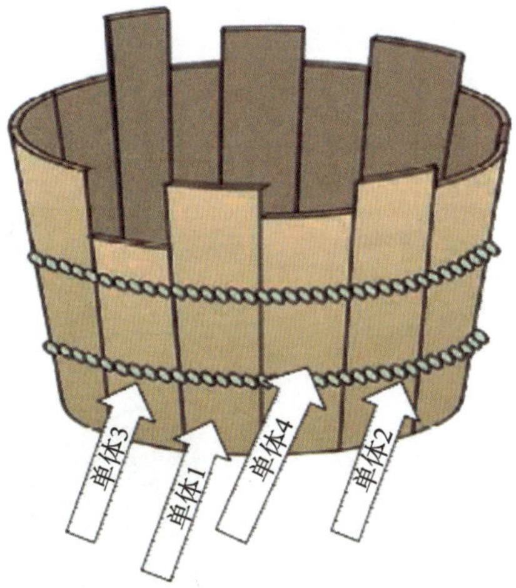

图 6-6 电池包的木桶效应表示图

① 主动均衡

主动均衡是指运用储能器件等将荷载较多能量的电芯的部分能量转移到能量较少的电芯上去，是能量的转移。在均衡充电时，电容通过其控制开关交替与相邻的两个电池单体连接，接受电压高的电池单体的充电，并向电压低的电池单体放电，直到两个电池单体的电压趋于一致，如图 6-7 所示。

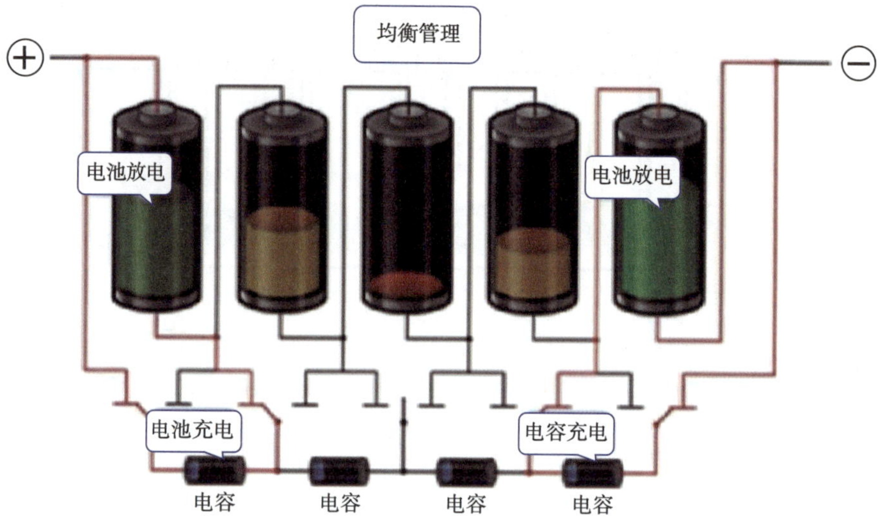

图 6-7　BMS 均衡管理功能展示（主动均衡）

② 被动均衡

被动均衡是指在充电过程中，运用电阻器将高电压或者高荷电量电芯的能量消耗掉，以达到减小不同电芯之间差距的目的，是能量的消耗，当各电池单体电压接近一致时，再继续进行充电。此过程一直重复进行，直到各电池单体的电压趋于一致，如图 6-8 所示。

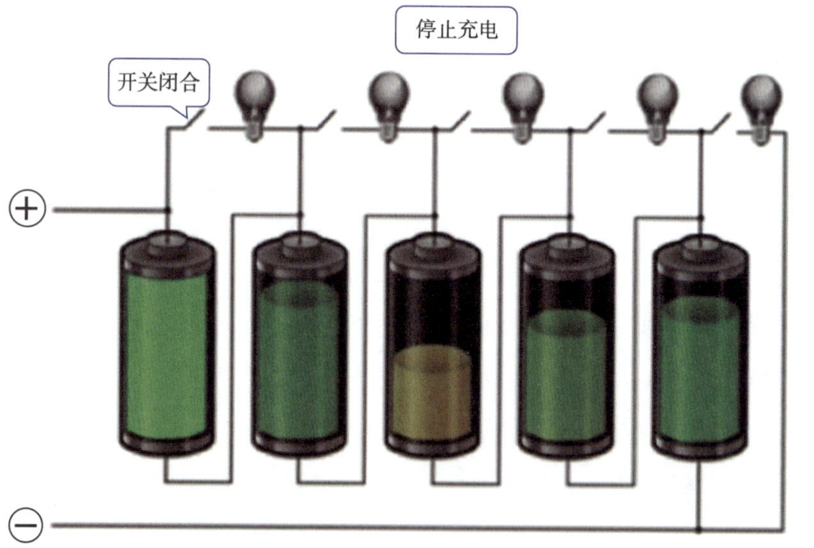

图 6-8　BMS 均衡管理功能展示（被动均衡）

2）均衡仪均衡

使用电池均衡仪对电池进行均衡作业时需要注意电池均衡仪的操作方法和均衡方法，均衡方法包括基于端电压均衡、基于最大可用容量均衡、基于最大可用能量均衡，以及基于 SOC 均衡等。

基于端电压的均衡是指在均衡过程中始终以电池单体的端电压作为控制对象，首先确定电池单体均衡的目标电压，然后对高于目标电压的电池单体进行放电，对低于目标电压的电池单体进行充电，由此调整电池单体电压，使其趋于一致。基于端电压的均衡示意图如图 6–9 所示，均衡流程如图 6–10 所示。

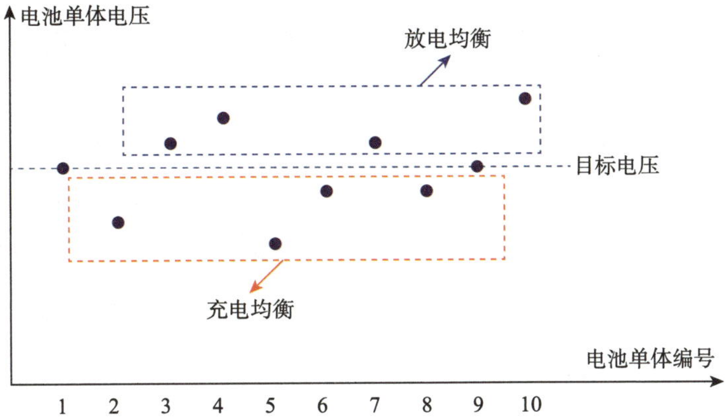

图 6–9 基于端电压的均衡示意图

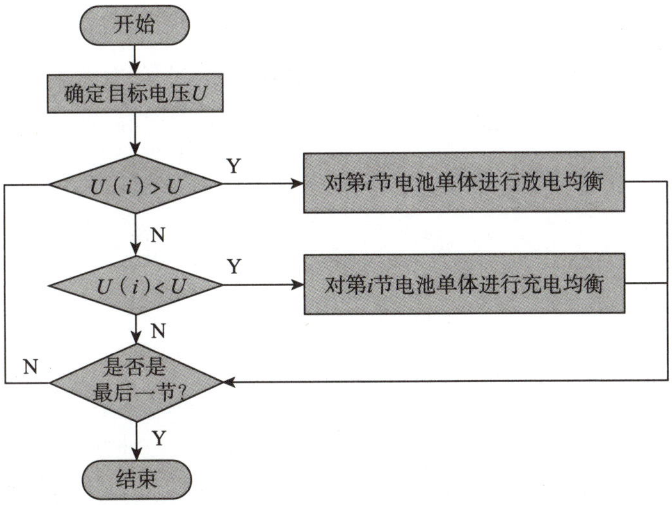

图 6–10 基于端电压的均衡流程

电池单体均衡的目标电压可以是所有电池单体中的最低电压、最高电压或平均电压。BMS 对电池的均衡管理多使用电池单体的最高电压作为目标电压，而在维修过程中，多使用电池单体的最高电压或最低电压作为目标电压。

（3）电池均衡的标准

对电池进行均衡操作后，要求电池模块所有电池单体间的最大压差不超过 10 mV。如果电池产品说明书中对电池单体间的最大压差有规定，则以规定数值为准。

（4）电池均衡的策略

一般情况下，常使用电池均衡仪对电池模块进行均衡操作。

1）充电均衡

充电均衡是指在动力蓄电池充电过程的中后期，动力蓄电池单体电压达到或超过截止电压时，均衡电路开始工作，减小动力蓄电池单体电流，以期限制动力蓄电池单体电压，使其不高于充电截止电压。充电均衡的唯一功能是防止过充电，而其在放电使用中将带来负面影响。在使用充电均衡时，小容量动力蓄电池单体没有过充电，能放出的电量小于不用均衡仪时其轻度过充电所能释放的电能，使该动力蓄电池单体放电时间更短，过放的可能性更大。

在锂动力蓄电池充电过程中，每节锂动力蓄电池单体都设有一个均衡电路（每节锂动力蓄电池单体上并有一个并联稳压均衡电路），在充电时，均衡电路控制每节锂动力蓄电池单体的电压，使每一串锂动力蓄电池保持相同状态，保证锂动力蓄电池的性能和使用寿命。

如果锂动力蓄电池单体均衡电路设定的电压为 4.2 V，当锂动力蓄电池单体没有达到 4.2 V 时，其并联稳压均衡电路不起作用，每节锂动力蓄电池单体继续充电，充电电流继续从锂动力蓄电池单体上通过。充电均衡示意图如图 6-11 所示，当 2# 锂动力蓄电池单体的端电压达到 4.2 V 时，其均衡电路开始工作，它会把电压一直稳定在 4.2 V，即使充电电流不再经过 2# 锂动力蓄电池单体，如图 6-11b 所示。这样，1#、3# 和 4# 锂动力蓄电池单体的充电时间也相应延长，进而提升整个锂动力蓄电池组的电量，但 2# 锂动力蓄电池单体的放电电量 100% 被转换成热量释放（2# 锂动力蓄电池单体的散热是系统的损失，也是电量的浪费）。

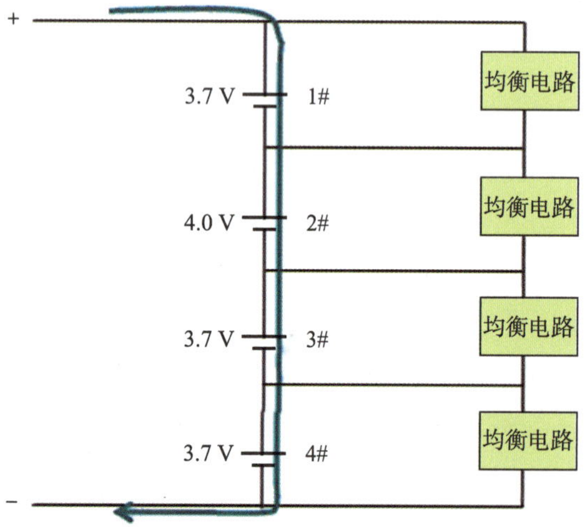

a）

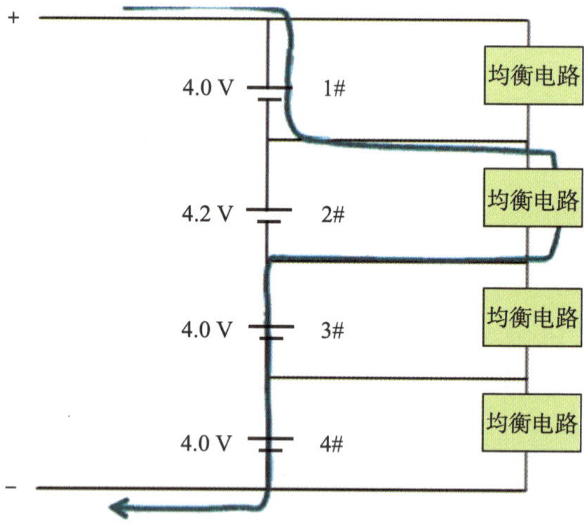

b）

图 6-11　充电均衡示意图

a）均衡电路未工作　b）均衡电路开始工作

2）放电均衡

放电均衡最主要的作用是对大容量电池进行放电电流分流，以弥补小容量电池放电能力的不足。由于电池容量差异巨大，因此，在大电流均衡充、放电的情况下，两块电池的实际充、放电电流差异非常大。

均衡放电的实际意义大于均衡充电，均衡放电能反映电池组的实际可用容量，无论是在理论上还是实践上，电池组的均衡放电容量都大于常规放电容量，特别是对于发生了不一致性问题的电池组，不一致性问题越严重，实际放电容量的差异越大。

均衡放电的目的是让所有高于平均容量的电池容量都能发挥和释放出来，增加总体放电时间，在此期间还必须保证所有电池都能安全放电，不会有电池发生过放电情况。

3）充、放电均衡

充、放电均衡是指在电池组充电时，对电池组中能量最高的电池单体进行放电，而在电池组放电时，对电池组中能量最低的电池单体进行充电，该均衡策略能有效提高电池组的充、放电容量。

（5）均衡仪均衡的方法

1）产品描述

便携式电池组均衡维护仪是为解决在锂动力蓄电池串联成组后，因各电池单体的不一致性扩大而导致的电池组循环寿命缩短的问题而设计开发的。

均衡维护仪系统采用模块化设计，由一个具有完备功能的受控充、放电模块及其对应的一个电池单体组成，并采用独立的均衡充、放电控制技术，保证各电池单体均能达到自身的最大容量，在均衡完成后可将不一致性控制在允许的范围内，从而延长锂动力蓄电池组的循环使用寿命。均衡维护仪系统支持对每个电池单体电压的实时监控及充电或放电能量的计量，并可对测试数据进行保存或通过通信接口将数据上传。均衡维护仪系统采用多重保护，可确保电池及设备本身的安全。便携式电池组均衡维护仪适用于磷酸铁锂、三元锂、钛酸锂等锂动力蓄电池，支持 $12N$（$N \geqslant 1$，N 为均衡单元数）个充、放电通道，其采用 220 V 交流电源，可恒定输出 0~±5 A（另有 0~±10 A 产品）的电流为单体电池进行充、放电。

2）均衡模式

① 并充模式：设备的所有通道设定充电电流和截止电压，通过充电将模组电芯充到同一电压，以实现均衡的效果。

② 并放模式：设备的所有通道设定放电电流和截止电压，通过放电将模组电芯充到同一电压，以实现均衡的效果。

③ 混合模式：在不同通道之间通过充电和放电将模组电芯的电压调整到同一电压值，为保证均衡效果，该均衡电压设置值应避开电池的电压平台值，如磷酸铁锂蓄电池的 3.2 V。

④ 通道并联模式：相邻通道可以通过并联来增加输出电流，使均衡更快速。

⑤ 单元独立模式：各个单元的通道独立均衡，若其中一个单元通道出现故障，该单元内通道将停止工作，但不影响其他单元通道的继续运行。

⑥ 单元串联模式：所有单元同时均衡，任意单元的任意通道出现故障时所有单元内通道都停止运行。

⑦ 通道接口采用两线制输出，便于通道并联扩容以及通道灵活使能，当一个通道出现故障时可以将其舍弃，然后继续使用设备。

3）电池均衡仪的使用步骤

电池均衡仪如图 6–12 所示，其使用步骤如下：

① 检查电池均衡仪及匹配线束（见图 6–13）是否破损、弯折。

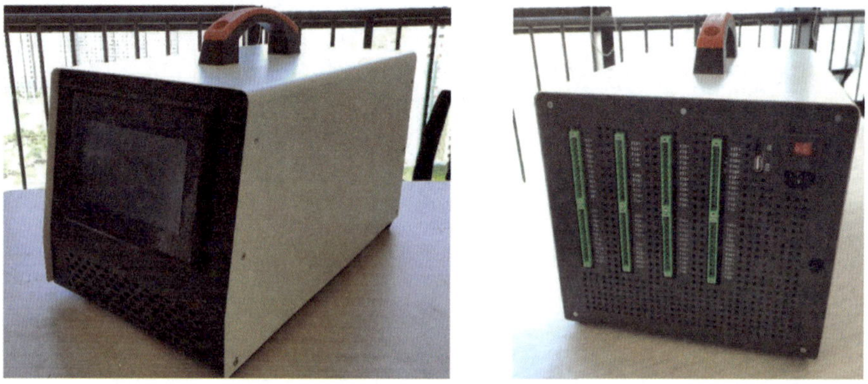

图 6–12 电池均衡仪

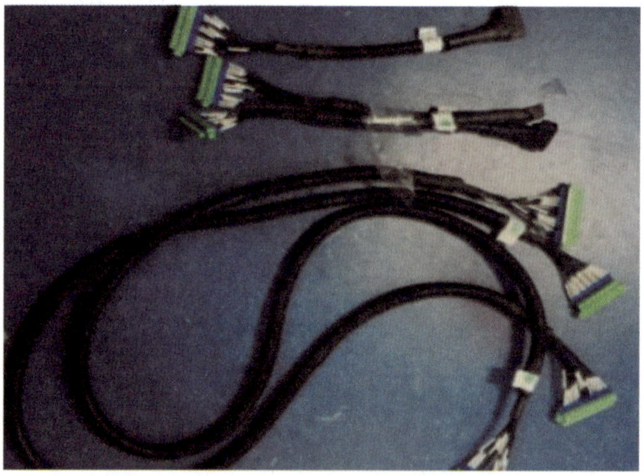

图 6–13 电池模块与电池均衡仪的匹配线束

② 将电池均衡仪总负极线束与电池模块负极相连。注意：总负极线束共有两根，一根为电压检测线，一根为均衡电流线。

③ 依次将电池均衡仪各通道连接线束与电池单体正极相连。

④ 将电池均衡仪总正极线束与电池模块正极相连，如图 6–14 所示。

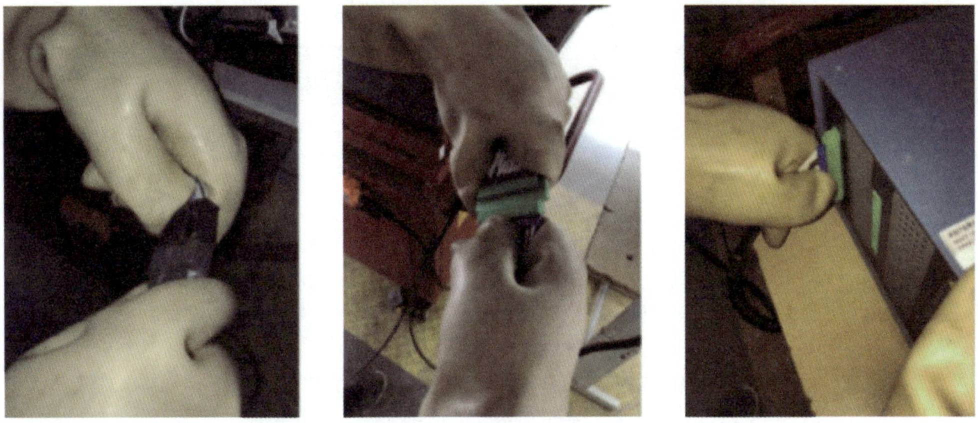

图 6-14　连接电池模块到电池均衡仪之间的线束

⑤ 启动电池均衡仪，设置电池类型、电池串联节数和电压上下限等参数。注意：不同的电池均衡仪需设置的参数略有不同，具体可参照使用说明书进行设置。

⑥ 开始均衡，在均衡过程中可实时查看均衡电流和电池单体电压等信息，如图 6-15 所示。

图 6-15　电池均衡仪显示信息

⑦ 结束均衡。

2. 技能操作

（1）物料准备

准备技能操作所需的物料，见表 6-3。

表 6-3　物料准备

类别	所需物料
实训平台及附件	动力蓄电池 PACK 教学实训平台及使用说明书
仪器、设备、工具	电池均衡仪及使用说明书、高压安全防护用品等

（2）电池均衡操作

参考电池均衡仪使用说明书，对电池单体进行均衡操作，并完成表 6-4 中相关内容的填写。

表 6-4 均衡操作记录

序号	步骤	操作记录	
1	连接电池均衡仪与电池模块	线束连接顺序	
2	启动电池均衡仪	是否正常启动	是□ 否□
3	设置参数	电池类型	
		串、并联节数	
		目标电压	
4	开始均衡	均衡过程是否正常	是□ 否□
5	结束均衡	是否正常结束	是□ 否□

（3）结果检验

检测电池模块均衡后各电池单体的电压，判断其电压值是否达到均衡标准，完成表 6-5 的填写。

表 6-5 均衡结果记录

电池单体编号	电压值	电池单体编号	电压值
电池模块串、并联数：		电池单体间最大压差：	

检查评估

对本任务的学习情况进行检查，并将检查结果和结果点评记录在表 6-6 中。

表 6-6 检查评估

检查项目	检查结果	结果点评
电池不一致性检测		
是否穿戴高压安全防护用品	是□ 否□	
是否检测出不一致的电池单体	是□ 否□	
电池均衡操作		
是否正确完成均衡操作	是□ 否□	
均衡后电池单体间压差是否符合标准	是□ 否□	
整理及恢复		
工具、设备是否整理恢复	是□ 否□	
实训工位是否打扫干净	是□ 否□	
工作页是否填写完整	是□ 否□	

任务小结

本任务小结如图 6-16 所示。

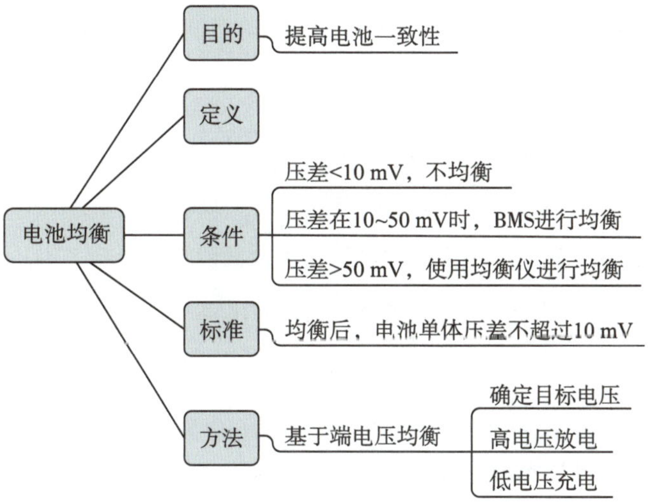

图 6-16 任务小结

任务七
动力蓄电池故障诊断与维修

任务导入

场景： 比亚迪智能网联汽车售后维修车间。

人物： 维修技师张师傅、学徒小王。

情境： 小王到比亚迪智能网联汽车售后维修车间参观学习，张师傅道："通过在比亚迪电池检验车间的参观学习，大家已经掌握了动力蓄电池的故障诊断、性能测试以及维修的方法。正好，这里有一辆动力蓄电池故障的车辆，让我们一起对这辆智能网联汽车的故障进行诊断与维修。"

任务目标

▸ 能按照故障诊断思路对有故障码的动力蓄电池故障进行分析，利用诊断仪、万用表等设备和工具，规范完成动力蓄电池常见故障诊断，并出具维修方案。

▸ 能按照故障诊断思路对无故障码的动力蓄电池故障进行分析，利用诊断仪、万用表等设备和工具，规范完成动力蓄电池常见故障诊断，并出具维修方案。

任务实施

一、动力蓄电池故障（有故障码）诊断与维修

1. 知识学习

（1）动力蓄电池的故障类型及处理方式

1）电池单体间压差过大

如果电池系统中某一电池单体的电压明显低于其他电池单体的电压，则在汽车放电过程中，会因为

这个电压偏低的电池单体最先达到放电截止电压，而其他电池单体还处于一个高电压状态，导致整个电池系统的可用容量区间变小，从而使续驶里程下降。在汽车充电过程中也是如此，当某一电池单体的电压明显高于其他电池单体的电压，也会因为这块电池单体的电压率先达到充电截止电压，使其他电池单体无法充满电。如图 7–1 所示，绿色部分代表电池单体的实际可用容量，其上面的黄色部分代表各电池单体还可以充电的容量，下面的蓝色部分代表各电池单体未放出的容量。对于这类电池单体间压差过大的故障，需对电池单体进行性能测试，如其性能满足使用要求，需进行电池均衡；如其性能不满足使用要求，应更换电池模块。

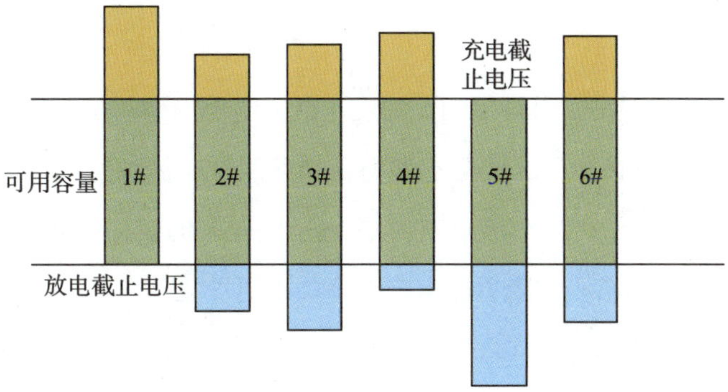

图 7–1　电池单体容量分布

2）电池单体容量不足和内阻偏大

在电池组中，最小的电池单体容量限制了整个电池组的容量，发生电池单体容量不足的故障会影响车辆的续驶里程。锂离子蓄电池的内阻如果过大，会严重影响电池的电化学性能，出现充、放电过程中的极化严重、活性物质利用率低和循环性能差等情况。这类故障会导致电池性能严重衰退，应更换电池模块。

动力蓄电池容量的衰减主要有以下四种原因：

① 自放电

锂离子蓄电池的自放电是指在未使用状态下，电池容量自然损失的现象。锂离子蓄电池自放电导致容量损失分为两种情况：一是可逆容量损失；二是不可逆容量损失。可逆容量损失是指损失的容量能在充电时恢复，而不可逆容量损失是指这部分损失的容量是不能恢复的。在电池长时间或经常自放电时，锂离子会形成一定的沉积，增大两极间容量的不平衡程度，从而导致锂离子蓄电池容量的损失。

② 电解液的分解

在锂离子蓄电池正常工作时，电解液会发生氧化反应，这会使电解液的浓度升高，从而导致其稳定性下降，最终造成锂离子蓄电池容量的衰减。

③ 过充电

锂离子蓄电池在过充电时，会产生放电效率降低和容量损失的现象。若快速充电，电流密度过大，负极严重极化，锂离子沉积会更加明显，在正极活性物质相对于负极活性物质过量的场合，这种反应常常会加剧。但是，在高充电率的情况下，即使正、负极活性物质的比例正常，也可能发生金属锂沉积的现象。

④ 锂电池滥用

锂电池在 SOC 为 120% 以下时没有明显的容量损失，当 SOC 大于 120%，负极开始出现金属锂沉积，并且由于生成较厚的 SEI 膜，锂电池阻抗变大并产生活性锂的损失，如果继续过充则会引起锂电池热失控，在过高的 SOC 下，电解液的分解速率会变快，其在石墨负极形成厚的沉积层，该沉积层所含的锂以沉淀的形式存在。大倍率充、放电也会造成锂电池容量的损失，因为正、负极在充、放电过程中会发生体积收缩或膨胀的现象，充、放电电流越大，收缩、膨胀越剧烈，应力越大，正、负极的颗粒在体积的快速变化中更容易发生破裂或者从集流体剥离，导致循环衰减加快。

动力蓄电池内阻的增大主要有以下四种原因：

① 温度

温度对电池内阻大小的影响是显而易见的，温度越低，电池内部离子的传输就越慢，电池的内阻就越大。电池阻抗可以分为体相阻抗、SEI 膜阻抗和电荷转移阻抗，体相阻抗和 SEI 膜阻抗主要受电解液离子电导率的影响，其在低温下的变化趋势与电解液离子电导率的变化趋势一致。相较体相阻抗和 SEI 膜阻抗在低温下的增幅，电荷转移阻抗随着温度降低增加得更加显著，在 −20 ℃以下，电荷转移阻抗占电池总内阻的比例几乎达到 100%。

② SOC

当电池处于不同的 SOC 时，其内阻大小也不相同，尤其是直流内阻，它直接影响着电池的功率性能，进而反映电池在实际状态下的电池性能。例如，锂电池的直流内阻随电池放电深度（DOD）的增加而增加，在 10%~80% 的放电区间内，内阻大小基本不变，一般在处于较深的放电深度时内阻增加显著。

③ 存储

随着锂离子蓄电池存储时间的增加，电池不断老化，其内阻不断增大。不同类型的锂电池内阻变化程度不同。在经历 9~10 个月的长时间存储后，磷酸铁锂电池的内阻增加率比 NCA 三元锂电池和 NCM 三元锂电池的高。内阻的增加率与存储时间、存储温度和存储 SOC 相关。

④ 循环次数

不管是对于存储还是循环，温度对电池内阻的影响都是一致的，循环温度越高，内阻增加率越大。而不同的循环区间对电池内阻的影响也不相同，电池内阻随着充、放电深度的加强而加速增长，内阻的增幅与充、放电深度的加强成正比。除了循环中充、放电深度对电池内阻有影响，充电截止电压对其也有影响：太低或太高的充电电压上限会使电极的界面阻抗加大。

动力蓄电池老化以致电池容量衰退、内阻增加的各种成因、老化机理及老化模式的概括总结如图 7–2 所示。

3）电池单体内部短路、外部短路和极性装反等

在强振动下，锂离子蓄电池的极耳、极片上的活性物质、接线柱、外部连线和焊点可能会折断或脱落，造成电池单体内部短路或外部短路故障，此类电池故障将影响行车安全，应更换电池模块。

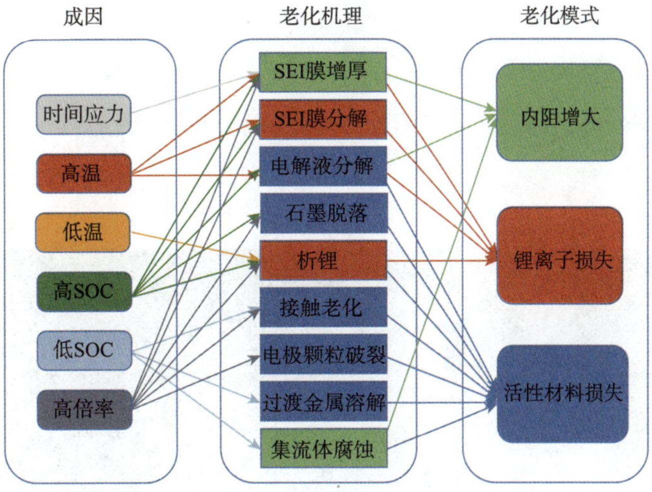

图 7-2 动力蓄电池老化的原因

（2）动力蓄电池的故障原因

在通常情况下，造成上文前两种故障的原因分为两种：一是动力蓄电池成组时电池单体的一致性问题，电池单体的 SOC、容量和内阻本身就存在差异；二是电池单体在成组应用过程中，由应用环境差异（如温度和充、放电电流的差异）造成的一致性差异增加，其加剧了电池单体的不一致性。

（3）动力蓄电池的故障诊断与维修思路（有故障码）

有故障码的动力蓄电池故障的诊断与维修思路如图 7-3 所示。

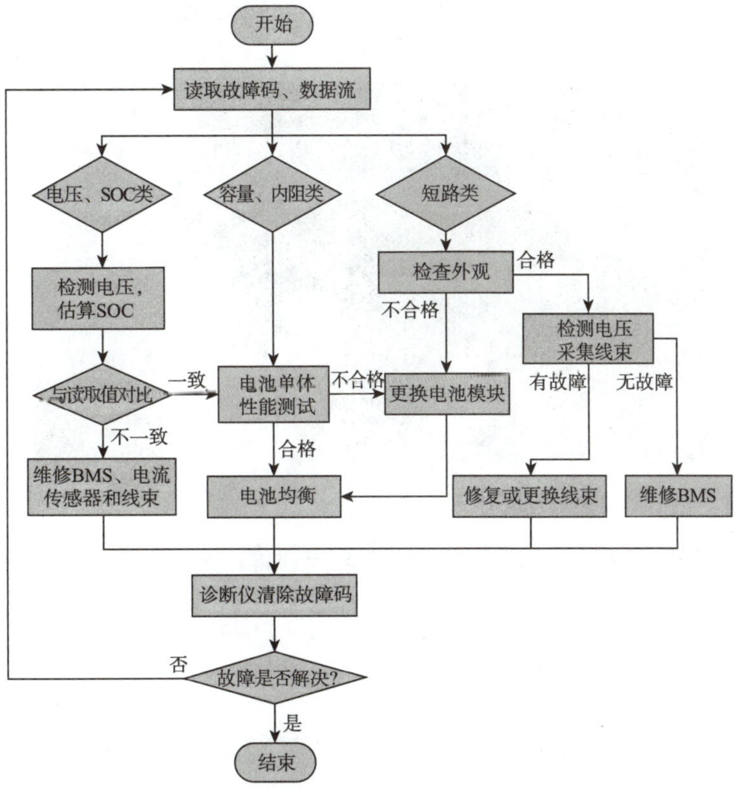

图 7-3 有故障码的动力蓄电池故障的诊断与维修思路

（4）动力蓄电池的故障经典案例

某纯电动汽车行驶总里程数为 100 000 km，平时汽车续驶里程可以达到 400 km，突然有一天汽车续驶里程明显下降，即使充满电，也只行驶了不到 200 km 就没电了，此时汽车仪表盘显示的 SOC 是 5%，如图 7–4 所示。

图 7–4　仪表盘显示

根据故障现象可知，汽车续驶里程突然下降的可能原因有汽车自身耗电设备增多和电池容量衰退等，根据车主描述，其未使用空调等用电设备，怀疑电池出现问题的可能性较大。

故障诊断步骤：

1）使用故障诊断仪，通过 OBD 诊断口读取车辆的电池信息，如图 7–5 所示。

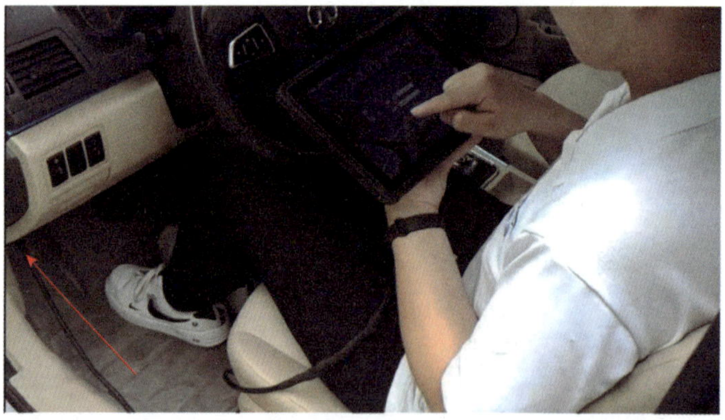

图 7–5　通过 OBD 诊断口连接故障诊断仪

2）通过 OBD 诊断口读取最近一次充电数据和当前电压值，并使用 Excel 分别画出充电结束时刻的全部电池单体电压曲线图和当前的全部电池单体电压曲线图（其中横轴表示电池单体编号，纵轴表示电池单体电压），如图 7–6 和图 7–7 所示。

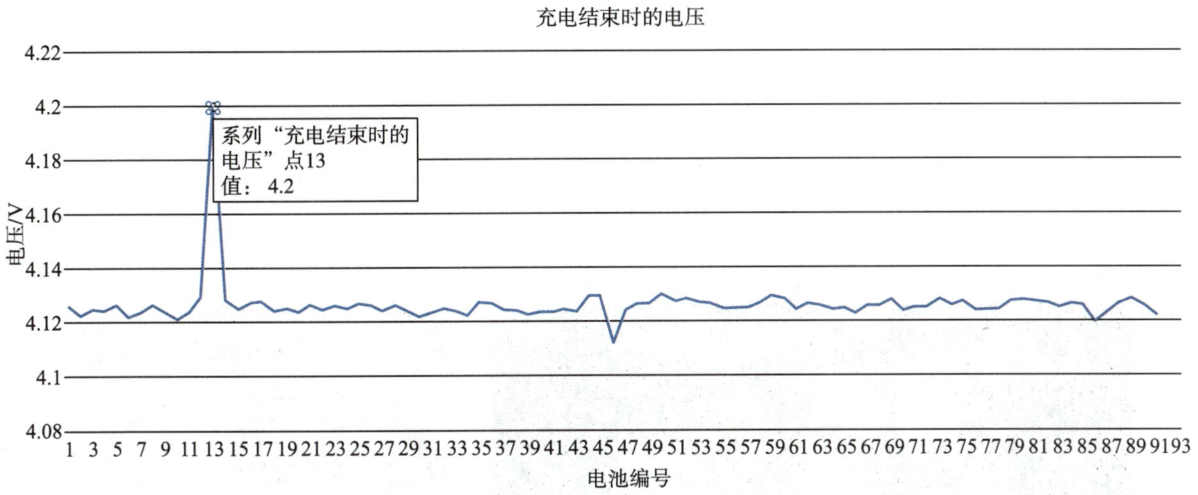

图 7-6　电池充电结束时刻的电池单体电压曲线图

从图 7-6 中可以看出，在充电结束时刻，电池单体电压最高的电池编号是 13 号，其电压值为 4.2 V；电池单体电压最低的电池编号是 46 号，其电压值为 4.118 V。由此可见，由于 13 号电池单体的电压率先达到了充电截止电压，整个电动汽车停止充电，并且 13 号电池单体的电压值明显高于其他电池单体的电压值，由此判断 13 号电芯可能存在电池过压的情况。

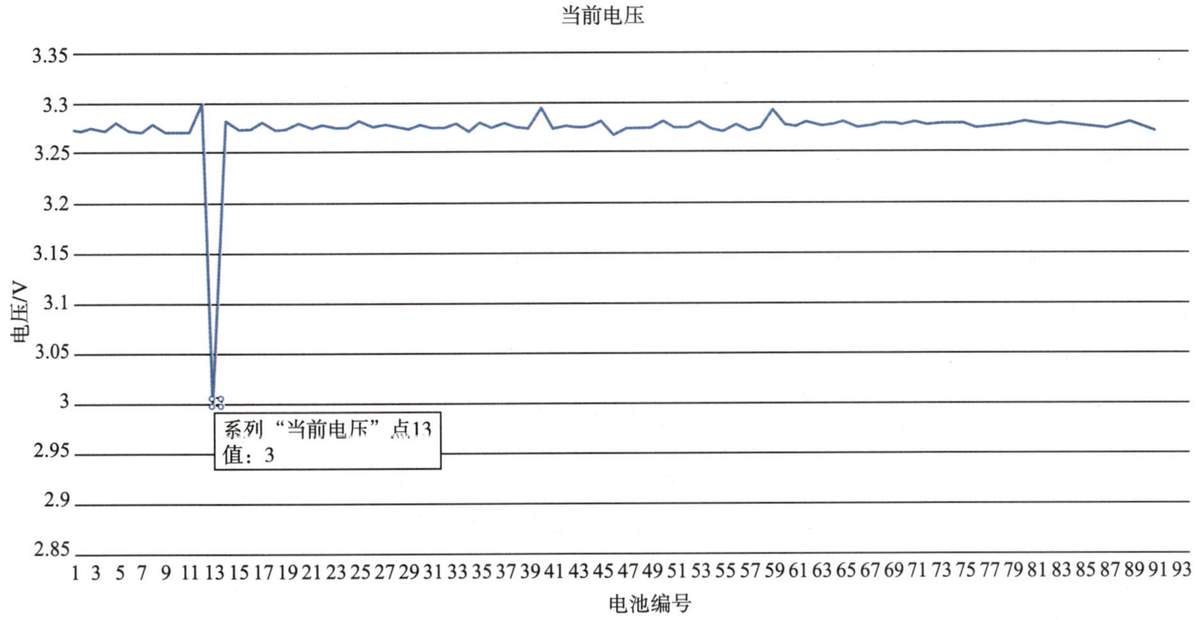

图 7-7　当前的电池单体电压曲线图

从图 7-7 中可以看出当前电池包的状态（电池 SOC 值为 5%），电池单体电压最低的电池编号是 13 号，其电压值为 3 V；电池单体电压最高的电池编号是 11 号，其电压值为 3.3 V。13 号电池单体的电压值明显低于其他电池单体的电压值。

综上所述，该电池包的 13 号电芯存在“充高放低”的现象，可能是 13 号电芯容量衰退或者 BMS

采集有误引起的，需要拆下电池包进一步诊断。

3）拆卸电池包并观察 13 号电芯所在电池组的外观是否正常，如图 7–8 所示。

找到 13 号电芯后，发现其信息采集线脱落，据此现象分析，其故障原因可能是信息采集线脱落导致的 BMS 采集到的电压值不准确。接下来使用万用表测量其电压值，确认 BMS 采集是否有误，如图 7–9 所示。

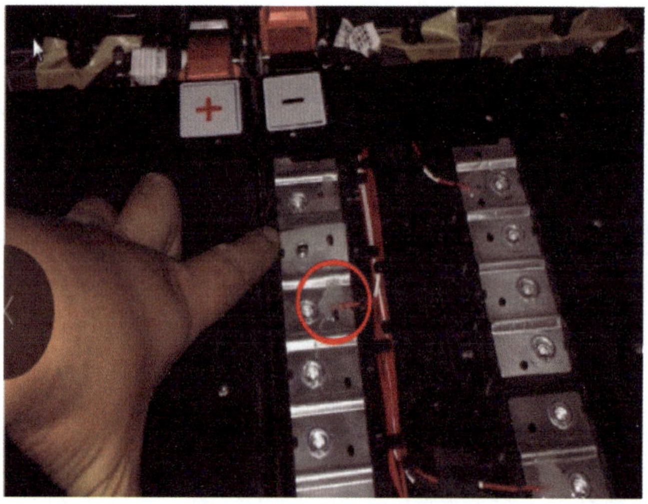

图 7–8　13 号电芯所在电池组

图 7–9　13 号电芯电压测量值

13 号电芯电压测量值约为 3.27 V，与其他电芯的电压值相差不大，因此可以确认是由于电芯信息采集线脱落导致的 BMS 采集异常。

4）重新连接信息采集线。

5）连接完成后，使用 BMS 上位机监控 13 号电芯电压，此时 BMS 上位机显示 13 号电芯的电压值是 3.261 V，恢复正常，故障排查完毕。

注意避开以下认识误区：

1）车辆充电就是给电池补电，就能解决电压不均衡问题。

2）若出现电池单体电压过低的情况，按照电池单体电压补电就可以了。

3）若客户报修电压不均衡故障，维修人员到达现场，发现仪表盘显示电池单体压差正常，代表电池没有问题。

4）车辆行驶里程短，就是电芯容量衰减了。

5）车辆仪表盘或上位机显示电池单体电压异常，代表电芯出现问题。

6）电芯异常看数据就能看出来，不需分析。

7）车辆的行驶里程与电池包的容量呈现线性关系。

电芯故障的分类如图 7–10 所示。

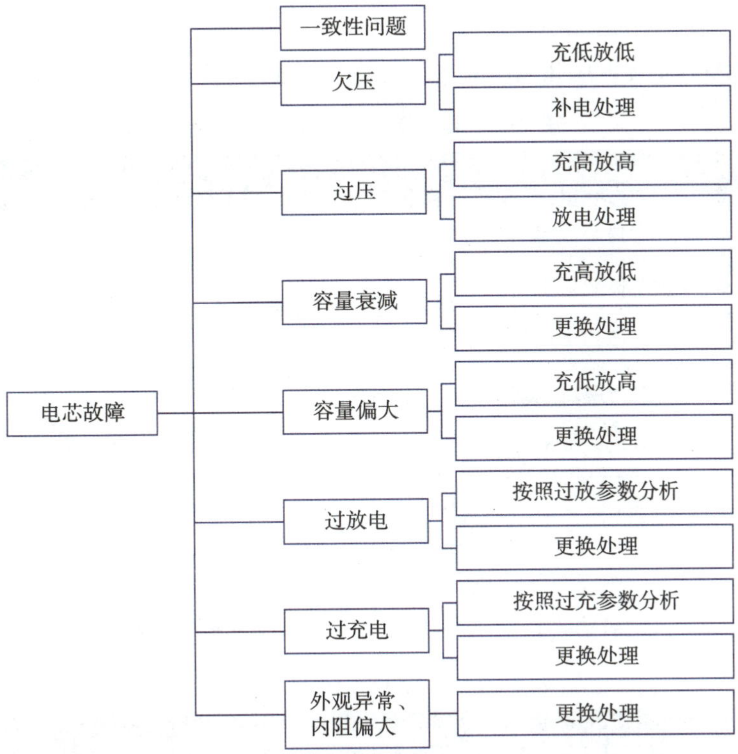

图 7-10　电芯故障的分类

2. 技能操作

（1）物料准备

准备技能操作所需的物料，见表 7-1。

表 7-1　物料准备

类别	所需物料
实训平台及附件	动力蓄电池 PACK 教学实训平台及使用说明书
仪器、设备、工具	蓄电池充、放电设备，蓄电池内阻测试仪，电池均衡仪，万用表，诊断仪，高压安全防护用品等

（2）读取故障信息

1）读取故障码

使用诊断仪读取故障码，将相关内容填写在表 7-2 中。

表 7-2　故障码信息

序号	故障码	信息描述
1		
2		
3		

2）读取数据流

使用诊断仪读取电池单体电压和 SOC 信息，完成表 7-3 的填写。

表 7-3　电池单体电压和 SOC 信息

序号	类别	项目	电池单体编号	当前值	是否正常
1	电压	电池单体最高电压			是□　否□
2		电池单体最低电压			是□　否□
3		电池单体最大压差	—		是□　否□
4	SOC	电池单体最高 SOC			是□　否□
5		电池单体最低 SOC			
6		电池组 SOC	—		

（3）维修方案制定

根据读取的故障信息，对故障进行初步分析，并制定维修方案，完成表 7-4 的填写。

表 7-4　故障分析及维修方案制定

故障分析：可能的故障原因或故障点		
1		
2		
3		
维修方案 / 诊断流程		
示例	外观检查	检查电池模块表面、接线柱、焊点和端子极性等
1		
2		
3		
4		
5		
6		
7		
8		

（4）故障诊断

1）外观检查

在良好的光线下目视检查电池模块外观，完成表 7-5 的填写。

表 7-5 电池模块外观检查记录

序号	检查内容	操作记录	处理方式
1	表面是否出现变形、裂纹	是□ 否□	
2	表面是否有外伤、污物	是□ 否□	
3	接线柱、外部连线和焊点是否有折断或脱落	是□ 否□	
4	端子极性是否接反	是□ 否□	

2）线束检测

使用万用表检测故障电池单体的电压采集线束，完成表 7-6 的填写。

表 7-6 电池单体电压采集线束检测记录

序号	检测项目	检测点		标准状态	检测状态	处理方式
1						
2						
3						
4						
5						

3）电压检测与 SOC 估算

使用万用表检测故障电池单体的端电压，并通过开路电压法估算 SOC，完成表 7-7 的填写。

表 7-7 电池单体电压检测与 SOC 估算记录

序号	电池单体编号	电压	与读取值对比	SOC	与读取值对比	处理方式
示例	3-1 号	3.488 V	一致☑ 不一致□	85%	一致☑ 不一致□	性能测试
1			一致□ 不一致□		一致□ 不一致□	
2			一致□ 不一致□		一致□ 不一致□	
3			一致□ 不一致□		一致□ 不一致□	
4			一致□ 不一致□		一致□ 不一致□	
5			一致□ 不一致□		一致□ 不一致□	
6			一致□ 不一致□		一致□ 不一致□	
7			一致□ 不一致□		一致□ 不一致□	

4）性能测试

根据上述检测结果，对故障电池单体进行性能测试，完成表 7-8 的填写。

表 7-8　电池单体性能测试记录

序号	电池单体编号	内容	测试结果	标准值	结果判定
1		室温放电容量			合格□　不合格□
2					合格□　不合格□
3					合格□　不合格□
4					合格□　不合格□
5					合格□　不合格□
6		交流内阻			合格□　不合格□
7					合格□　不合格□
8					合格□　不合格□
9					合格□　不合格□
10					合格□　不合格□
11		直流内阻			合格□　不合格□
12					合格□　不合格□
13					合格□　不合格□
14					合格□　不合格□
15					合格□　不合格□

（5）电池均衡

对故障电池单体所在的电池模块进行均衡操作，并完成表 7-9 的填写。

表 7-9　电池均衡记录

序号	内容	记录	
1	均衡前电池单体最大压差		
2	电池均衡仪参数设置	电池类型	
		串、并联节数	
		目标电压	
3	均衡后电池单体最大压差		

（6）维修结果检验

检验维修结果，并将检验结果记录在表 7-10 中。

表 7-10　维修结果检验记录

序号	检验项目	检验结果
1	使用诊断仪清除故障码，确认故障码是否被清除	是□　否□
2	使用诊断仪读取电池单体相关数据，确认其是否全部正常	是□　否□

二、动力蓄电池故障（无故障码）诊断与维修

1. 知识学习

无故障码的动力蓄电池故障的诊断与维修思路如图 7-11 所示。

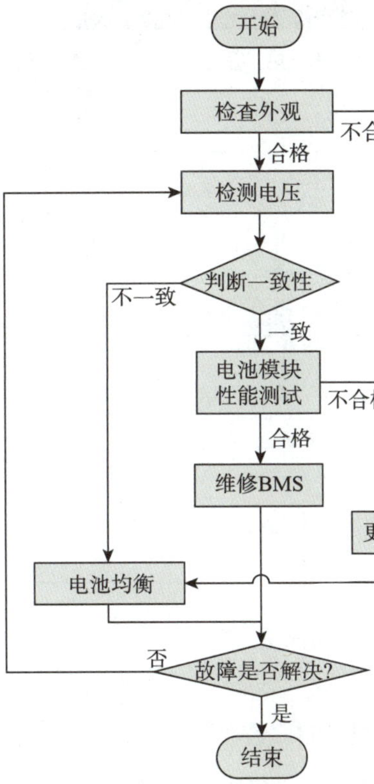

图 7-11　无故障码的动力蓄电池故障的诊断与维修思路

2. 技能操作

（1）物料准备

准备技能操作所需的物料，见表 7-11。

表 7-11　物料准备

类别	所需物料
实训平台及附件	动力蓄电池 PACK 教学实训平台及使用说明书
仪器、设备、工具	蓄电池充、放电设备，电池均衡仪，万用表，高压安全防护用品等

情境一

(2)维修方案制定

根据故障现象，对故障进行初步分析，并制定维修方案，完成表 7-12 的填写。

表 7-12 故障分析及维修方案制定

故障分析：可能的故障原因或故障点		
1		
2		
3		
维修方案 / 诊断流程		
示例	外观检查	检查电池模块表面、接线柱、焊点和端子极性等
1		
2		
3		
4		
5		
6		
7		
8		

(3)故障诊断

1）外观检查

在良好的光线下目视检查电池模块外观，完成表 7-13 的填写。

表 7-13 电池模块外观检查记录

序号	检查内容	操作记录	处理方式
1	表面是否出现变形、裂纹	是□ 否□	
2	表面是否有外伤、污物	是□ 否□	
3	接线柱、外部连线和焊点是否有折断或脱落	是□ 否□	
4	端子极性是否接反	是□ 否□	

2）电压检测与一致性判断

检测故障电池模块中所有电池单体的电压，并判断压差是否符合标准，完成表 7-14 的填写。

表 7-14　电压检测与一致性判断记录

电池单体编号	电压值	电池单体编号	电压值
电池单体间最大压差:		压差是否符合标准：是□　否□	

3）性能测试

对故障电池模块进行性能测试，完成表 7-15 的填写。

表 7-15　电池模块性能测试记录

序号	内容	测试结果	标准值	结果判定	处理方式
1	室温放电容量			合格□　不合格□	
2	室温倍率放电容量			合格□　不合格□	
3	室温倍率充电性能			合格□　不合格□	
4	低温放电容量			合格□　不合格□	
5	高温放电容量			合格□　不合格□	

（4）电池均衡

对故障电池模块进行均衡操作，并完成表 7-16 的填写。

表 7-16　电池均衡记录

序号	内容	记录	
1	均衡前电池单体最大压差		
2	电池均衡仪参数设置	电池类型	
		串、并联节数	
		目标电压	
3	均衡后电池单体最大压差		

（5）维修结果检验

检验维修结果，并将检验结果记录在表 7-17 中。

表 7-17　维修结果检验记录

序号	检验项目	检验结果
1	使用诊断仪读取故障码，确认是否有故障码	是□　否□
2	使用诊断仪读取电池单体相关数据，确认其是否全部正常	是□　否□

检查评估

对本任务的学习情况进行检查，并将检查结果和结果点评记录在表 7-18 中。

表 7-18　检查评估

检查项目	检查结果	结果点评
维修方案 / 诊断流程		
可能故障原因和故障点的分析是否合理	是□　否□	
维修方案 / 诊断流程制定是否合理	是□　否□	
检测与维修		
是否准确检测出有故障的电池单体	是□　否□	
故障维修方式是否正确	是□　否□	
故障码是否清除	是□　否□	

续表

检查项目	检查结果	结果点评
整理及恢复		
工具、设备是否整理恢复	是□　否□	
实训工位是否打扫干净	是□　否□	
工作页是否填写完整	是□　否□	

任务小结

本任务小结如图 7–12 所示。

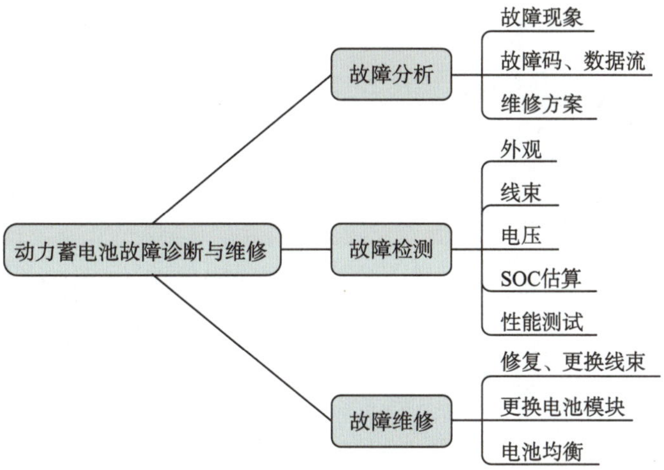

图 7–12　任务小结

情境二
动力蓄电池管理系统检测与维修

情境介绍

动力蓄电池管理系统（BMS）在智能网联汽车动力蓄电池系统中扮演了非常重要的角色，它最基本的作用是实时监测动力蓄电池的工作状态（包括其电压、电流和温度），预测动力蓄电池 SOC，管理动力蓄电池的工作情况，避免出现过放电、过充电和过热的情况，保持整个系统的正常运行，保证车辆的运行安全，提高动力蓄电池的使用寿命。BMS 是智能网联汽车动力蓄电池系统必不可少的部分，其重要性不言而喻。因此，掌握 BMS 的组成及控制原理、故障类型及原因，运用故障诊断思路与检修方法，正确使用检修工具对常见故障进行诊断和排除是检修工作的重要课题。

本情境包含 BMS 更换与匹配、BMS 检测与维修、高压继电器故障检测、电流传感器故障检测、高压上电故障检测与维修、动力蓄电池系统故障诊断与维修六个任务。具体内容包括 BMS 功能、结构组成与安装位置，BMS 工作原理、更换和匹配流程、检测内容及方法、故障诊断思路，高压继电器的功能、安装位置、控制原理、检测内容及方法，电流传感器功能、分类、工作原理及检测内容，高压上电定义、控制原理、故障分析及诊断思路，动力蓄电池系统常见故障类型、故障原因分析及排除方法。

情境目标

▸ 能按照 BMS 工作原理、故障类型与故障诊断思路，对 BMS 常见故障进行分析和判断，并按照 BMS 更换与匹配流程，使用绝缘工具和诊断仪，完成 BMS 的拆装、更换及匹配作业。

▸ 能根据 BMS 控制原理、检测内容及方法，正确使用万用表等检测工具，完成高压继电器、分流器和霍尔电流传感器的故障检测。

▸ 能根据高压上电故障分析与诊断思路，使用诊断仪和万用表等工具和设备，规范地完成高压上电故障检测与维修作业。

▸ 能根据故障检测流程，使用诊断仪和万用表等工具，规范地完成动力蓄电池系统电压类、SOC、电流类，以及通信类故障的检测与维修。

任务八
动力蓄电池管理系统更换与匹配

任务导入

场景： 比亚迪智能网联汽车售后维修车间。

人物： 维修技师张师傅、学徒小王。

情境： 小王到比亚迪智能网联汽车售后维修车间参观学习，张师傅带领小王进行故障车辆的维修，经过检查，发现车辆的 BMS 出现了故障，需要进行部件的更换与匹配。小王第一次处理这类故障问题，如果你是小王，你会如何开始自己的工作呢？

任务目标

- ▸能按照 BMS 更换流程，使用绝缘工具，完成 BMS 的拆装与更换作业。
- ▸能按照 BMS 匹配流程，使用诊断仪，完成 BMS 的匹配作业。

任务实施

一、动力蓄电池管理系统的更换

1. 知识学习

（1）BMS 的定义与功能

动力蓄电池管理系统是面向动力蓄电池的智能化管理及维护系统，其主要功能是对电池的状态进行实时监控，防止电池出现过度充电或过度放电的现象，提高电池的利用率，延长电池的使用寿命。

BMS 主要可以实现监测功能、电池状态计算功能、系统辅助功能（含能量管理、安全管理、热管理和均衡管理等）、通信与故障诊断功能。BMS 的功能示意图如图 8-1 所示。

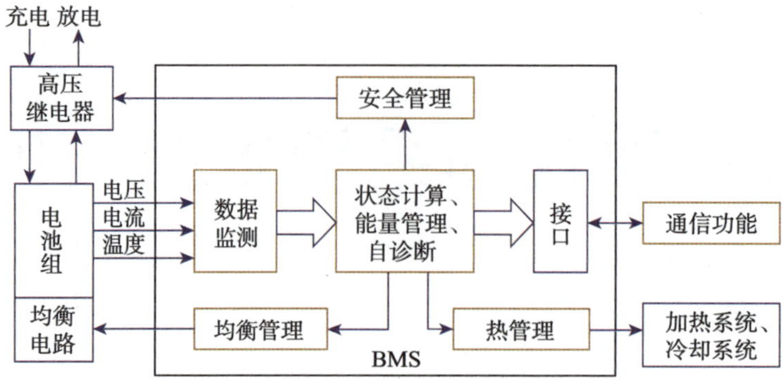

图 8-1　BMS 的功能示意图

1）监测功能

BMS 对电池单体的电压进行实时监测，也对电流、温度、绝缘和高压互锁进行监测，这些电池单体的参数是动力蓄电池安全运行及 BMS 控制逻辑的基础。

① 监测电池单体（或单元、模块）电压

监测电池单体（或单元、模块）电压的作用有：

a）通过累加电压获取整个动力蓄电池的电压值。

b）可根据电池单体（或单元、模块）电压压差来判断电池单体（或单元、模块）的差异性。

c）可监测电池单体（或单元、模块）的运行状态。

② 监测电池温度

通过温度传感器监测动力蓄电池温度可以识别出过载或电气故障情况。当出现温度异常的情况时，必须立即降低电流强度或完全关闭高压系统，以免造成电池的进一步损坏。监测温度还用于冷却系统控制，以确保电池始终在最有利于发挥自身功率和延长使用寿命的温度范围内运行。

动力蓄电池温度传感器安装在动力蓄电池内的多个位置，如图 8-2 所示。随着电池单体温度的变化，温度传感器的电阻值也在变化，BMS 可根据这些电阻值的变化计算出电池单体的温度信息。

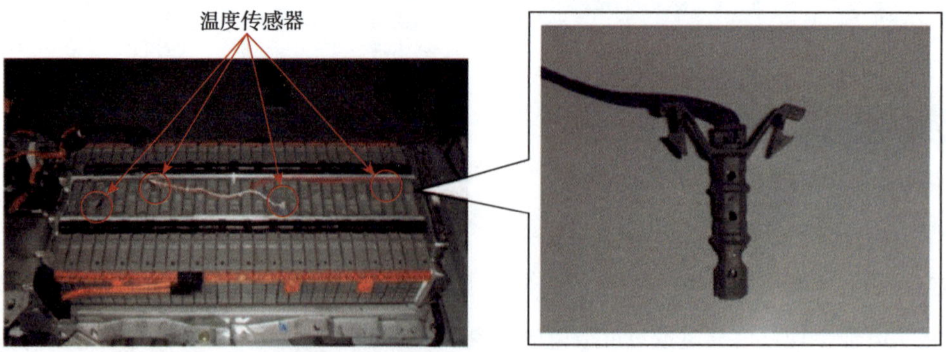

图 8-2　动力蓄电池温度传感器安装位置示意图

③ 监测电流

电流的测量主要通过分流器或霍尔式电流传感器来实现。动力蓄电池内的电池单体通过串联方式给整车提供电能，因此通常只需测量一个电池单体的电流即可。

将电流传感器连接到动力蓄电池的高压电缆，并进行电流监测，如图 8–3 所示。

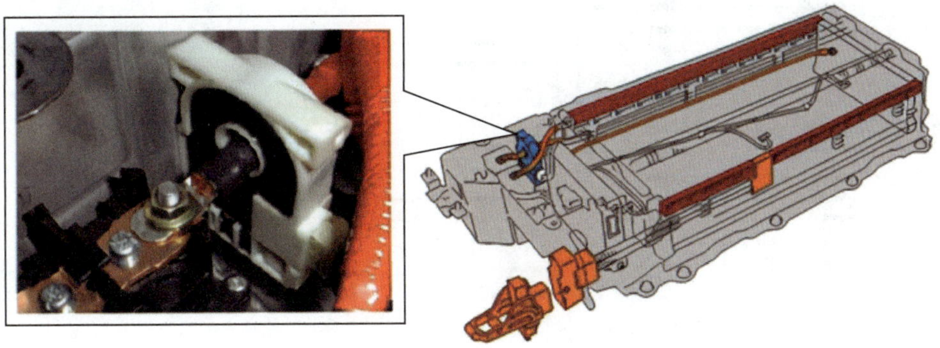

图 8–3　动力蓄电池电流传感器连接位置示意图

④ 监测绝缘电阻

为安全起见，电动汽车的高压电路仅出现在特定的高压部件之间，与车身电路是绝缘的。

BMS 的“漏电检测电路”持续监测高压电路和车身搭铁之间的绝缘电阻，在正常情况下绝缘电阻是保持不变的，如果绝缘电阻低于规定级别，BMS 会存储一个故障码（简称 DTC，其内容为：高压绝缘异常），并利用组合仪表显示（如主警告灯亮起）将异常告知驾驶员。

⑤ 高压互锁检测

高压互锁检测的作用是确认整个高压系统的完整性，在高压系统回路断开或者其完整性受到损坏的情况下，就需要车辆控制系统启动安全措施，以避免发生意外事故。

高压互锁检测可以使高压系统在高压上电之前（或者说在电池系统主、负继电器闭合给电之前）检查并确保整个高压系统的完整性。

高压互锁是对整个高压系统进行检测的，它主要通过连接在各个高压部件或高压装置上的低压连接回路来实现，BMS 控制单元一般需要提供检测回路的供电和检测，如图 8–4 所示。

2）电池状态计算功能

BMS 中最核心的环节是 SOC、电池健康度（SOH）和功率边界（SOP）的估算。

① SOC

SOC 是一个相对值，目前国内外的共识是从电量的角度来定义 SOC，即将其定义为在一定放电倍率下，电池剩余容量与相同条件下额定容量的比值，即

$$\text{SOC}=C_U/C_{额}$$

其中，C_U 指电池的剩余容量，$C_{额}$指电池的额定容量。

情境二

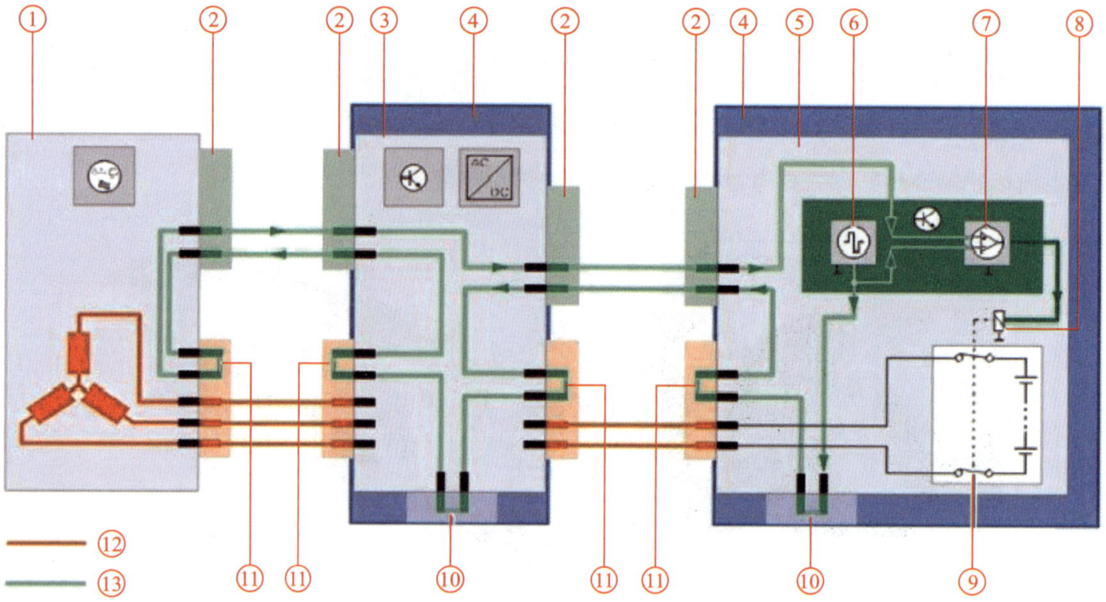

图 8-4　高压互锁系统示意图

① 电动机　② 用于高电压接触监控检测导线的低电压插头　③ 供电电子装置　④ 高电压安全盖板　⑤ 高电压蓄电池单元　⑥ 互锁信号发生器　⑦ 互锁信号分析电路　⑧ 电动机械式接触器线圈　⑨ 电动机械式接触器触点　⑩ 高电压安全盖板上高电压接触监控的跨接线　⑪ 带高电压接触监控跨接线的高电压插头　⑫ 高电压导线　⑬ 互锁信号导线

SOC 的控制目标值约为 60%，其上限约为 80%（控制上限约为 75%），下限约为 20%（控制下限约为 30%），如图 8-5 所示。

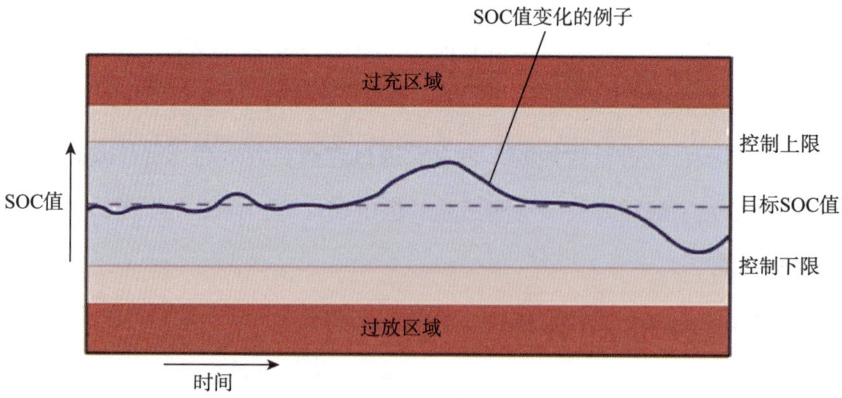

图 8-5　SOC 控制示意图

② SOH

SOH 的全称是 state of health，即电池健康度，它可以理解为电池当前容量占出厂容量的百分比。

一般情况下，SOC 描述的是电流参数的短期变化，SOH 描述的是电流参数的长期变化。对 SOH

的测量不需要连续进行，在多数情况下只要定期测量就够了，测量的周期取决于应用的不同。SOH 测量外推法可以预测电池的使用寿命，但是也可能使电池突发故障，这是难以预料的。为了测定电池的健康状态，必须知道其实际的 SOC，或者在相同的 SOC 下测得其 SOH。

③ SOP

SOP 的全称是 state of power，即动力蓄电池功率边界，该算法的目的是权衡多重因素的影响，指导控制单元（如 VCU）更合理地使用动力蓄电池系统。对于纯电动汽车，动力蓄电池是唯一的能量获取来源，其 SOP 策略相对简单。而对于混合动力汽车而言，一方面其动力蓄电池容量小，必然在运行中需要高倍率输出，对功率平稳输出的优化就更为重要；另一方面其内燃机系统（或燃料电池系统）如何与动力蓄电池进行功率分配才得以实现低能耗和高性能也需要通过 SOP 算法来优化。用户可以根据实际需求来选择是希望车辆性能更强劲还是电池系统使用寿命更长久。

SOP 算法与电芯特性、电池系统性能和整车功率需求等都有密切的关系。

3）系统辅助功能

BMS 的系统辅助功能主要包含能量管理、安全管理、热管理、均衡管理和充电管理等，这些功能通常与整车控制系统或其他相关系统联合使用。

在充电、放电时应进行合理的电流控制，以防止出现过充、过放故障。在电池单体间 SOC 出现一定程度的差别时进行均衡，可提高整车的行驶里程，防止出现安全问题。

① 能量管理

BMS 为应对车辆在行驶过程中的急加速、急制动和上下坡等复杂车况造成的动态负载，合理控制动力蓄电池的能量输出以及再生制动的能量回收，进行能量管理，以实现车辆的最佳性能。

② 安全管理

动力蓄电池内一般有多个继电器，BMS 需要对继电器进行驱动供给和状态检测，对继电器的控制往往是在与整车控制器协调后再进行的，而安全气囊控制器输出的碰撞信号通常在继电器控制策略中享有最高优先级。

电池包内的继电器一般包含主正、主负、预充和充电继电器，在电池包外还有独立的高压配电盒以对整个电流做更细致的分配。电池包继电器的闭合、断开的状态以及其开关的顺序等控制策略对动力蓄电池的正常运行非常重要。

系统主继电器的作用是根据动力蓄电池 ECU 的信号来完成连接或切断高压供电电路的功能，一般使用多个继电器以确保功能的正常运行。

另外，当动力蓄电池出现高电压（过充电）、欠电压（过放电）、过电流、超高温、短路故障、接头松动、绝缘能力降低以及电解液泄漏等现象，或涉及传感器、执行器以及控制器等电子元器件的故障诊断时，蓄电池管理系统会采取相应措施来保护电池安全。

③ 热管理

蓄电池的化学性能受环境温度的影响非常大，因此，为了保证电池的使用寿命，必须让电池工作在合理的温度范围内，并根据不同的温度告知整车控制器其所能输出和输入的最大功率。因此，当动力蓄电池温度过高时，需要为其降温；温度过低时，则需要为其适当加热。

目前对动力蓄电池主要采取风冷和水冷两种冷却方式进行降温，如图 8-6 所示。

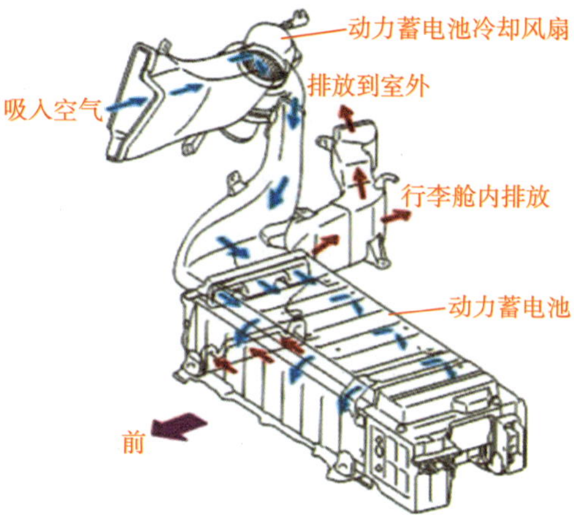

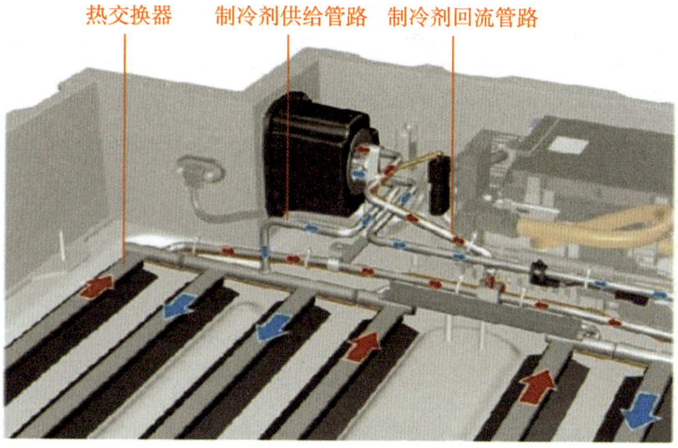

图 8-6　动力蓄电池冷却方式示意图

a）风冷　b）水冷

在动力蓄电池温度较低时，用加热器加热冷却液介质可间接给动力蓄电池加热，如图 8-7 所示。

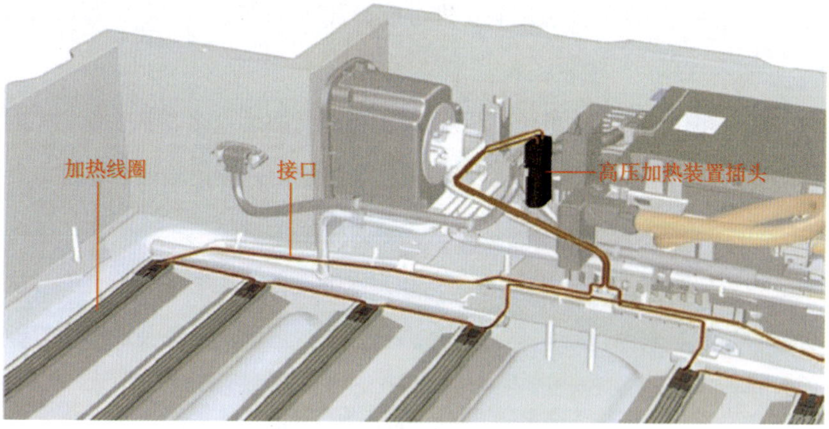

图 8-7　动力蓄电池加热功能示意图

④ 均衡管理

由于生产工艺、运输、储存以及电子元器件误差积累的影响，动力蓄电池单体之间难免存在不一致性，BMS 会采取主动或被动的均衡方式，降低电池的不一致性。

⑤ 充电管理

BMS 的一种主要模式是监控在充电过程中电池系统的电池需求。在交流系统中，BMS 需要实现脉宽调制（PWM）的控制导引电路交互；在直流充电过程中，BMS 需要特别注意在较高 SOC 下允许充电的电流。在国标中，BMS 被要求直接与外部建立通信，以交流充电过程中的信息。

BMS 还会根据动力蓄电池的实时特性、温度高低以及充电机的功率等级，控制充电机给电池进行安全充电。

4）通信与故障诊断功能

① 通信

BMS 需要给整车控制器（VCU）发送相关电池系统的信息，例如，在有直流充电的系统，特别是在依据国标的系统中，需要直接与外部直流充电桩进行通信。在特定情况下，可能还有一条备份的诊断和刷新通信线，用于在主通信失效的情况下做数据传输。

② 故障诊断及容错控制

故障诊断及容错控制在任何控制器的控制策略中都是非常重要的部分，BMS 控制单元的故障通过故障码（DTC）来进行报警，DTC 可触发仪表盘当中的指示灯。在智能网联汽车中，电池故障时也有相应的指示灯来提醒驾驶员。由于电池的特殊性和危险性，通常整车控制系统需要直接进行信息传送，以应对突发情况。例如，发生事故时，当安全气囊弹出，继电器由整车控制器直接切断后，车联系统将通过定位和预警来进行处理，特别是将电池放电。BMS 的故障诊断功能还需要对电池单体电压、电池包电压、电流和电池包温度测量电路进行诊断，以确定故障位置和故障级别，并做出相应的容错控制。

（2）BMS 的结构与安装位置

BMS 主要由充电模块、数据采集模块（包括电压、电流和温度数据采集）、平衡模块、功率计算模块、数据显示模块和存储通信模块组成，如图 8-8 所示。

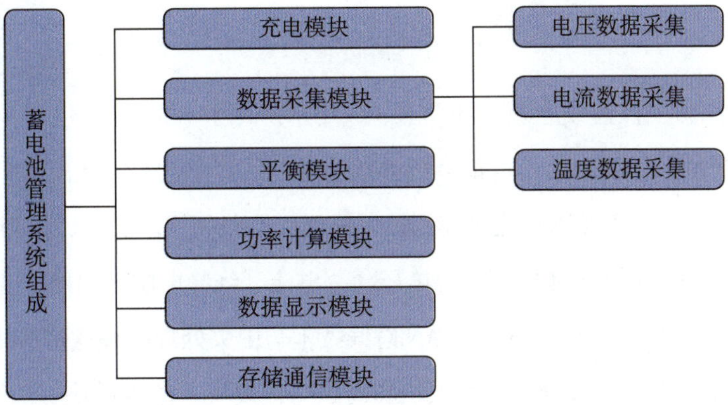

图 8-8　BMS 架构图

1）结构组成

BMS 的拓扑结构主要分为集中式和集散式。BMS 由两级控制结构组成，即局部测量模块和中央处理模块。

在集中式BMS结构中，BMS的所有功能集中在单个电路模块上，由于动力蓄电池数量较多且分布在车体的不同区域，集中式BMS结构在电动汽车上已逐渐被淘汰。集散式BMS结构由主控模块和测控模块构成，如图8-9所示。集散式BMS结构可以用于动力蓄电池数量较多且电池包位置分散的车型，现已被广泛采用。

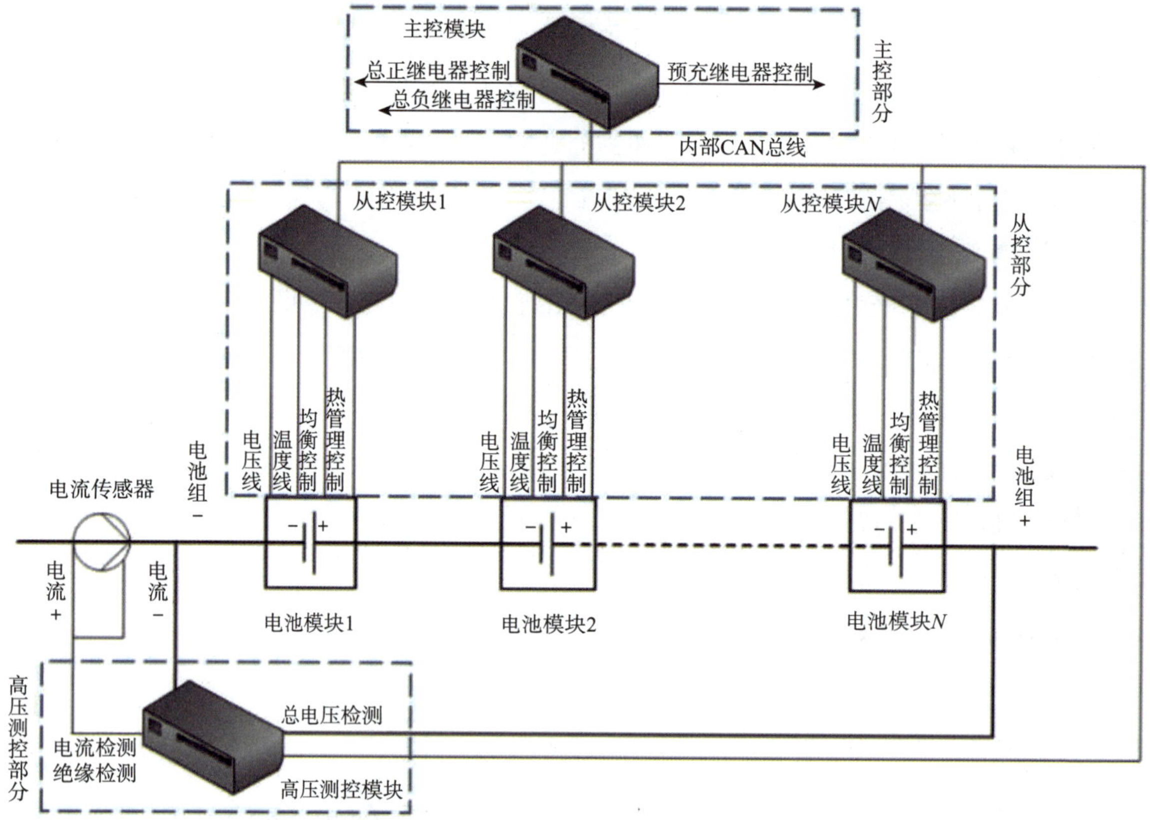

图8-9　集散式BMS结构

主控模块一般被称为主控盒或主板，如图8-10a所示。每个BMS有且仅有一个主控模块，主要用于接收并处理各测控模块采集的动力蓄电池运行参数信息，估算电池组的状态，识别故障与报警，与整车控制器和充电机通信，为整车控制和充电控制提供依据以及向测控模块发送控制命令等。

测控模块主要用于测量电池单体电压、总电压、总电流、绝缘电阻和温度等，并执行主控模块的控制命令，完成电量测量、电池均衡以及利用CAN总线技术与中央处理模块通信等相关功能。

测控模块按其功能的不同，可分为从控模块和高压测控模块。从控模块一般被称为从控盒或从板，如图8-10b所示。每个BMS可有一个或多个从控模块，其功能包括电池单体电压检测、温度测量，均衡管理和热管理等。高压测控模块一般被称为高压盒或高压板，如图8-10c所示，其主要功能包括总电压、总电流和绝缘电阻测量等。

主控模块和测控模块通过CAN总线进行数据通信。在实际应用中，也可将高压测控模块集成在主控盒中。

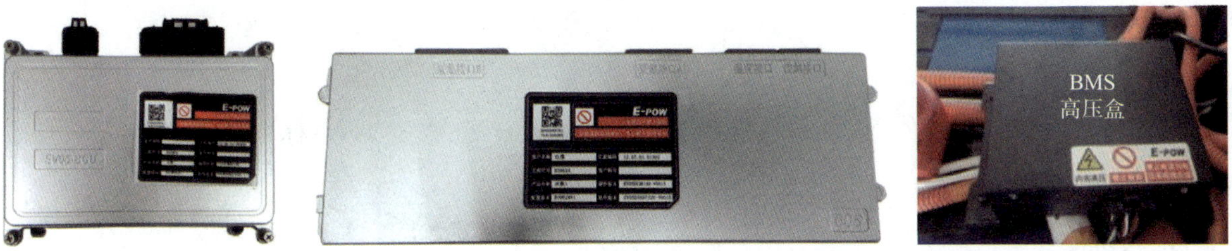

a）　b）　c）

图 8-10　BMS 硬件组成

a）主控模块　b）从控模块　c）高压测控模块

2）安装位置

BMS 的主控模块和测控模块通常被安装在动力蓄电池箱内，如图 8-11 所示，但也有部分车型将主控模块放到了动力蓄电池外部。主板、从板和高压板的标识通常印在硬件的外壳表面或铭牌中，以便识别，如图 8-12 所示。

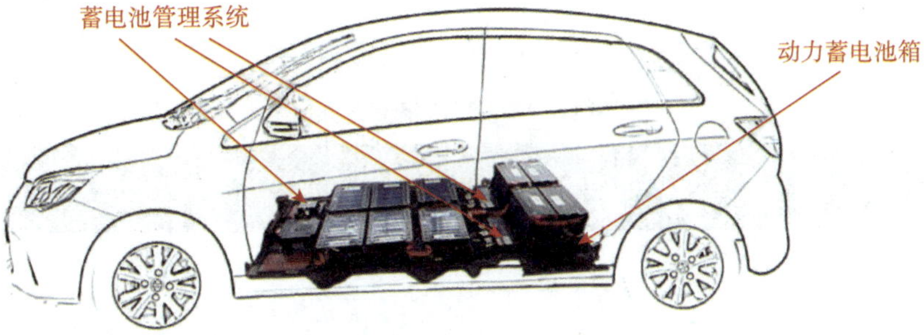

图 8-11　BMS 主控模块和测控模块的安装位置

图 8-12　BMS 标识

（3）BMS 的更换流程

BMS 的更换流程为：高压安全防护工作→拆卸（主板、从板和高压板）→检查（外观和型号）→安装（主板、从板和高压板）→安装高压维修开关。

（4）BMS 安装前检查

1）外观检查

在良好的光线条件下，用目测法检查 BMS 外观，其外观不得有变形或裂纹，其表面应干燥、无外

情境二

伤和污物。

2）型号检查

检查待安装的 BMS 部件（主板、从板和高压板）的标识，注意其客户名称、产品名称、硬件版本、软件版本和配置版本等信息应与其他未更换的 BMS 部件一致。

2. 技能操作

（1）物料准备

准备技能操作所需的物料，见表 8-1。

表 8-1 物料准备

类别	所需物料
实训平台及附件	动力蓄电池检测教学平台及使用说明书、维修手册
仪器、设备、工具	高压安全防护用品、绝缘工具、绝缘扭力扳手等

（2）BMS 的拆卸

参考维修手册，按照标准流程完成 BMS 的拆卸，并完成表 8-2 的填写。

表 8-2 BMS 拆卸记录

序号	项目	工作内容	工具	注意事项
1	高压安全防护			
2	拆卸从板			
3	拆卸高压板			
4	拆卸主板			

（3）BMS 安装前检查

根据上述内容及标准对待安装的 BMS 部件进行检查，完成表 8-3 的填写。

表 8-3　BMS 检查记录

序号	项目	操作记录		结果判定
1	外观检查	是否有变形、裂纹	是□　否□	合格□　不合格□
		表面是否有损伤、污物	是□　否□	
2	型号检查	客户名称		一致□　不一致□
		产品名称		
		硬件版本		
		软件版本		
		配置版本		

（4）BMS 的安装

参考维修手册，按照标准流程完成 BMS 的安装，并完成表 8-4 的填写。

表 8-4　BMS 安装记录

序号	项目	工作内容	工具	注意事项
1	安装从板			
2	安装高压板			
3	安装主板			
4	安装高压维修开关			

二、动力蓄电池管理系统的匹配

1. 知识学习

（1）BMS 更换和匹配的原因

根据故障的不同，应对 BMS 的主板、从板和高压板进行单独更换，具体故障类型对应的须更换部位见表 8-5。BMS 主板在被更换后，需要与整车控制器进行匹配；从板和高压板在被更换后，需要与主板进行匹配。

表 8-5　BMS 故障类型及对应的须更换部位

序号	故障类型	须更换部位
1	整车无法读取 BMS 信息	主板
2	BMS 主板无法读取部分从板信息	从板
3	BMS 主板无法读取高压板信息	高压板
4	BMS 数据监测功能故障	从板或高压板
5	BMS 的电池状态计算、能量管理和通信等功能故障	主板

（2）BMS 匹配的前提条件

BMS 匹配的前提条件如下：

1）辅助蓄电池电压在正常范围内。

2）动力蓄电池电压在正常范围内。

3）动力蓄电池系统无故障。

4）防盗系统无故障。

5）BCM 系统无故障。

6）整车控制器无故障。

7）驱动电动机控制系统无故障

（3）BMS 匹配的流程

BMS 匹配的流程如下：

1）关闭启动开关。

2）连接车辆诊断仪。

3）将启动开关置于“ON”挡。

4）使用诊断仪读取故障码，确认整车无故障码。

5）使用诊断仪读取数据流，确认辅助蓄电池电压在正常范围内，动力蓄电池电压在正常范围内。

6）进入诊断仪匹配界面，根据提示进行匹配操作。

2. 技能操作

（1）物料准备

准备技能操作所需的物料，见表 8-6。

表 8-6　物料准备

类别	所需物料
实训平台及附件	动力蓄电池检测教学平台及使用说明书、维修手册
仪器、设备、工具	诊断仪等

（2）主板与整车控制器匹配

参考维修手册，按照标准流程完成主板与整车控制器的匹配，并将相关内容填写在表 8-7 中。

表 8-7　主板与整车控制器匹配记录

序号	工作内容	工具	注意事项
1			
2			
3			
4			
5			
6			
7			
8			

（3）主板与从板、高压板匹配

参考维修手册，按照标准流程完成主板与从板、高压板的匹配，并将相关内容填写在表 8-8 中。

表 8-8　主板与从板、高压板匹配记录

序号	工作内容	工具	注意事项
1			
2			
3			
4			
5			
6			
7			
8			
9			

检查评估

对本任务的学习情况进行检查，并将检查结果和结果点评记录在表 8-9 中。

表 8-9 检查评估

检查项目	检查结果	结果点评
动力蓄电池管理系统的更换		
是否完成 BMS 更换作业	是□ 否□	
线束连接是否正确	是□ 否□	
动力蓄电池管理系统的匹配		
是否完成 BMS 匹配作业	是□ 否□	
匹配后车辆是否能正常上电	是□ 否□	
匹配后车辆是否能正常充电	是□ 否□	
整理及恢复		
工具、设备是否整理恢复	是□ 否□	
实训工位是否打扫干净	是□ 否□	
工作页是否填写完整	是□ 否□	

任务小结

本任务小结如图 8-13 所示。

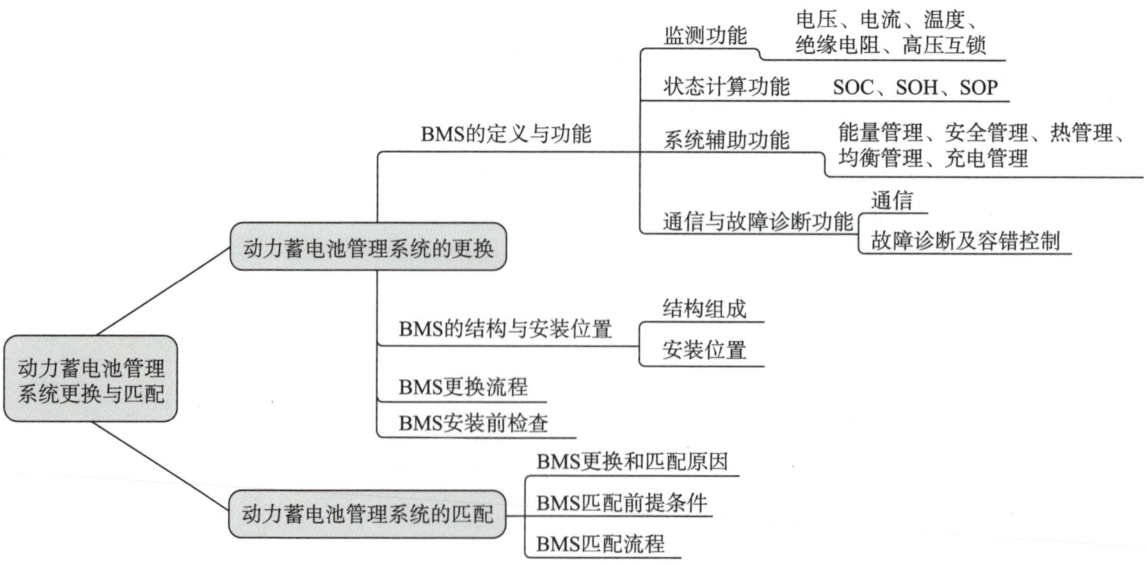

图 8-13 任务小结

任务九
动力蓄电池管理系统检测与维修

任务导入

场景：比亚迪智能网联汽车售后维修车间。

人物：维修技师张师傅、学徒小王。

情境：小王到比亚迪智能网联汽车售后维修车间参观学习，他问张师傅："张师傅，您是怎么检测出 BMS 出现故障，需要更换它的?"张师傅道："我来教你如何对 BMS 故障进行检测与维修。"

任务目标

▸能根据 BMS 工作原理与故障类型，细致地对 BMS 常见故障进行分析和判断，并出具维修方案。

▸能根据 BMS 检测方法与故障诊断思路，使用诊断仪、万用表等工具，规范地完成 BMS 故障检测与维修。

任务实施

一、动力蓄电池管理系统维修方案制定

1. 知识学习

（1）BMS 器件的介绍

从之前的内容中可知，BMS 主要由主板、从板和高压板三部分构成，BMS 的主要器件及其功能见表 9-1。

表 9-1　BMS 主要器件及其功能

名称	数量	功能简介
主控盒	1	数据处理、控制和通信等
从控盒	2	电压、温度采集和数据处理
高压盒	1	监测总电压、绝缘电阻和电流
转接盒	1	系统性梳理线束
高压箱	1	—
线束	若干	电压采集线束，整车线束，主、从线束，温度控制线束

高压箱收纳与 BMS 相关的高压元器件，是与 BMS 维修相关的重要模块，其内部结构示意图如图 9-1 所示。高压箱内部收纳的元器件除继电器外，还包括总正保险、总正继电器和维修开关等，它们用于维护电路的自动调节、安全保护和转换等功能。

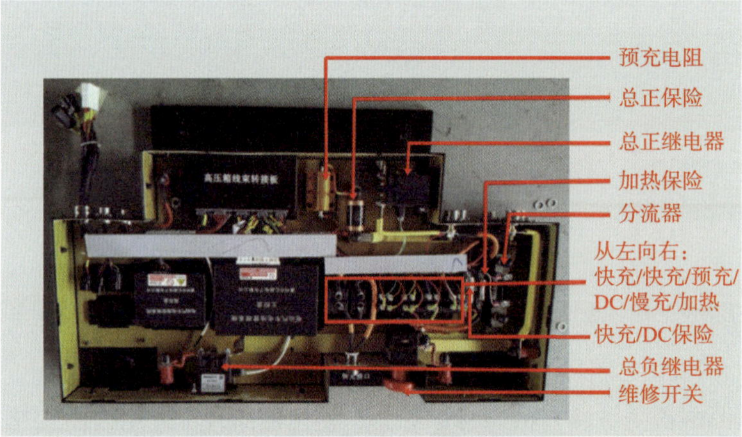

图 9-1　高压箱内部结构示意图

维修开关（MSD）可保护维修电动汽车的技术人员，在应对突发情况时可以快速分离高压电路的连接，保证人员安全，如图 9-2 所示。

高压盒示意图如图 9-3 所示，其主要功能如下。

1）总电压测量：可支持 2 路总电压检测通道，通过高精度电压测量芯片准确测量电池组总正和总负之间的电压。

2）电流测量：通过分流器进行电流采样，完成电流的测量和电池容量累计。

3）绝缘检测：检测动力蓄电池与汽车底盘之间的绝缘电阻，BMS 检测系统对地电阻应大于 1 MΩ。

4）内部 CAN：提供主控、从控以及高压板之间的通信接口，也可与 PC 上位机连接，进行数据监控或用户程序下载。

图 9-2　维修开关

图 9-3　高压盒示意图

（2）BMS 的工作原理

1）如图 9-4 所示，BMS 的工作原理如下。

① 在 BMS 主板接收到 VCU 发出的唤醒信号后，BMS 被唤醒并进行自检，自检通过后 BMS 开始工作。

② BMS 从板采集电池单体的电压和温度信号，BMS 高压板采集电池组的电流和绝缘信号。

③ BMS 主板、从板和高压板之间通过内部 CAN 线进行信息交互，BMS 主板与 VCU 之间通过整车 CAN 线进行信息交互。

④ BMS 主板根据从板和高压板反馈的信息对动力蓄电池进行状态计算、均衡管理和热管理。

⑤ BMS 主板接收 VCU 发送的整车需求，通过控制高压继电器的通断来控制动力蓄电池系统电能的输出。

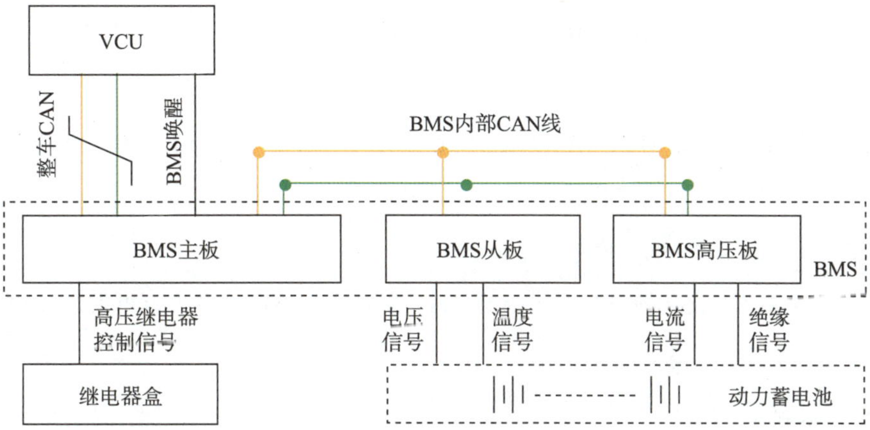

图 9-4　BMS 工作原理图

2）与 BMS 的工作原理及功能对应的控制策略主要可以分为以下几类。

① 热管理控制策略

热管理部件及其温感布置电池组内部共有 n 个温度感应器，一般情况下，其中有 2~4 个温度感应器位于加热膜上，以检测加热膜温度。

②充电热管理策略

充电热管理模式分为充电预热、充电加热、常温充电、充电冷却风机慢挡和充电冷却风机快挡五个模式，模式转换的依据为最高单体温度、最低单体温度和温差。

③放电热管理策略

放电热管理模式分为放电加热、常温放电、放电冷却风机慢挡和放电冷却风机快挡四个模式。

④加热器保护策略

a）在加热过程中对加热膜温度进行监控，当温度超过一定值时，切断加热继电器；当温度降低到额定值时，重启；如果短时间内出现三次加热温度超过一定值的情况，BMS 报加热膜故障。

b）启动加热膜一段时间后，若加热膜温升小于设定值，BMS 报加热膜故障，关闭加热继电器，但可以正常充、放电。

注：具体视车辆厂商实际情况而定，本任务内容以某款车辆为例进行控制策略简介，实际控制策略可能会存有不同。

3）BMS 的工作模式主要分为以下几种。

①下电模式

在下电模式中系统的低压和高压都处于不工作的状态。

②准备模式

在准备模式中系统所有元器件未吸合，此时可以接收外来控制信号，以进入对应的工作模式。

③放电模式

当 BMS 检测到点火开关时进入放电模式，与外部信号共同控制电机和放电设备等。

④充电模式

当 BMS 检测到充电唤醒信号时，系统即进入充电模式。在充电模式下，系统不响应点火开关发出的任何指令。

⑤故障模式

故障模式是控制系统中出现的一种状态，当 BMS 检测到低级别故障时，可发出警报；当 BMS 检测到高级别故障时，可以保护人身安全。

（3）BMS 的故障类型

BMS 的常见故障类型分为线路故障、通信故障和 BMS 功能故障。BMS 功能故障通常是直接进行处理的，下面将集中针对 BMS 功能故障进行讲解。

1）电压检测模块的故障原因

①电池本身欠压。当遇到此故障时，可将监控电压与万用表实际测量电压作对比，在确认两者电压相同后，更换电池，并将更换下来的电池放入指定区域内。

②采集线端子紧固螺栓松动（见图 9–5）或采集线与端子接触不良，导致电池单体电压采集不准。

图 9-5　采集线端子紧固螺栓松动

③ 检测问题，如从板故障，采集电压与实际电压不一致。

2）温度检测模块的故障原因

① 温度传感器失效。当遇到单个温度没有被检测的情况时，检查中间对接插头是否连接异常，若无连接异常则是传感器损坏，可更换传感器。

② 连接不可靠。若检查时发现部分插头松动或脱落，应及时更换对应配线束，如图 9-6 所示。

③ 从板温度模块故障。当整箱温度电池无温度显示时，应从其他从板进行监控，若有温度显示，则是从板温度模块故障，可及时更换从板。

图 9-6　连接不可靠的温度检测模块

3）电流检测模块的故障原因

① 电流检测线连接不可靠。当监控电流波动较大且高压回路中有电流时，检查分流器两端电流采样线，若发现螺栓松动，则进行紧固，如图 9-7 所示。

② 检测端子老化。若高压回路中有电流而实际监控电流较小，可能是端子两端产生氧化，应及时对端子表面进行清理。在清理时，首先要断开电源，再佩戴绝缘手套清理端子表面的氧化部分。

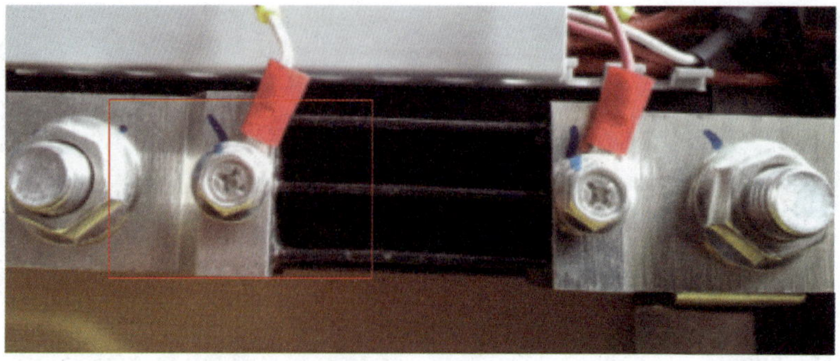

图 9-7 螺栓松动

③ 高压板检测异常。在断开维修开关后，若监控电流在 0.2 A 以上，则需要更换高压板。

4）绝缘检测模块的故障原因

① 高压负载漏电。当遇到此故障时，应依次断开 DC/DC、PCU、充电机和空调等，直到故障解除，然后更换故障件。

② 高压板故障。若高压板检测数值过大，应对其进行更换。

③ 电压采集线束破损。若存在漏电现象，可能原因是电压采集线束破损并与电池箱相连，如图 9-8 所示，应检查线束是否破损并及时更换。

5）CAN 通信故障原因

① 线束脱落，如部分线束的电源线脱落或者端子老化所引起的线束不可靠。

② 插件针损坏，如图 9-9 所示，应更换插件。

图 9-8 破损线束与电池箱体相连

图 9-9 插件针损坏

由于在实际工作中，故障的类型较多，对于一些线路故障和通信故障，还需要用专门的设备（如诊断仪）来对电池的各类故障进行判断。对各故障类型对应的故障现象及处理方法进行归纳，见表 9-2。

表 9-2　BMS 故障类型对应的故障现象及处理方法

序号	故障类型		故障现象及后果	处理方法
1	线路故障	BMS 主板供电、搭铁故障	BMS 无法启动，诊断仪无法读取动力蓄电池系统相关信息	修复或更换线束、更换保险
2		BMS 唤醒线束故障		
3		BMS 从板供电、搭铁故障	BMS 主板无法检测到从板信息	修复或更换线束
4		BMS 高压板供电、搭铁故障	BMS 主板无法检测到高压板信息	
5	通信故障	整车 CAN 故障	电动汽车无法启动或 BMS 无法启动	修复或更换线束、更换 BMS 并匹配
6		BMS 内部 CAN 故障	BMS 主板与从板不能正常通信	
7	BMS 功能故障	电池单体电压检测模块故障	电动汽车无法启动	更换从板并匹配
8		电池单体温度检测模块故障	电池温度不受控制，严重时引起起火或爆炸	
9		电流、绝缘检测模块故障	电动汽车无法启动	更换高压板并匹配
10		状态计算及能量管理模块故障	电动汽车无法启动	更换主板并匹配
11		均衡控制模块故障	电池组一致性变差，严重时影响电池使用寿命	

（4）BMS 的故障分析方法

BMS 的故障分析方法主要包括以下几种。

1）观察法

观察法主要是针对报警图标对各个模块是否正常报警、显示屏是否显示报警图标等现象进行排查，直观地判断故障现象及类型。

2）替换法

替换法是指在条件允许的情况下，通过更换对应模块来实现对电池故障模块及故障类型的判别。该方法需要操作人员对电动汽车各个模块有较为充分的认知，操作人员应做好防护措施。

3）程序升级法

部分故障问题的产生可能是由程序未更新（如系统无法显示）、系统获取不到对应数据（可能是其内部通信协议未及时更新）等引起的。

4）数据分析法

数据分析法主要是指通过汽车内部 CAN 的数据结合场景对故障原因进行判断。

（5）BMS 上位机的介绍

电池管理监控软件可供实时查看电池系统的电压、电流、温度以及 SOC 等信息，并实时显示继电器工作以及电池的充、放电状态，其主界面显示的信息包括总电压、总电流、SOC、SOH、BMS 时钟、系统运行模式、故障信息概况、LIFE、正极继电器、负极继电器、预充电继电器、充电继电器和电池系统绝缘状态等，其“监控上位机”窗口如图 9–10 所示。

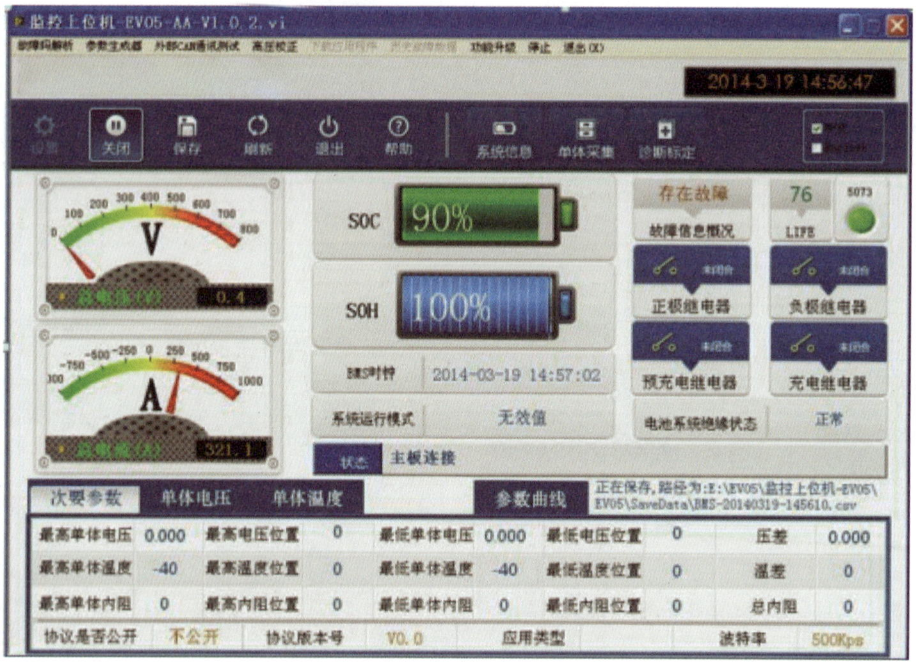

图 9–10 “监控上位机”窗口

（6）经典案例

故障现象：

车辆无法启动，仪表盘显示电池故障指示灯点亮、整车故障指示灯点亮、SOC 无显示，如图 9–11 所示。

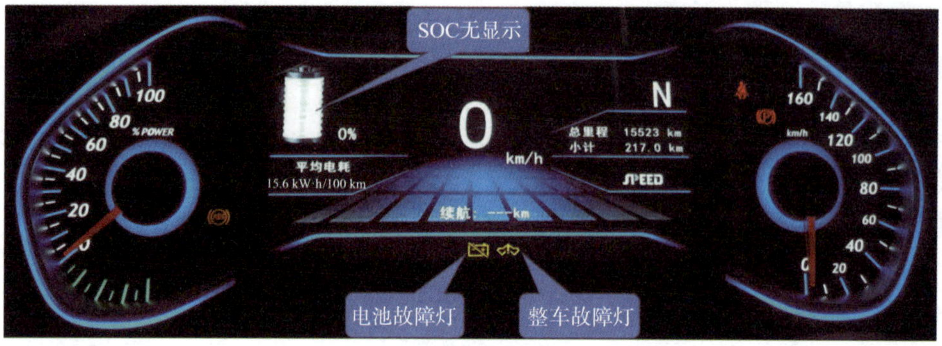

图 9–11 仪表故障指示灯点亮

分析：

通过 OBD 诊断口连接故障诊断仪，使用诊断仪缩小故障排查范围。诊断仪显示“BMS 通信异常”，其无法读取动力蓄电池系统中的电压和温度等信息。查询维修手册，分析 BMS 电路接线图（见图 9–12），可得造成该故障的可能原因是 BMS 通信线接触不良或 BMS 供电异常，从而导致 BMS 无法正常工作。

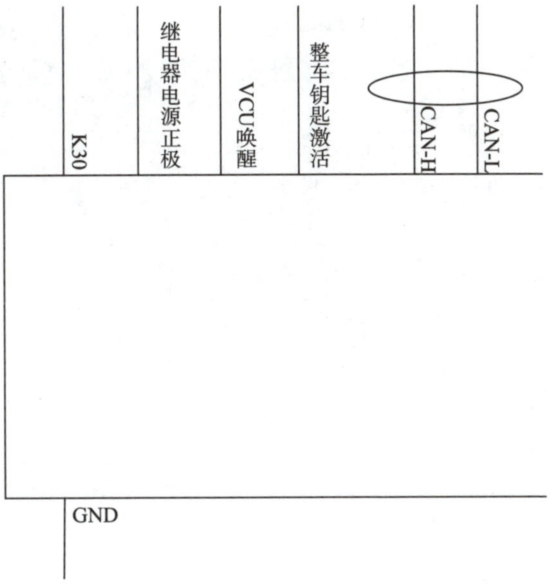

图 9–12　BMS 部分电路接线图

根据对电路接线图的分析可知，需对 BMS 的供电及通信线路进行故障排查。由于 BMS 安装在动力蓄电池的内部，如从 BMS 端测量线路则需要拆卸动力蓄电池，这将会产生较高的维修费用。根据对整车电路图的分析可知，BMS 的供电线和通信线在动力蓄电池系统外部都可以测到（动力蓄电池系统低压线束插头见图 9–13）。

图 9–13　动力蓄电池系统低压线束插头

操作步骤：

1）测量动力蓄电池系统低压线束插头处的供电线路电压是否正常。

通过测量，低压线束插头处的 K30、VCU 唤醒和整车钥匙激活三根线与 GND 之间的电压都是 12.7 V。由此说明动力蓄电池系统低压线束插头处供电正常，接下来排查 CAN 线是否正常。

2）从动力蓄电池系统低压线束插头引出 CAN 线连接至计算机，并使用 CAN-Test 监控软件读取 CAN 总线数据，CAN-Test 监控软件界面如图 9-14 所示。

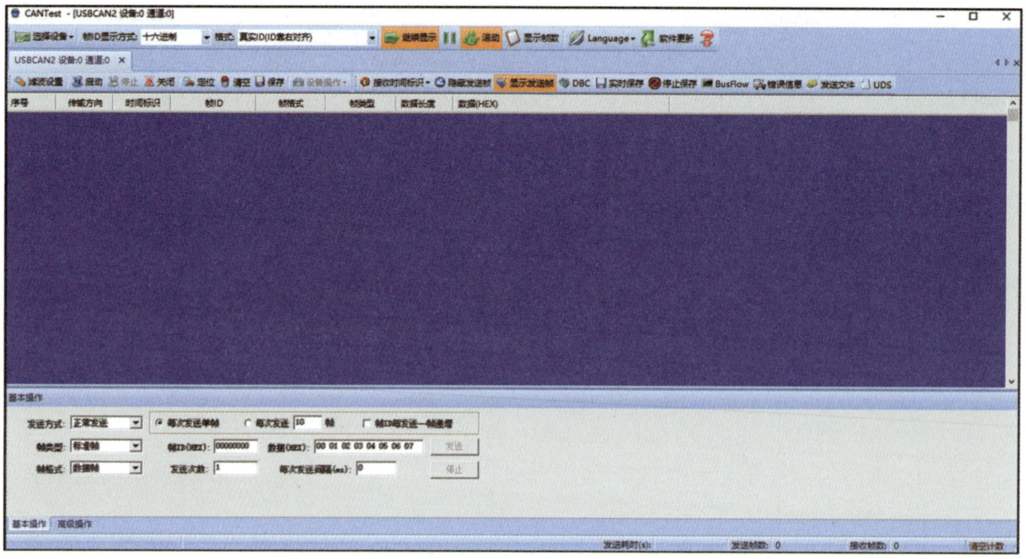

图 9-14　CAN-Test 监控软件界面

软件上没有数据显示，说明 BMS 通信异常，须进一步测量。

3）拆卸动力蓄电池。

4）测量 BMS 供电线束电压是否正常，如图 9-15 所示。

图 9-15　测量 BMS 供电线束电压

经测量，BMS 供电线束（K30）接口处无电压，且在步骤 1 中已测得低压线束插头处的 K30 供电线与 GND 之间的电压为 12.7 V，由此说明在动力蓄电池低压线束插头到 BMS 插头之间的 K30 供电线断路。

5）检测 K30 供电线各连接处的插头是否脱落或接触不良，如图 9–16 所示。

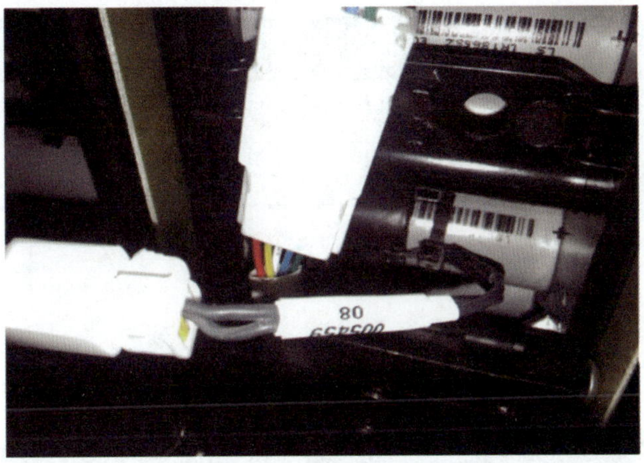

图 9–16　检测 K30 供电线束

经检测，连接 K30 供电线的一处插头松动，使 K30 供电线接触不良，最终导致 BMS 无法工作。

6）在更换插头后直接使用上位机监控动力蓄电池数据，上位机监控界面如图 9–17 所示。

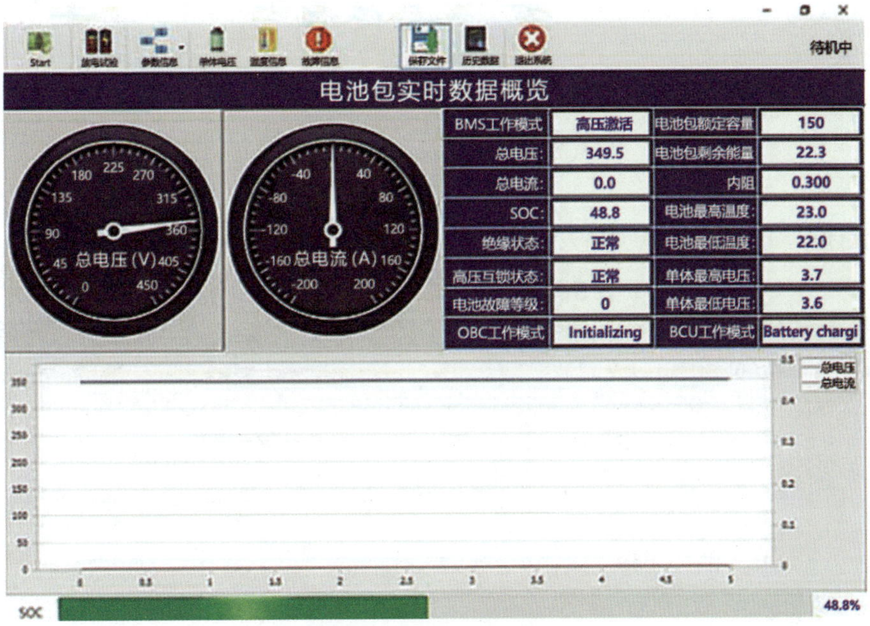

图 9–17　上位机监控界面

软件界面显示的总电压和最高温度等信息说明 BMS 在正常工作。

7）将动力蓄电池安装至车辆上，再次测试。

车辆恢复正常，检修完成。

2. 技能操作

(1) 物料准备

准备技能操作所需的物料，见表 9-3。

表 9-3 物料准备

类别	所需物料
实训平台及附件	动力蓄电池检测教学平台及使用说明书、维修手册
仪器、设备、工具	诊断仪等

(2) 故障信息读取

1）读取故障码

使用诊断仪读取故障码，将相关内容填写在表 9-4 中。

表 9-4 故障码信息

序号	故障码	故障码描述
1		
2		
3		
4		
5		

2）读取数据流

使用诊断仪读取动力蓄电池系统相关信息，填写在表 9-5 中。

表 9-5 动力蓄电池系统数据信息

序号	类别	名称	当前值
1	BMS 主板		
2			
3	BMS 从板		
4			
5	BMS 高压板		
6			

（3）维修方案制定

1）拆画电路图

参考维修手册，将 BMS 电路图拆画至图 9-18 中。

图 9-18 BMS 电路图

2）制定维修方案

根据读取的故障信息，参考电路图，分析可能的故障点及故障原因，并制定维修方案，完成表 9-6 的填写。

表 9-6 故障分析及维修方案

故障分析：可能的故障点及故障原因		
1		
2		
3		
维修方案 / 检测流程		
1		
2		
3		
4		
5		

二、动力蓄电池管理系统检测与维修

1. 知识学习

（1）BMS 检测的内容及方法

1）检测工作条件。检测 BMS 主板、从板和高压板的供电和搭铁是否正常，检测 BMS 唤醒信号是否正常。

2）检测通信。检测 BMS 内部 CAN 线、BMS 与 VCU 之间的 CAN 线是否正常。

3）测试功能。检测电池单体电压并通过开路电压法估算 SOC，将估算的数值与诊断仪读取的信息进行对比，判断 BMS 功能是否正常。如果电池单体电压的检测值与读取值的差值大于 10 mV，说明 BMS 电压检测功能异常；如果 SOC 的估算值与读取值的差值大于 5%，说明 BMS 电流检测功能或电池状态计算功能异常。

（2）BMS 故障的诊断思路

BMS 故障的诊断思路如图 9–19 所示。

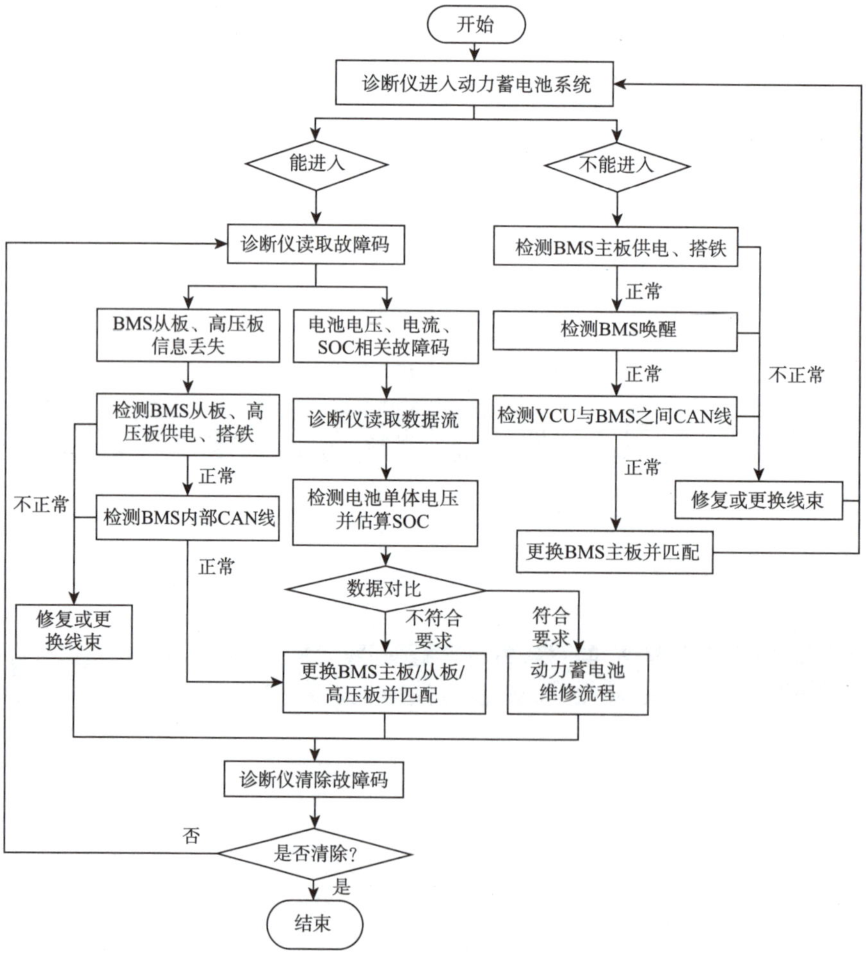

图 9–19　BMS 故障的诊断思路

2. 技能操作

（1）物料准备

准备技能操作所需的物料，见表 9–7。

表 9–7　物料准备

类别	所需物料
实训平台及附件	动力蓄电池检测教学平台及使用说明书、维修手册
仪器、设备、工具	万用表、高压安全防护用品、诊断仪等

（2）故障检测及维修

1）BMS 主板供电、搭铁和唤醒线束检测

使用万用表对 BMS 主板的供电、搭铁和唤醒线束进行检测，完成表 9–8 的填写。

表 9–8　BMS 主板供电、搭铁和唤醒线束检测记录

序号	检测项目	检测点		检测条件	检测类型	标准值	检测值	处理方式
示例	供电	T121/89	搭铁	—	电压	辅助蓄电池电压	0 V	维修线束 / 更换保险
		T121/89	T21/H	断电	电阻	<1 Ω	∞	
1								
2								
3								
4								
5	搭铁							
6								
7	唤醒线束							
8								

2）BMS 与 VCU 之间 CAN 线检测

检测 BMS 与 VCU 之间 CAN 线，完成表 9–9 的填写。

表 9-9　BMS 与 VCU 之间 CAN 线检测记录

序号	检测项目	检测点		检测条件	标准值	检测值	处理方式
1	电压						
2							
3							
4							
5	电阻						
6							
7	波形	具体波形：					

3）BMS 从板、高压板供电和搭铁检测

使用万用表对 BMS 从板、高压板的供电和搭铁进行检测，完成表 9-10 的填写。

表 9-10　BMS 从板、高压板供电和搭铁检测记录

序号	检测项目	检测点		检测条件	检测类型	标准值	检测值	处理方式
1	从板供电							
2								
3								
4								
5	从板搭铁							
6								
7	高压板供电							
8								
9	高压板搭铁							
10								

4）BMS 内部 CAN 线检测

检测 BMS 内部 CAN 线，完成表 9-11 的填写。

表 9-11 BMS 内部 CAN 线检测记录

序号	检测项目	检测点		检测条件	标准值	检测值	处理方式
1	电压						
2							
3							
4							
5	电阻						
6							
7	波形	具体波形:					

5）电池单体电压检测与 SOC 估算

使用万用表检测故障电池单体的端电压，并通过开路电压法估算 SOC，完成表 9-12 的填写。

表 9-12 电压检测与 SOC 估算记录

序号	电池单体编号	电压	与读取值的差值	SOC	与读取值的差值	是否符合要求	处理方式
1						是□ 否□	
2						是□ 否□	
3						是□ 否□	
4						是□ 否□	
5						是□ 否□	
6						是□ 否□	
7						是□ 否□	

（3）维修结果检验

检验维修结果，并将检验结果记录在表 9-13 中。

表 9-13 维修结果检验记录

序号	检验项目	检验结果
1	使用诊断仪清除故障码，确认故障码是否被清除	是□ 否□
2	使用诊断仪读取相关数据信息，确认信息是否全部正常	是□ 否□

检查评估

对本任务的学习情况进行检查，并将检查结果和结果点评记录在表 9-14 中。

表 9-14 检查评估

检查项目	检查结果	结果点评
动力蓄电池管理系统维修方案制定		
电路图拆画是否正确	是□ 否□	
故障码读取及数据流分析是否正确	是□ 否□	
可能故障点和故障原因分析是否合理	是□ 否□	
维修方案 / 检测流程制定是否合理	是□ 否□	
动力蓄电池管理系统检测与维修		
故障诊断过程是否规范	是□ 否□	
是否准确检测到故障点	是□ 否□	
是否验证故障排除结果	是□ 否□	
动力蓄电池管理系统是否恢复正常工作	是□ 否□	
是否清除故障码	是□ 否□	
整理及恢复		
工具、设备是否整理恢复	是□ 否□	
实训工位是否打扫干净	是□ 否□	
工作页是否填写完整	是□ 否□	

任务小结

本任务小结如图 9-20 所示。

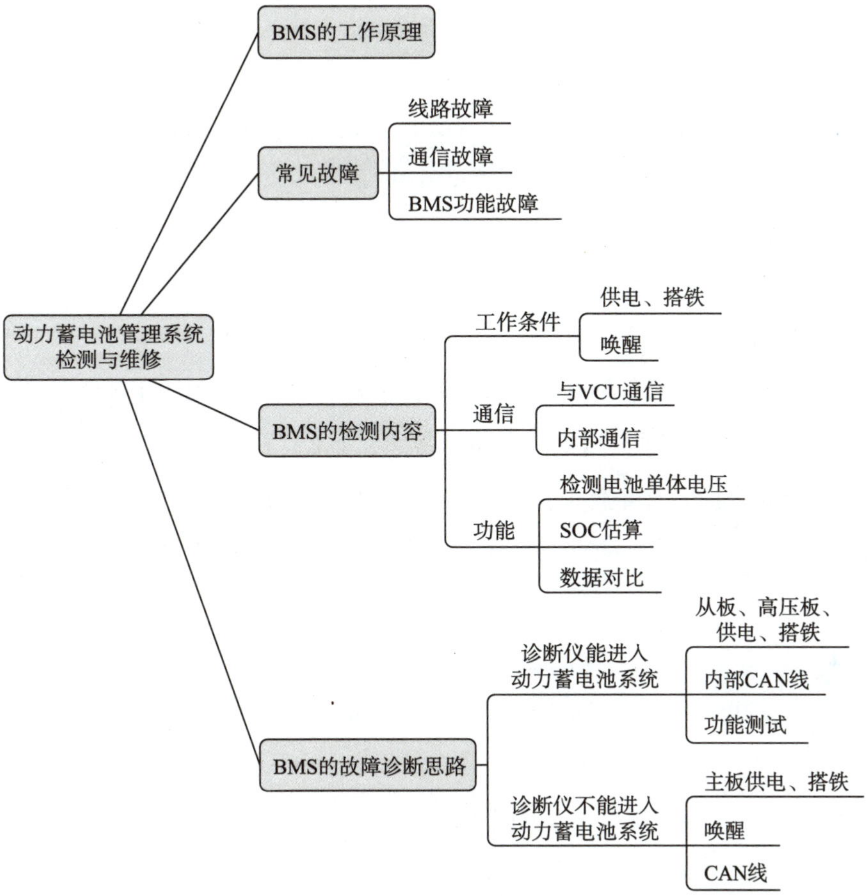

图 9-20　任务小结

任务十 高压继电器故障检测

任务导入

场景： 比亚迪智能网联汽车售后维修车间。

人物： 维修技师张师傅、学徒小王。

情境： 小王到比亚迪智能网联汽车售后维修车间参观学习，他问张师傅："张师傅，在低压电路中会使用继电器来控制电路的切断与导通，那么，在高压电路中是否也有类似的元器件可完成相应的功能?"张师傅道："在高压电路中也使用继电器，但它与低压电路中的继电器不太一样。"请你和小王一起学习高压电路中使用的高压继电器的相关内容。

任务目标

▸ 能根据高压继电器检测内容及方法，正确使用万用表和检测工具，完成高压继电器的故障检测。

▸ 能根据高压继电器测试内容及方法，正确使用万用表和检测工具，完成高压继电器元器件测试。

任务实施

一、高压继电器检测

1. 知识学习

（1）高压继电器的定义

高压继电器是指过辅助控制电路，控制流经线圈的电流产生的磁场，使触头闭合、分断，具备灭弧能力，可实现带载通断，以控制负载的电器。高压继电器在电动汽车高压回路的各个开关节点都有应用，如动力蓄电池主回路、快充回路，高压用电器如电机、DC/DC、空调压缩机和加热器供电线路等。

动力蓄电池系统常用的高压继电器类型为电磁继电器，如图 10–1 所示。

图 10–1 电磁继电器

（2）继电器的关键特性

1）工作电压。一方面，继电器的电压等级不仅决定了继电器的绝缘耐压能力，更是体现继电器分断能力的一个关键指标。对于同样的短路电流，系统电压越高，分断的难度越大。另一方面，继电器的工作电压还直接决定着系统可能产生的最大短路电流的大小。因此，系统电压的提高，对继电器来说是一种考验。

2）工作电流。对于工况中冲击电流承载能力评估的最终限制条件是温升和最高温度，因此，载流能力的选择需要结合工作环境温度、最高温升及温度要求来考虑。

3）分断能力。分断能力是继电器的一个重点关注参数，该参数需要与系统所用熔断器及其他负责大电流分断器件的参数结合在一起考察。分断能力在一定程度上是由拉弧距离决定的。在空间受限的情况下，分断能力的提高存在上限。

4）短路耐受能力。当系统出现由短路引发的极大电流时，继电器不能出现起火爆炸等风险，该能力主要与触头的通流能力以及触点之间接触的紧密性有关。同样，该能力参数需要与其他负责大电流分断器件的参数结合在一起考察。

5）工作温度。继电器工作温度的范围大于等于系统可能提供的环境温度范围。当环境温度过高时，继电器需要降容使用，以满足其最高可承受温度条件。

6）环境湿度。对于密封腔体类型的继电器，其环境湿度的影响只体现在绝缘性能上；对于非密封腔体类型的继电器，其环境湿度的影响较大，尤其在低温环境下影响更大。

情境二

7）使用寿命。继电器的使用寿命还可以进一步细分成机械使用寿命和电气使用寿命。机械使用寿命指继电器不带载且功能正常时，可反复断开、闭合的一定次数；电气使用寿命指继电器带载（系统正常应用过程中可能出现的合理载荷）且功能正常时，可反复断开、闭合的一定次数。继电器使用寿命的需求主要取决于系统的使用寿命和应用工况，以及具体设计的各个场景的上、下电策略。

8）极性。继电器的极性主要与分断能力有关，对于有极性的继电器，其分断顺极性的电流能力较强，而分断反极性的电流能力会大大降低，这种现象主要与继电器灭弧措施有关。例如，在永磁吹弧中，永磁铁极性是有方向的，顺极性磁吹可以把电弧拉长拉断，而对反极性的电弧则不会产生这样的作用，甚至会产生反作用。在目前的高压电路中，存在充、放电同口的现象，即充电电流和放电电流都通过同一段回路进出，无极性的继电器已被广泛应用，其有针对性的灭弧措施避免了电流方向的影响，因而在电动汽车高压系统中一般采用的是无极性的继电器。

（3）高压继电器的控制原理

电动汽车高压继电器共有两组电路，其中，输入（线圈）电路为低压电路，输出（触点）电路为高压电路。高压继电器实现了用较小电流来控制较大电流的作用。如图 10–2 所示，在向高压继电器线圈两端施加电压时，低压输入电路导通，高压继电器闭合，高压输出电路导通，高压用电设备开始工作；在线圈断电后，低压输入电路断路，高压继电器断开，高压输出电路断路，高压用电设备停止工作。

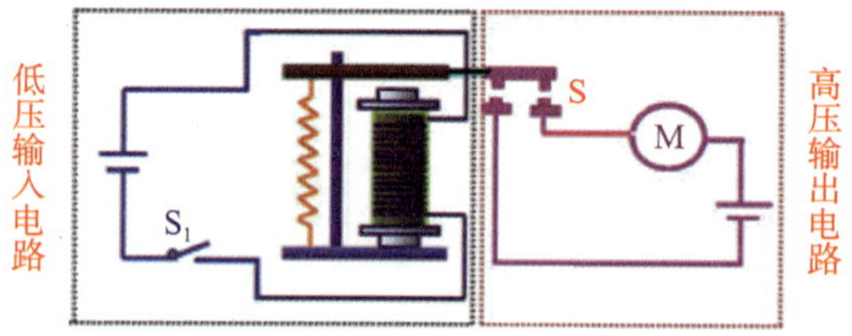

图 10–2　高压继电器控制原理

（4）高压继电器的检测内容

1）检测高压继电器的低压输入电路电压（线圈两端电压），两端压差应为辅助蓄电池实际电压的 0.85~1.1 倍。

2）检测高压继电器的高压输出电路电压（触点两端电压），两端应无明显压差。

（5）高压继电器的安装位置

动力蓄电池系统的高压继电器安装在电池包的断路单元（battery distribution unit，BDU）内，如图 10–3 所示。图中 1 号元器件是总负继电器，2 号元器件是总正继电器，3 号元器件是预充继电器。

在动力蓄电池系统中，电池包内部的 BDU 通过控制总正、总负以及预充继电器的断开与闭合来控制电池系统的能量输入与输出。

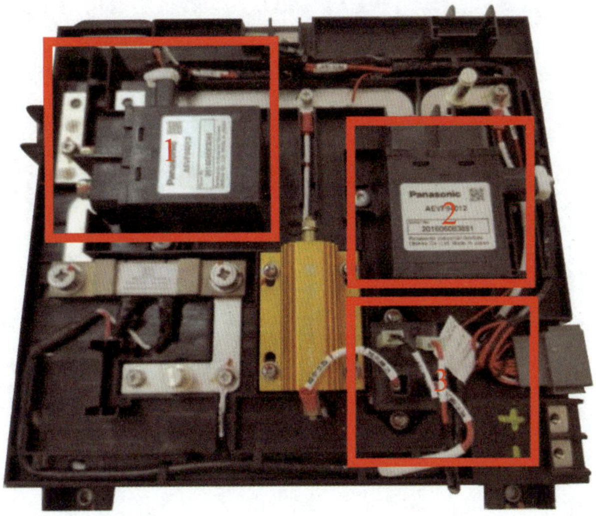

图 10-3　某纯电动汽车 BDU 实拍图

1—总负继电器　2—总正继电器　3—预充继电器

某纯电动汽车的继电器控制原理如图 10-4 所示，目前智能网联汽车上使用的大多是电磁继电器。其中，预充回路因有预充电阻，可以选择规格较小的 10~20 A 继电器，上电时承受电流脉冲；充、放电主回路因通过的电流较大，往往需要选择规格更大的 100~500 A 继电器。为了能安全切断高压，一般在正极和负极各布置一个继电器。电动汽车充电过程中继电器闭合的顺序为：在 BMS 和充电桩充电信息交互完成后，BMS 首先控制总负继电器闭合，其次是预充继电器，最后是总正继电器，在总正继电器闭合后又会断开预充继电器。

电池所带的电动机控制器负载前端都有较大的电容 C，在冷态启动时，电容 C 上无电荷或只有很低的残留电压，当无预充电时，主继电器 K+、K− 直接与电容 C 接通，此时电池电压 U_B 有 50 V 以上的高压电，而负载电容 C 上的电压接近于 0，相当于瞬间短路，负载电阻仅仅是导线和继电器触点间的电阻，一般其远小于 20 mΩ。根据欧姆定律，回路电阻按 20 mΩ 计算，电池电压 U_B 和 U_C 的压差按 300 V 计算，瞬间电流 I=300 V/0.02 Ω= 15 000 A，主继电器 K+ 及 K− 必损坏无疑。

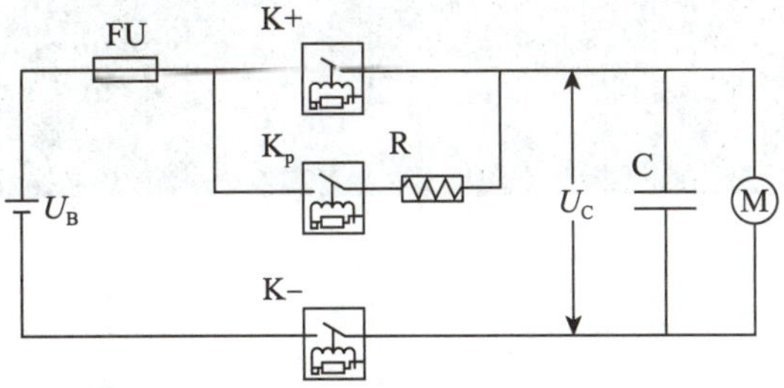

图 10-4　某纯电动汽车的继电器控制原理

若加入预充电过程，K+ 先断开，让阻抗较大的 K_p 和 R 构成的预充电回路先接通（一般选择预充电电阻为 50~200 Ω，这里以 60 Ω 为例，U_B 与 U_C 的压差按 300 V 计算），在接通的一瞬间，流过预充电回路进入电容 C 的最大电流 I_p=300 V/60 Ω=5 A，而预充继电器的容量是 10 A，所以预充回路安全。当预充电电路工作时，负载电容 C 上的电压 U_C 越来越高（预充电电流 I_p 越来越小），如图 10–5 所示。当 U_C 接近电池电压 U_B（图中的 ΔU 足够小）时，切断预充电回路，接通主继电器 K+，将不再有大电流冲击，因为 $I=(U_B-U_C)/R$，此时 U_B-U_C 很小，所以电流也很小。

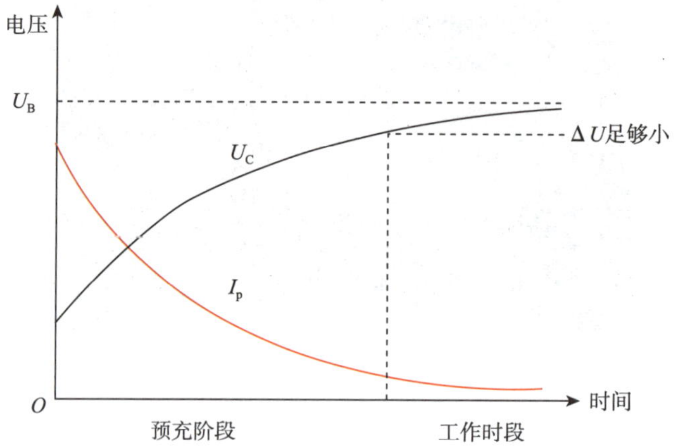

图 10–5　预充电简化示意图

（6）经典案例

故障现象：

某电动汽车在按下点火开关后，仪表盘 ready 灯未点亮，动力蓄电池连接断开，仪表盘显示如图 10–6 所示。

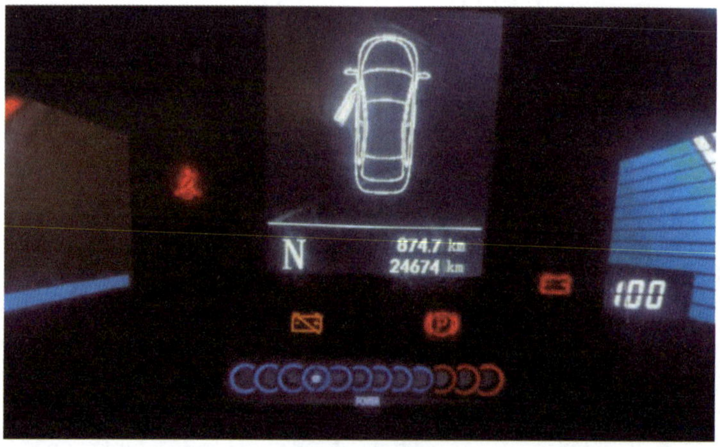

图 10–6　仪表盘显示

分析：

对于这类故障现象，从仪表盘上无法直接确认故障点，但是存在当前故障代码，可通过查询维修手册来确定其故障范围，如果没有故障码就使用故障诊断仪读取当前故障。在本案例中，需要连接诊断仪来读取相关参数。

操作步骤：

1）连接 OBD 诊断口，将汽车点火开关置于 ON 挡，打开诊断仪中的上位机软件，软件界面如图 10–7 所示。

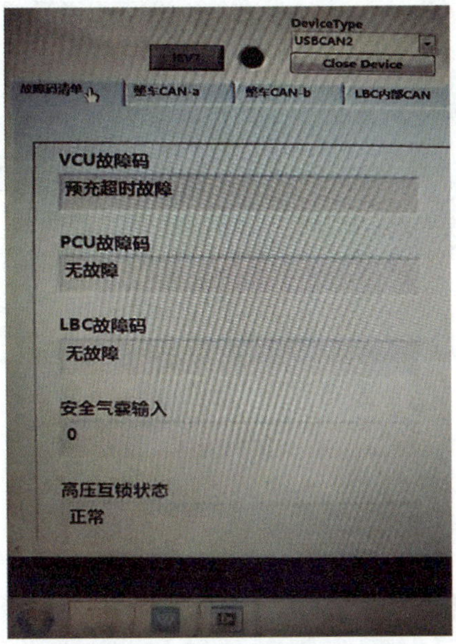

图 10–7　上位机软件界面

诊断仪提示“预充超时故障”，下一步将拆开电池包，如图 10–8 所示，对电池系统内的预充继电器进行故障排查，红色框线内为断路单元（BDU）。

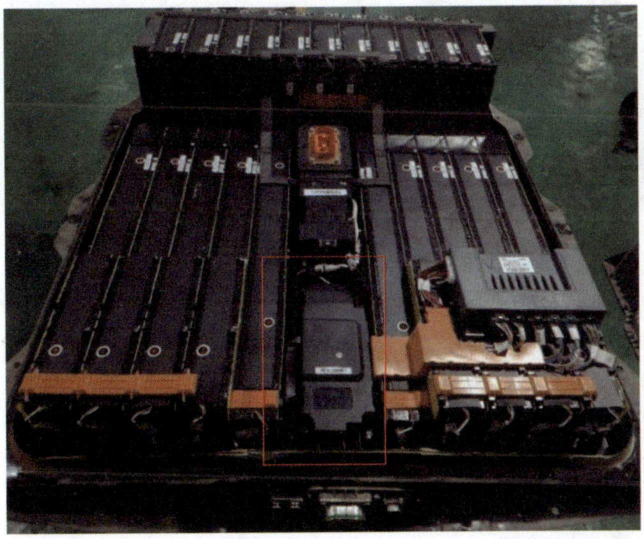

图 10–8　电池包

2）拆卸 BDU 外壳，BDU 实物图如图 10-9 所示。

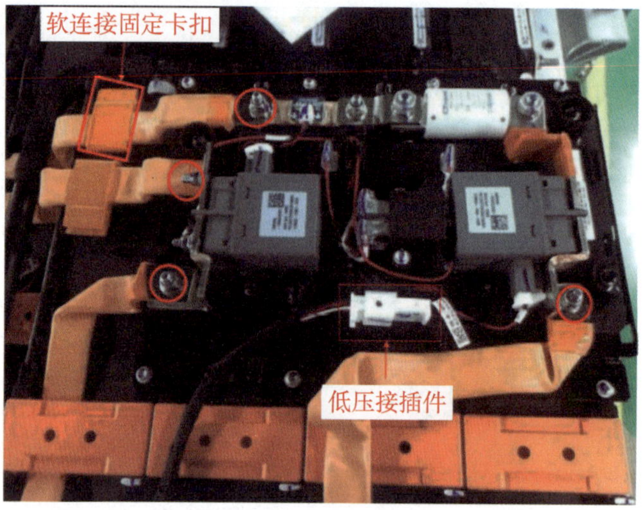

图 10-9　BDU 实物图

3）通过电池包低压控制线束插头引出 CAN 线，将其接到 CAN 卡上，如图 10-10 所示，红色框线内分别是低压线束插头和 CAN 卡。

图 10-10　CAN 卡连接电池包

4）再将 CAN 卡与计算机相连，即可使用电池系统上位机对电池包高压继电器进行控制，如图 10-11 所示。

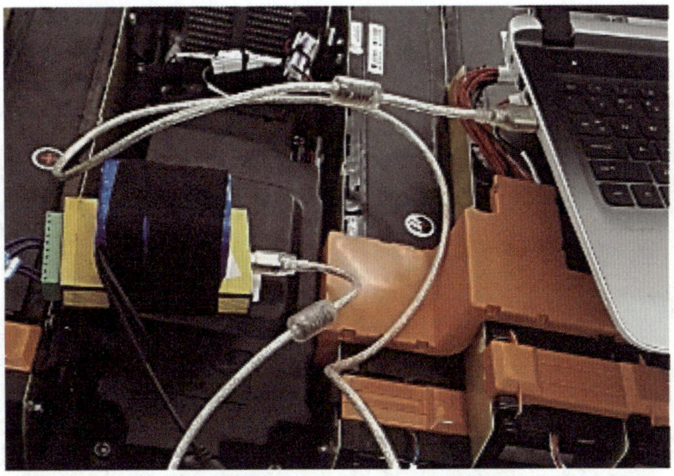

图 10-11　CAN 卡连接计算机

连接完毕，打开上位机软件，通过观察上位机软件界面是否有显示电池包的电压或温度等信息来判断连接是否成功，如果连接成功，即可通过上位机控制电池包高压继电器的通断。正常连接上位机时的上位机软件界面显示如图 10-12 所示。

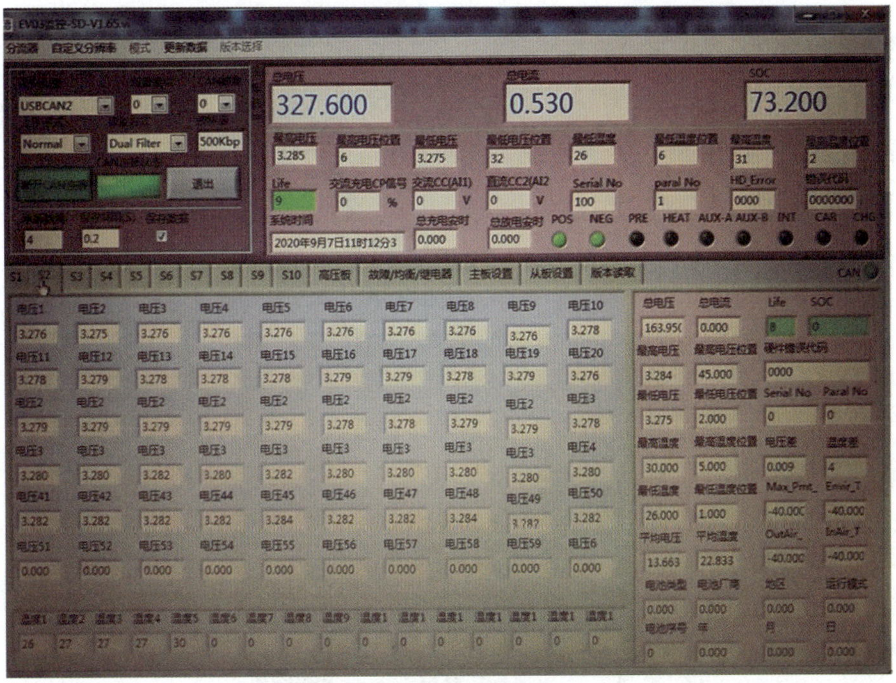

图 10-12　上位机软件界面显示

5）通过上位机软件控制预充继电器和总负继电器闭合，在闭合后测量出电池包高压输出接口电压为 0 V，如图 10-13a 所示。

6）关闭预充继电器开关，打开主正继电器开关，测得高压输出接口电压为 330 V，如图 10–13b 所示。

a）　　　　　　　　b）

图 10–13　电池包高压输出接口电压

a）预充继电器和总负继电器闭合　b）关闭预充继电器，打开主正继电器

根据步骤 4 和步骤 5 可以确定是预充电路未正常工作，下一步应检查 BDU 预充电路。预充电路上共有两个电器元件，分别是预充电阻和预充继电器。可以通过测量预充电阻的阻值以及检查连接的稳定性来判断其是否正常工作。可通过上位机控制，使预充继电器闭合，再用万用表测量其两个触头来判断它是否导通。

7）检查预充电阻连接是否正常，并用万用表测量预充电阻的阻值，如图 10–14 所示。

图 10–14　测量预充电阻的阻值

用万用表欧姆挡测量电阻，结果显示为“OL.”，表示电阻无穷大，即被测元件处于断路状态，由此可判定预充电阻出现故障。

8）更换预充电阻，首先拔出 BDU 低压线束插件并移除 BDU 上壳体，再拆卸 BDU 前端高压连接固定螺母，断开高压输出软连接，如图 10–15 所示，红色框线内分别是低压线束插件和高压连接固定螺母。

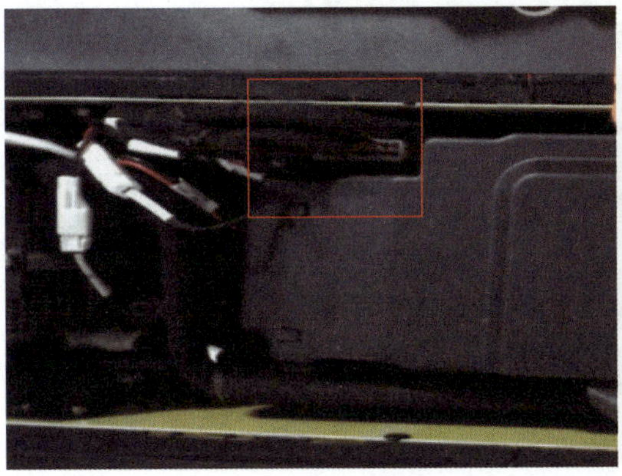

a）

b）

图 10–15　BDU 低压线束插件和高压连接固定螺母
a）低压线束插件　b）高压连接固定螺母

拆卸 BDU 后端高压连接固定螺栓，断开高压输入软连接，如图 10–16 所示。

图 10–16　断开 BDU 高压输入软连接

拆卸 BDU 内的四颗固定螺栓，拆下 BDU 基座。拔除 BDU 内部预充电阻插件，并拆除预充电阻固定件，即可将预充电阻拆下，预充电阻插件和固定件如图 10–17 所示。

9）在更换预充电阻后重新进行测量。使用线束工装打开预充继电器和主负继电器开关，测得高压输出接口电压为 0 V，关闭预充继电器开关，打开主正继电器开关，测得高压输出接口电压为 330 V，如图 10–18 所示。

情境二

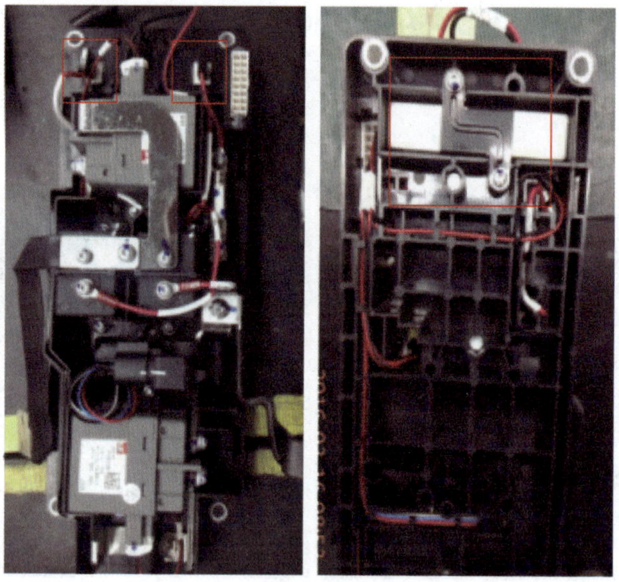

图 10–17　预充电阻插件和固定件

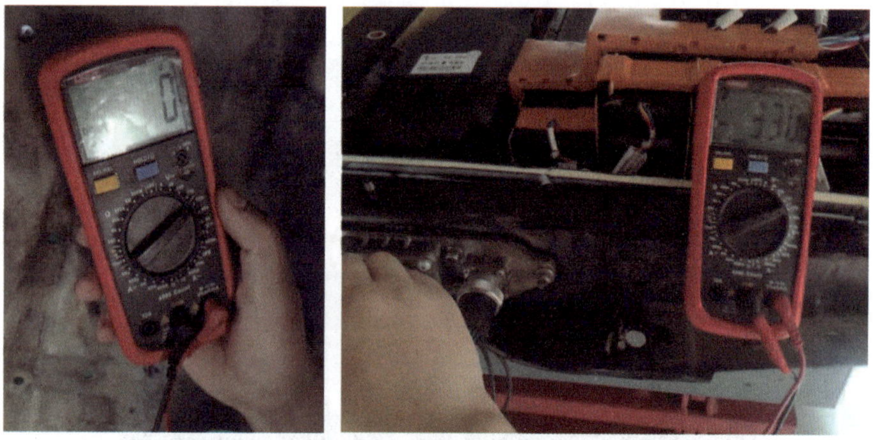

图 10–18　两种条件下的电池包高压输出接口电压

根据测量结果分析，预充电路故障并未解除。下一步需要检测预充继电器是否正常。

使用上位机控制继电器，使其闭合，可以明显听到主正和主负继电器吸合的震动声，但预充继电器在通电时并没有出现相应的动作。使用万用表测量预充继电器低压控制线路的电压，打开开关时电压为 12.2 V，关闭后为 0 V，如图 10–19 所示，说明预充继电器低压控制线路正常；但是继电器主触点无动作，说明预充继电器高压触点损坏。

10）更换新的预充继电器，完成后使用线束工装打开预充继电器和主负继电器开关，测得高压输出接口电压为 325.6 V，关闭预充继电器开关，打开主正继电器开关，测得高压输出接口电压为 325.6 V，电池包内故障排除。装包后监控正常，车辆正常启动，故障排除。

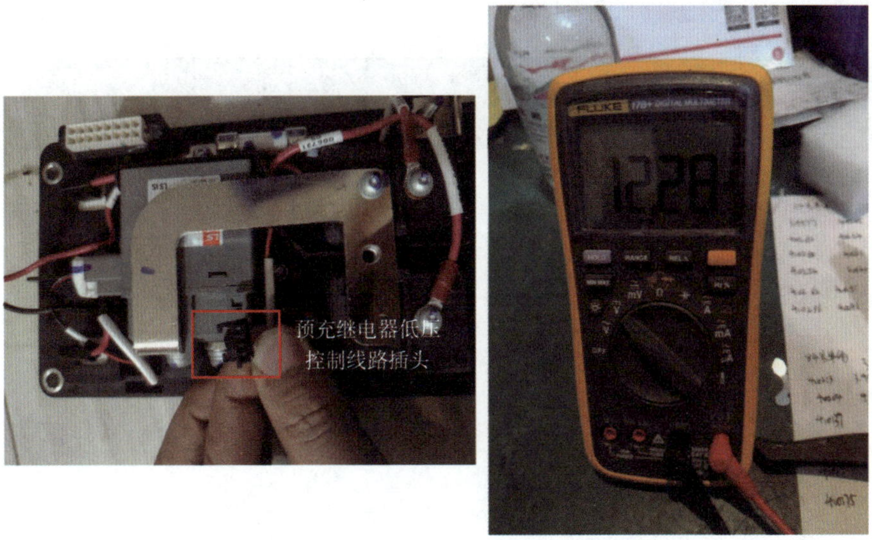

图 10-19　测量预充继电器低压控制线路电压

2. 技能操作

（1）物料准备

准备技能操作所需的物料，见表 10-1。

表 10-1　物料准备

类别	所需物料
实训平台及附件	动力蓄电池检测教学平台及使用说明书、维修手册
仪器、设备、工具	万用表、带鳄鱼夹的导线等

（2）高压继电器检测

根据上述检测内容及方法，分别对总正继电器、总负继电器和预充继电器进行检测，完成表 10-2 的填写。

表 10-2　高压继电器检测记录

序号	检测项目	检测点		检测条件	检测类型	标准值	检测值	处理方式
1	总正继电器							

续表

序号	检测项目	检测点		检测条件	检测类型	标准值	检测值	处理方式
2	总负继电器							
3	预充继电器							

二、高压继电器测试

1. 知识学习

（1）高压继电器测试的内容

1）检测高压继电器的线圈电阻（线圈等效电阻的标准值参考维修手册）。

2）检测高压继电器的触点是否粘连。断开高压继电器的输入电路，检测高压继电器两个输出端子之间的电阻值，若阻值为无穷大，表示高压继电器正常；若存在阻值，则表示高压继电器触点存在粘连。

（2）高压继电器测试的方法

如图 10–20 所示，向高压继电器线圈两端施加电压（其电压值为高压继电器的标称电压），检测高压继电器是否闭合。若高压继电器两个输出端子之间的电阻值小于 1 Ω（或维修手册规定值），表示高压继电器正常；若其大于 1 Ω，则表示高压继电器输出电路存在虚接或断路，高压继电器工作异常。

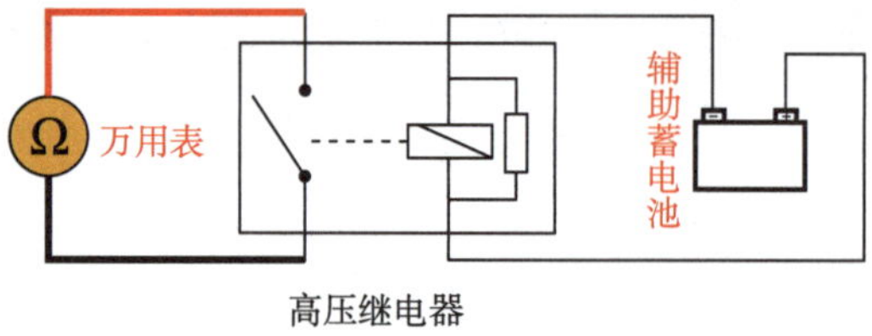

图 10–20　检测高压继电器的工作状态

2. 技能操作

（1）物料准备

准备技能操作所需的物料，见表 10–3。

表 10-3　物料准备

类别	所需物料
仪器、设备、工具	万用表、辅助蓄电池、带鳄鱼夹的导线、高压继电器等

（2）高压继电器测试

根据上述测试内容及方法，分别对总正继电器、总负继电器和预充继电器进行测试，完成表 10–4 的填写。

表 10–4　高压继电器测试记录

序号	检测项目	检测点		检测条件	检测类型	标准值	检测值	处理方式
总正继电器								
1	线圈电阻							
2	触点粘连情况							
3	继电器工作状态							
总负继电器								
4	线圈电阻							
5	触点粘连情况							
6	继电器工作状态							
预充继电器								
7	线圈电阻							
8	触点粘连情况							
9	继电器工作状态							

检查评估

对本任务的学习情况进行检查，并将检查结果和结果点评记录在表 10–5 中。

表 10–5　检查评估

检查项目	检查结果	结果点评
高压继电器检测		
检测内容是否完整	是□　否□	
检测方法是否正确	是□　否□	
检测结果是否正确	是□　否□	
高压继电器测试		
测试内容是否完整	是□　否□	
测试方法是否正确	是□　否□	
测试结果是否正确	是□　否□	
整理及恢复		
工具、设备是否整理恢复	是□　否□	
实训工位是否打扫干净	是□　否□	
工作页是否填写完整	是□　否□	

任务小结

本任务小结如图 10–21 所示。

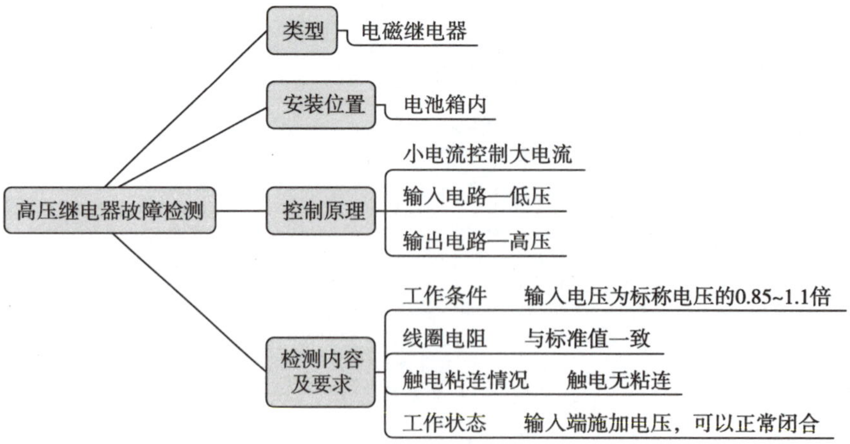

图 10–21　任务小结

任务十一
电流传感器故障检测

任务导入

场景： 比亚迪智能网联汽车售后维修车间。

人物： 维修技师张师傅、学徒小王。

情境： 小王到比亚迪智能网联汽车售后维修车间参观学习，他问张师傅："张师傅，电流检测是 BMS 必备的功能之一，BMS 是如何进行电流检测的呢?"张师傅道："电流检测需要使用电流传感器。"请你和小王一起学习动力蓄电池系统电流传感器检测的方法。

任务目标

- 能根据分流器的检测内容，正确使用工具和设备，完成分流器的故障检测。
- 能根据霍尔电流传感器的检测内容，正确使用工具和设备，完成霍尔电流传感器的故障检测。

任务实施

一、分流器检测

1. 知识学习

（1）电流传感器的定义及分类

电流传感器是指能监测电流并将其转换成可用输出信号的传感器。常见的电流传感器有分流器、电流互感器、霍尔电流传感器、磁通门电流传感器、巨磁阻电流传感器和光纤电流传感器等。目前，动力蓄电池系统使用的电流传感器主要有分流器和霍尔电流传感器，如图 11–1 所示。

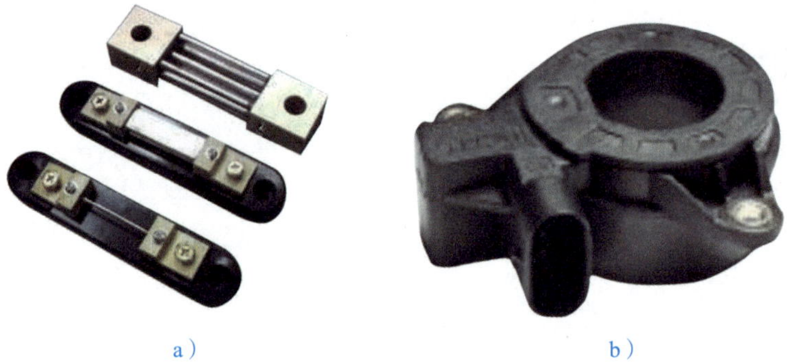

图 11-1　动力蓄电池系统使用的电流传感器

a）分流器　b）霍尔电流传感器

（2）分流器的定义及结构

分流器根据直流电流在通过电阻时会在电阻两端产生压降的原理制成，只能用于测量直流电流。

分流器的基本结构如图 11-2 所示，其主要分为四部分：铜排安装孔、金属端子、焊接结合处和金属合金。分流器属于三段式结构，即金属端子—金属合金—金属端子，并通过焊接的方式结合在一起。金属合金是分流器的电阻本体，常见的三段式金属组合是两边为紫铜合金，中间为锰铜合金。

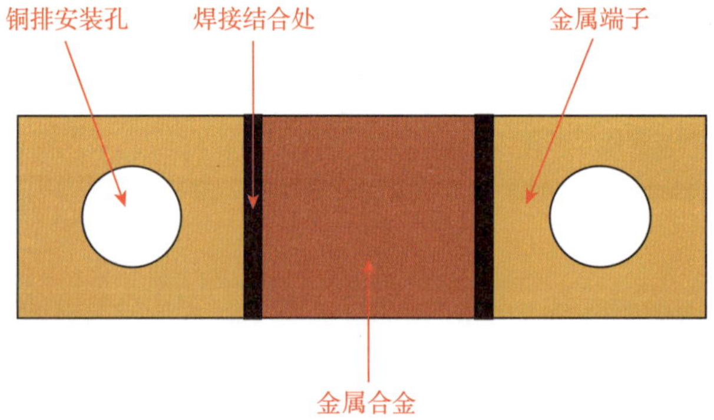

图 11-2　分流器的基本结构

（3）分流器的工作原理及接线方式

分流器实际上是一个阻值很小的电阻（一般为 μΩ 级别），串联在动力蓄电池高压回路中，当电流通过时，分流器两端产生压降（一般为 mV 级别），BMS 通过测量其两端的压降来计算电流的大小，如图 11-3 所示。

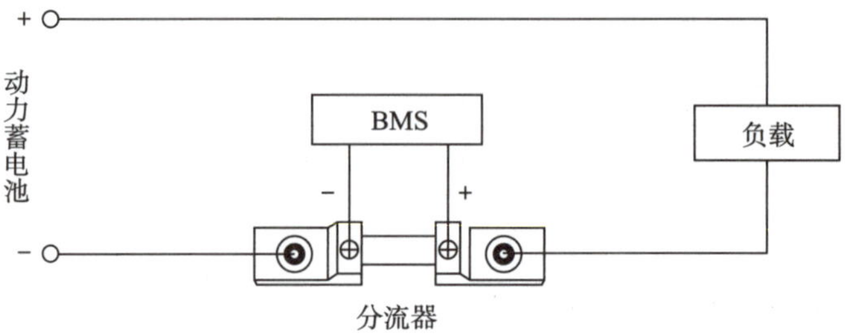

图 11-3　分流器的工作原理及接线方式

测量动力蓄电池总电流大小的电流传感器一般安装于动力蓄电池内部的继电器控制单元（BDU）中，测量所用的高压线束一般是1号电池模组的负极与总负继电器之间的高压线，如某车型的分流器安装位置如图11-4所示。

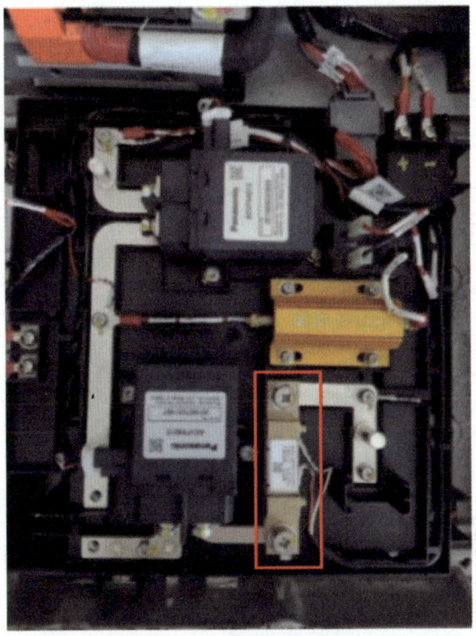

图11-4　分流器安装位置

（4）分流器的检测内容

1）检测分流器信号采集线。信号采集线应无断路、短路和虚接等情况。

2）检测分流器电阻。分流器电阻应与标称电阻一致。

3）检测分流器两端压降。在上电情况下，分流器两端应有压降，且压降为mV级别。

2. 技能操作

（1）物料准备

准备技能操作所需的物料，见表11-1。

表11-1　物料准备

类别	所需物料
实训平台及附件	动力蓄电池检测教学平台及使用说明书
仪器、设备、工具	高压安全防护用品、绝缘工具、万用表等

（2）分流器检测

根据上述检测内容，对分流器进行检测，并将结果填写在表11-2中。

表 11-2　分流器检测记录

序号	检测项目	检测点		检测条件	检测类型	标准值	检测值	处理方式
1	信号采集线							
2	分流器电阻							
3	分流器两端压降							

二、霍尔电流传感器检测

1. 知识学习

（1）霍尔效应

霍尔效应属于电磁效应的一种。如图 11-5 所示，当电流垂直于外磁场通过导体或半导体时（见图 11-5a），导体或半导体中的电子发生偏转（见图 11-5b），在垂直于电流和磁场方向会产生附加电场，从而在导体或半导体的两端产生电势差（见图 11-5c），这一现象被称为霍尔效应，这个电势差被称为霍尔电势差或霍尔电压。

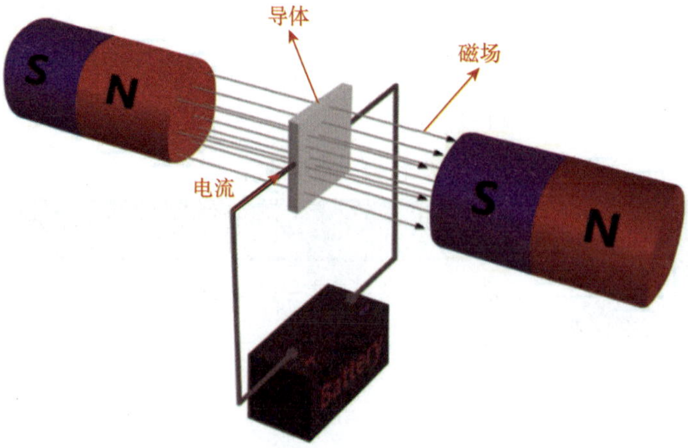

a）

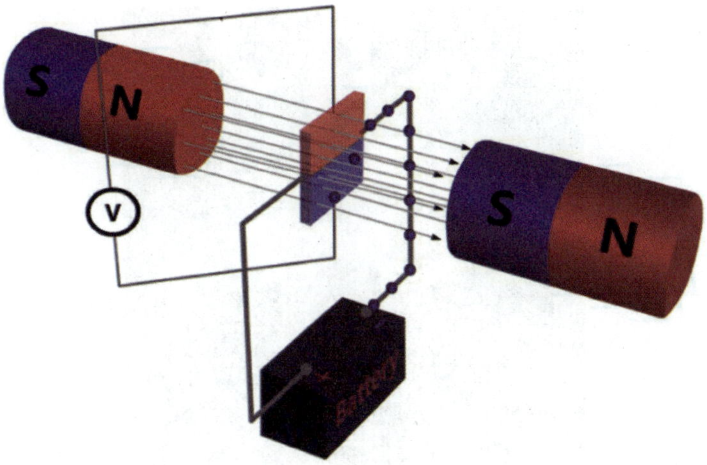

b）

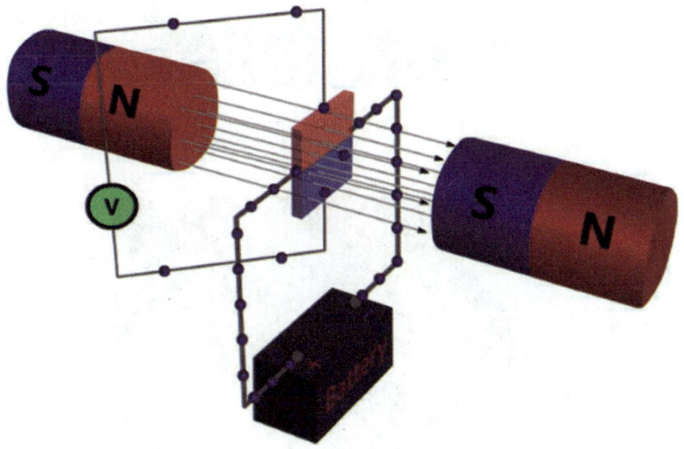

c）

图 11-5　霍尔效应原理

a）电流垂直于外磁场　b）导体或半导体中电子偏转　c）产生电势差

（2）霍尔传感器的定义

霍尔传感器是基于霍尔效应的一种传感器。1879 年，美国物理学家霍尔首先在金属材料中发现了霍尔效应，但由于金属材料的霍尔效应太弱，其并没有得到应用。随着半导体技术的发展，半导体材料开始被制成霍尔元件，由于它的霍尔效应显著，其得到应用和发展。霍尔传感器广泛用于电磁、压力、加速度和振动等方面的测量。在电动汽车电池包中的霍尔传感器主要用于电流测量，图 11-6 所示是安装在动力蓄电池系统内的霍尔电流传感器。

除此之外，在电动汽车维修工具中霍尔传感器也发挥着重要作用，如图 11-7 所示为钳形电流测量表。

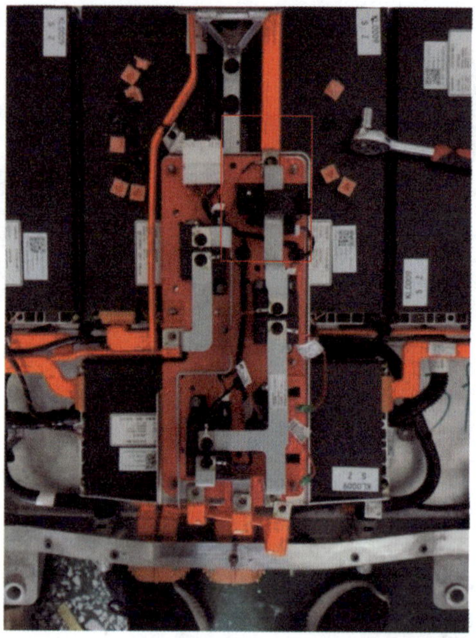

图 11-6　动力蓄电池系统内的霍尔电流传感器

图 11-7　钳形电流测量表

（3）霍尔电流传感器的控制原理及接线方式

霍尔电流传感器安装在动力蓄电池的高压母线上，当有电流通过时，霍尔电流传感器会通过自身的霍尔效应产生霍尔电压，BMS 采集霍尔电压并计算电流。

霍尔电流传感器一般采用三线制接线，三线分别为电源正极（V_{cc}）、电源负极（GND）和信号输出（OUT），接线方式如图 11-8 所示。

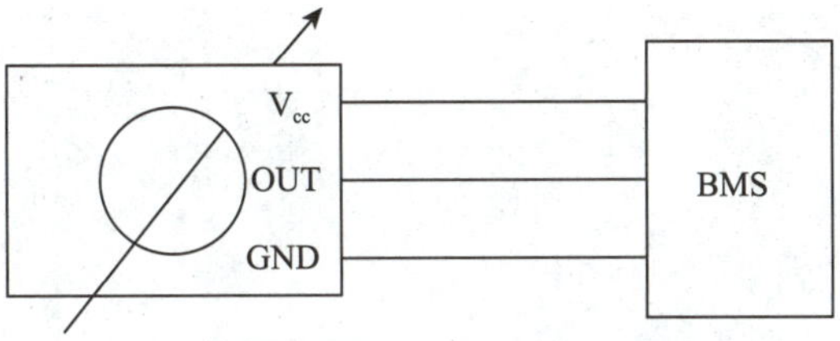

图 11-8 霍尔电流传感器接线方式示意图

（4）霍尔电流传感器的检测内容

1）检测霍尔电流传感器供电电压。在上电状态下，霍尔电流传感器的供电电压应满足工作要求。霍尔电流传感器的供电电压有 5 V、15 V 和 24 V 等，具体数值以维修手册为准。

2）检测霍尔电流传感器信号采集线。信号采集线应无断路、短路和虚接等情况。

3）检测霍尔电流传感器输出电压波形。在上电状态下，霍尔电流传感器的输出电压波形应为脉冲波形，如图 11-9 所示。

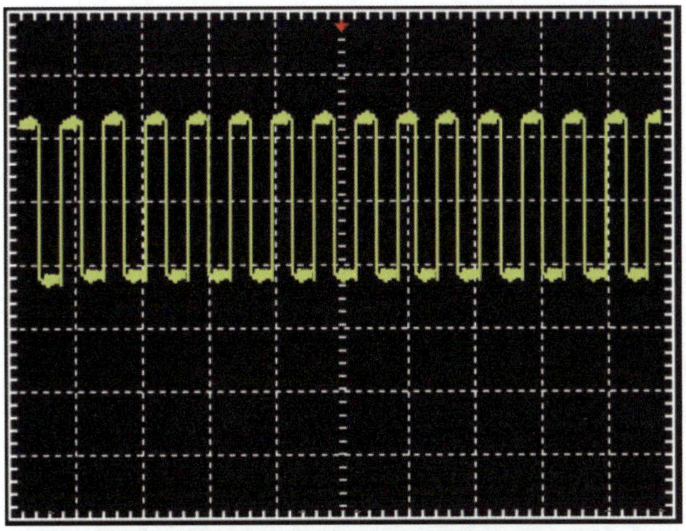

图 11-9 霍尔电流传感器的输出电压波形

（5）经典案例

故障现象：

车辆无法启动，仪表盘显示电池故障指示灯点亮，整车故障指示灯点亮，SOC 无显示，如图 11-10 所示。

分析：

通过 OBD 诊断口连接故障诊断仪，通过故障诊断仪缩小故障排查范围，故障诊断仪显示两处故障，一处是温度异常故障，另一处是电流异常故障，温度监控显示界面如图 11-11 所示。图中的“BMSB_Temp1”～“BMSB_Temp8”代表 8 个温度传感器。行表示测量时间，列表示不同温度传感器采集到的数据。当前实时显示温度为 -40 ℃（环境温度为 30 ℃），可以明显看出温度数据异常。

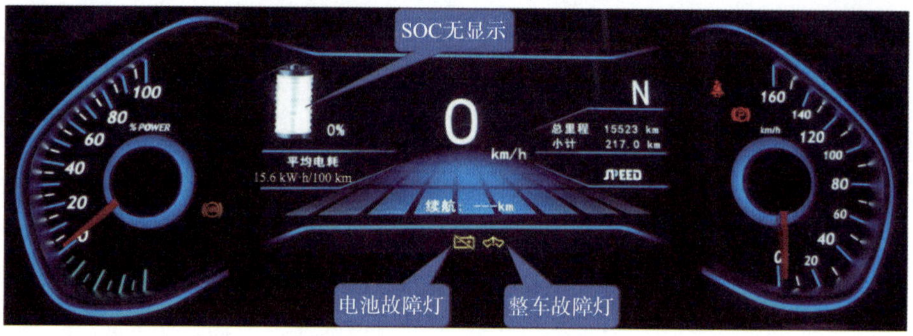

图 11-10　仪表故障指示灯点亮

BMSB_Temp1	BMSB_Temp2	BMSB_Temp3	BMSB_Temp4	BMSB_Temp5	BMSB_Temp6	BMSB_Temp7	BMSB_Temp8
-40	-40	-40	-40	-40	-40	-40	-40
-40	-40	-40	-40	-40	-40	-40	-40
-40	-40	-40	-40	-40	-40	-40	-40
-40	-40	-40	-40	-40	-40	-40	-40
-40	-40	-40	-40	-40	-40	-40	-40
-40	-40	-40	-40	-40	-40	-40	-40
-40	-40	-40	-40	-40	-40	-40	-40
-40	-40	-40	-40	-40	-40	-40	-40
-40	-40	-40	-40	-40	-40	-40	-40
-40	-40	-40	-40	-40	-40	-40	-40
-40	-40	-40	-40	-40	-40	-40	-40
-40	-40	-40	-40	-40	-40	-40	-40

图 11-11　温度监控显示界面

电流监控显示界面如图 11-12 所示。“BMSV_PackVolt”表示动力蓄电池总电压，其显示值为 329.9 V，说明总电压正常。“BMSV_PackCurr”表示动力蓄电池总电流输出（单位为 A），其显示值为 6 253.5 A。而正常情况下，在车辆启动后，不开空调等用电设备时，高压总电流应该为 1～2 A，在行驶过程中汽车放电电流也不会超过 300 A。

BMSV_PackVolt	BMSV_PackCurr
329.9	6253.5
329.9	6253.5
329.9	6253.5
329.9	6253.5
329.9	6253.5
329.9	6253.5
329.9	6253.5
329.9	6253.5
329.9	6253.5

图 11-12　电流监控显示界面

根据 BMS 测量的电流和温度异常现象，判断可能是 BMS 故障、电流传感器故障或者温度传感器故障导致温度和电流同时采集不正常。下一步准备拆卸电池包，依次检测 BMS、电流传感器和温度传感器是否正常。

操作步骤：

1）拆解动力蓄电池，打开动力蓄电池上盖，观察其外观无明显异常后，更换新的 BMS。

2）在 BMS 更换完成后，通过 BMS 线束工装连接 BMS 上位机软件，如图 11–13 所示，监控其温度和电流信息，因未控制继电器闭合，所以电流传感器检测到的电流应为 0 A。

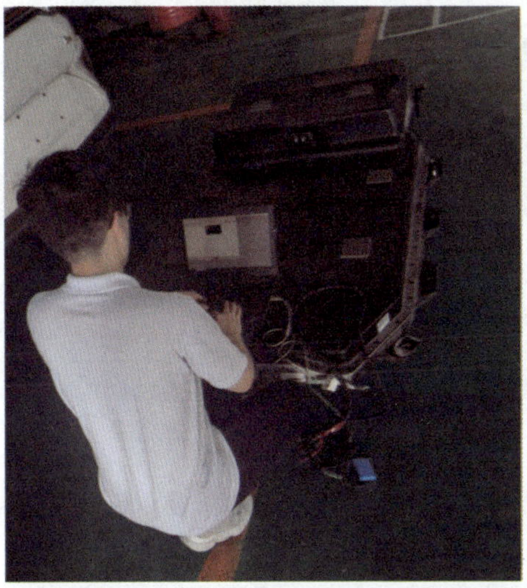

图 11–13　通过 BMS 线束工装连接 BMS 上位机软件

此时，通过上位机软件监控到的电流值为 6 253.5 A，8 个温度传感器显示的温度为 –40 ℃，这说明故障并未排除，造成采集异常的根本原因可能并不是 BMS 故障。下一步检查电流传感器是否正常。

3）查阅维修手册，找到电流传感器在动力蓄电池系统中的位置。维修手册显示电流传感器位于总负电器集成盒内部，总负电器集成盒位于电池包前端的左侧（为黑色长方形控制盒），如图 11–14 所示。

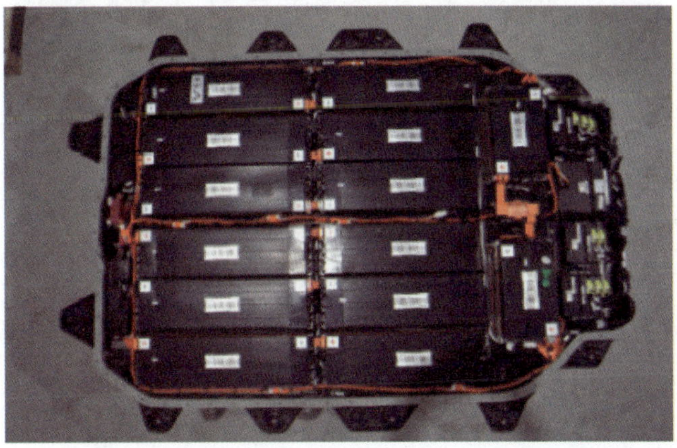

图 11–14　电流传感器在动力蓄电池系统中的位置

4）使用 M5 内六角旋具拆卸集成盒左、右各一个的紧固螺栓，如图 11–15 所示。

图 11–15　拆卸集成盒左、右紧固螺栓

5）使用 M5 内六角旋具拆卸与电池包高压插头连接的紧固螺栓，如图 11–16 所示。

图 11–16　拆卸与高压插头连接的紧固螺栓

6）使用 M4 内六角旋具拆卸与 1 号模组相固定的软连接螺栓。

7）摘除电器集成盒左侧的电流传感器采集线束，取出总负电器集成盒。

8）使用十字旋具拆除总控集成盒顶部螺栓，同时用小一字旋具撬开总控集成盒四周的卡扣（注意要控制力度），打开总控集成盒上盖，如图 11–17 所示。

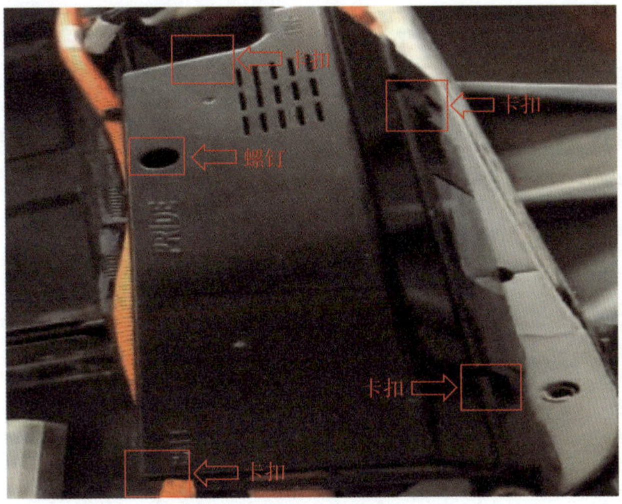

图 11–17　拆除总控集成盒顶部螺栓和四周的卡扣

9）总控集成盒内部左侧的器件即为电流传感器，使用 M5 内六角旋具和十字旋具拆除电流传感器左、右两个紧固螺栓，如图 11–18 所示。该动力蓄电池系统中的电流传感器为霍尔电流传感器。

图 11–18　拆除电流传感器左、右两个紧固螺栓

10）取下旧的电流传感器，放到指定位置。

11）将新的电流传感器安装至原来位置，使用 M5 内六角旋具和十字旋具安装集成盒内部左、右两个紧固螺栓。

12）使用十字旋具安装总控集成盒顶部螺栓，扣上总控集成盒上盖，安装总控集成盒四周的卡扣（注意要控制力度），使用十字旋具安装总控集成盒顶部螺栓。拧紧总控集成盒上盖紧固螺栓，拧紧力矩为（5 ± 1.0）N · m。

13）放置总负电器集成盒，连接电器集成盒左侧的电流传感器采集线束。

情境二

14）使用 M4 内六角旋具安装与 1 号模组固定的软连接螺栓。将力矩设置为（10 ± 1.0）N · m。

15）使用 M5 内六角旋具安装与电池包高压头连接的紧固螺栓。将力矩设置为（10 ± 1.0）N · m。

16）使用 M5 内六角旋具安装集成盒左、右各一个的紧固螺栓。将力矩设置为（10 ± 1.0）N · m。

17）再次通过 BMS 线束工装连接 BMS 上位机软件，监控动力蓄电池的温度信息，如图 11–19 所示。可见温度采样值与实际温度基本一致，温度采集恢复正常。

BMSB_Temp1	BMSB_Temp2	BMSB_Temp3	BMSB_Temp4	BMSB_Temp5	BMSB_Temp6	BMSB_Temp7	BMSB_Temp8
30	30	30	30	31	30	31	32
30	30	31	31	30	31	30	30
30	31	31	30	29	30	30	31
31	30	30	30	30	30	30	30
30	31	31	30	29	30	30	31
31	30	30	30	30	30	30	30
30	30	30	30	31	30	31	32
30	30	31	31	30	31	30	30
30	31	31	30	29	30	30	31
31	30	30	30	30	30	30	30
30	31	31	30	29	30	30	31
31	30	30	30	30	30	30	30
31	30	30	30	30	30	30	30
30	31	31	30	29	30	30	31
31	30	30	30	30	30	30	30

图 11–19　动力蓄电池的温度信息

18）根据动力蓄电池系统内部原理图（见图 11–20）可知，当风扇或 PTC 继电器闭合后，动力蓄电池组可以正常放电。

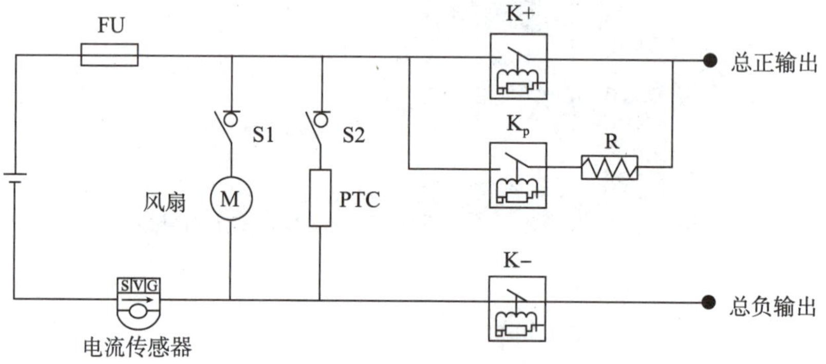

图 11–20　动力蓄电池系统内部原理图

19）使用 BMS 上位机闭合动力蓄电池风扇继电器和 PTC 加热继电器，此时继电器控制界面如图 11–21 所示。控制完成后，观察上位机电流显示页面，BMS 读取到的电流值是 8.1 A。下一步使用钳形电流表进行验证。

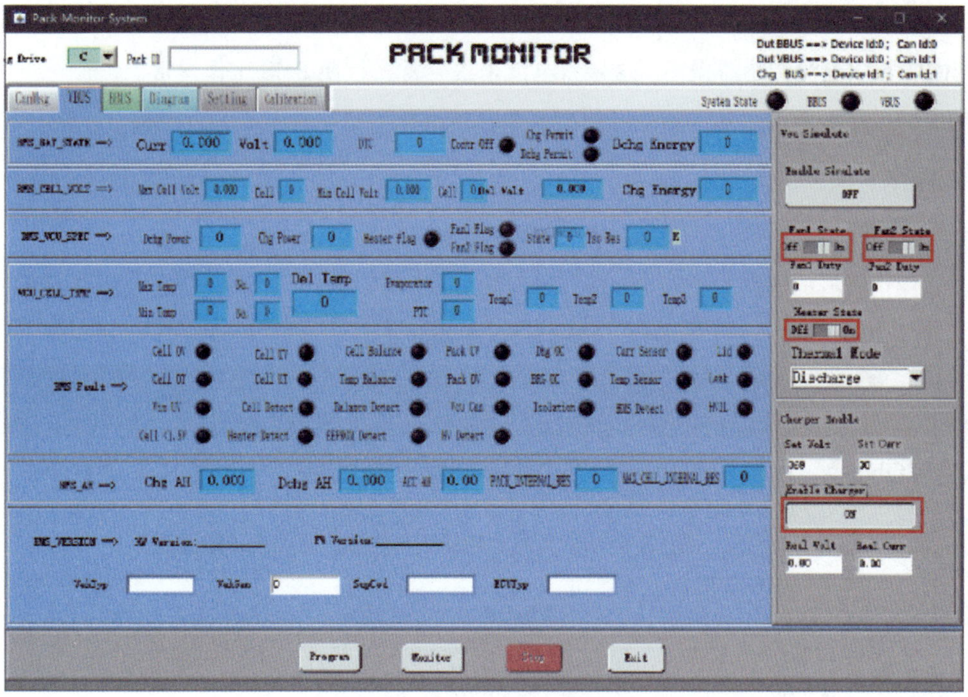

图 11-21　继电器控制界面

20）使用钳形电流表验证动力蓄电池接通风扇和 PTC 加热器后的总电流，如图 11-22 所示，钳形电流表的测试结果为 8.43 A，与 BMS 测量值相差不大，证明电流检测恢复正常。

图 11-22　用钳形电流表测试电流

21）换回原装 BMS，再次验证电流和温度信息，确认无误，由此可以断定造成此故障的原因是动力蓄电池系统内的霍尔电流传感器损坏，这导致电流采集异常，致使 BMS 工作异常。

22）拆下低压线束测试工装，装好电池包上盖，再将其安装至汽车上，汽车恢复正常。

2. 技能操作

（1）物料准备

准备技能操作所需的物料，见表 11-3。

表 11-3　物料准备

类别	所需物料
实训平台及附件	动力蓄电池检测教学平台及使用说明书
仪器、设备、工具	高压安全防护用品、绝缘工具套装、万用表、示波器等

（2）霍尔电流传感器检测

根据上述检测内容，对霍尔电流传感器进行检测，并将结果填写在表 11-4 和表 11-5 中。

表 11-4　霍尔电流传感器检测记录

序号	检测项目	检测点		检测条件	检测类型	标准值	检测值	处理方式
1	供电							
2	搭铁							
3	信号采集线							

表 11-5　霍尔电流传感器波形检测记录

检测条件	检测波形	标准波形

检查评估

对本任务的学习情况进行检查，并将检查结果和结果点评记录在表 11-6 中。

表 11-6　检查评估

检查项目	检查结果	结果点评
分流器检测		
检测项目是否完整	是□　否□	
是否正确检测出故障点	是□　否□	
霍尔电流传感器检测		
检测项目是否完整	是□　否□	
是否正确检测出故障点	是□　否□	
整理及恢复		
工具、设备是否整理恢复	是□　否□	
实训工位是否打扫干净	是□　否□	
工作页是否填写完整	是□　否□	

任务小结

本任务小结如图 11-23 所示。

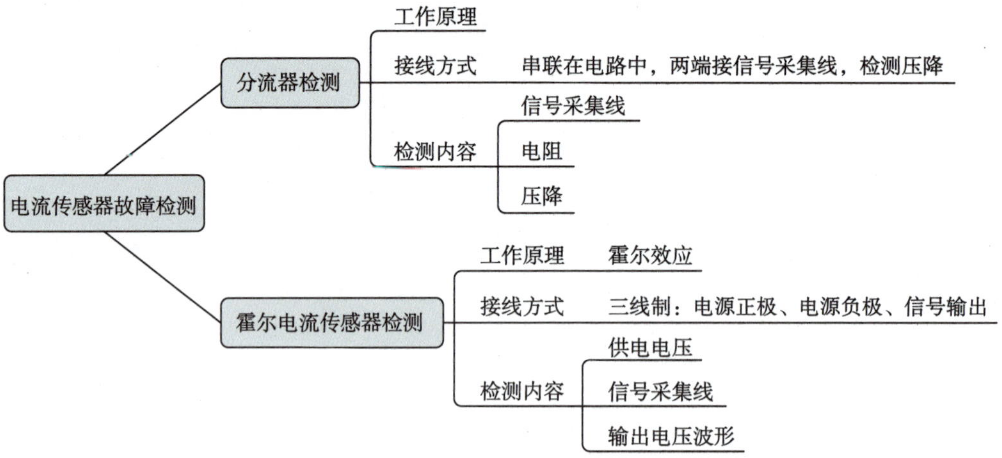

图 11-23　任务小结

任务十二
高压上电故障检测与维修

任务导入

场景：比亚迪智能网联汽车售后维修车间。

人物：维修技师张师傅、学徒小王、车主李先生。

情境：小王到比亚迪智能网联汽车售后维修车间参观学习，李先生的车辆因无法启动而被拖到维修车间，小王检查后发现，在启动车辆后，其组合仪表不显示“READY”字样，张师傅判断车辆故障的原因是没有完成高压上电流程。请你和小王一起学习高压上电故障检测与维修。

任务目标

▸ 能根据高压上电实验步骤，使用 LN 高压上电实验卡，正确进行高压上电实验。

▸ 能根据高压上电故障分析与诊断思路，使用诊断仪和万用表等工具和设备，规范地完成高压上电故障诊断与维修作业。

任务实施

一、高压上电实验

1. 知识学习

（1）高压上电的定义

电动汽车高压上电指接通电动汽车高压电路，使动力蓄电池输出高压电，供给车辆的高压用电设备，如驱动电机和 DC/DC 变换器等。

高压上电过程涉及的主要部件有动力蓄电池、VCU、BMS、总正继电器、预充继电器、预充电阻、总负继电器以及车辆高压用电设备。

（2）高压上电的控制原理

高压上电电路示意图如图 12–1 所示，图中 PV1 监测高压维修开关的连接和动力蓄电池串联回路的连接，PV2 监测预充电阻后的电压，PV3 监测对负载的预充电压，通过比较 PV1、PV2 和 PV3 的电压值可判断高压继电器的连接状态。

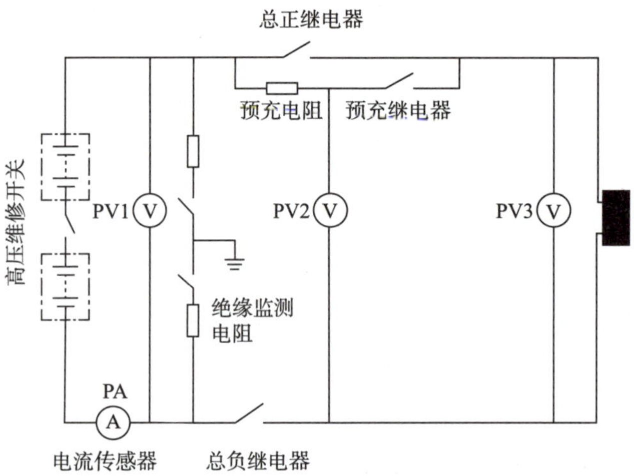

图 12–1　高压上电电路示意图

高压上电时，首先 VCU 控制总负继电器闭合，再由 BMS 控制预充继电器闭合，BMS 在检测到预充电压达到目标电压值（$U_2=U_3 \geqslant 90\%U_1$）后，判断预充电成功，控制总正继电器闭合、预充继电器断开，完成高压上电过程。

在高压上电过程中，PV1、PV2 和 PV3 的电压值变化如图 12–2 所示，由图可知：

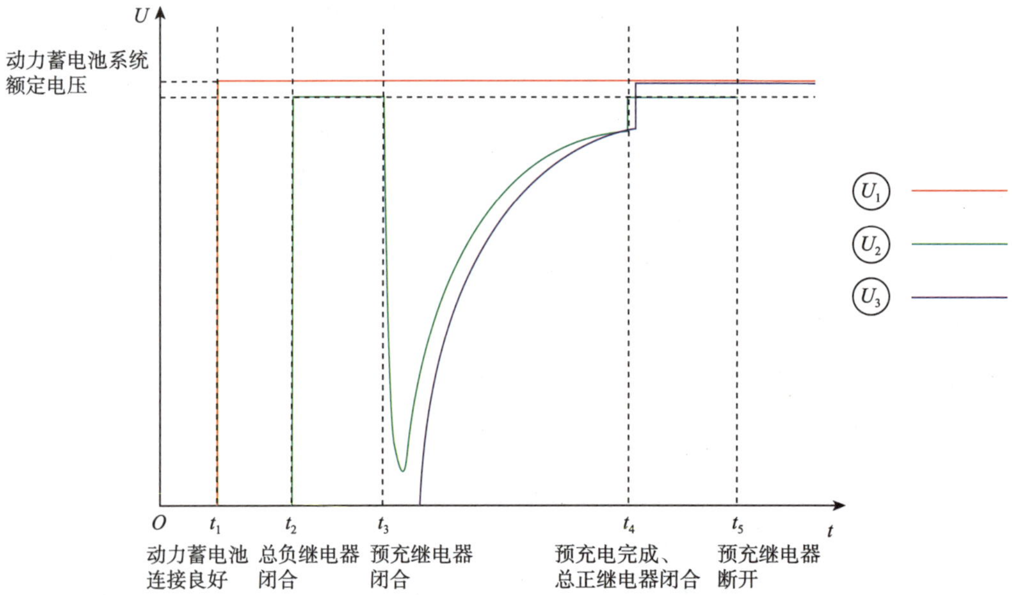

图 12–2　高压上电过程中的电压变化曲线

1）在 t_1 时刻，动力蓄电池系统高压维修开关连接正常，电池模块之间串联连接良好，PV1 电压值为动力蓄电池系统的额定电压。

2）在 t_2 时刻，总负继电器闭合，此时 PV2 与预充电阻串联，PV2 电压值低于 PV1 电压值。

3）在 t_3 时刻，预充继电器闭合，开始预充电过程，PV2 与 PV3 并联，PV2 的电压值被拉低，之后 U_2 与 U_3 同时升高。

4）在 t_4 时刻，预充电完成，$U_2=U_3 \geqslant 90\%U_1$，总正继电器闭合。

5）在 t_5 时刻，预充继电器断开，高压上电完成。

2. 技能操作

（1）物料准备

准备技能操作所需的物料，见表 12-1。

表 12-1　物料准备

类别	所需物料
实训平台及附件	LN 高压上电实验卡
仪器、设备、工具	万用表、笔等

（2）高压上电实验内容

启动高压上电实验，观察高压继电器的闭合顺序，检测预充电路与供电电路的系统电压，并分别描绘预充电路与供电电路的电流通路。

（3）高压上电实验步骤

1）打开 LABSOFTX 软件，依次点击“汽车技术”→“智能网联汽车高压电池断电系统”→“电池断电系统”→“测量系统电压”。

2）按照动画所示连接实验卡，如图 12-3 所示，将启动开关 S1 及故障开关 S2 拨至关闭位置。

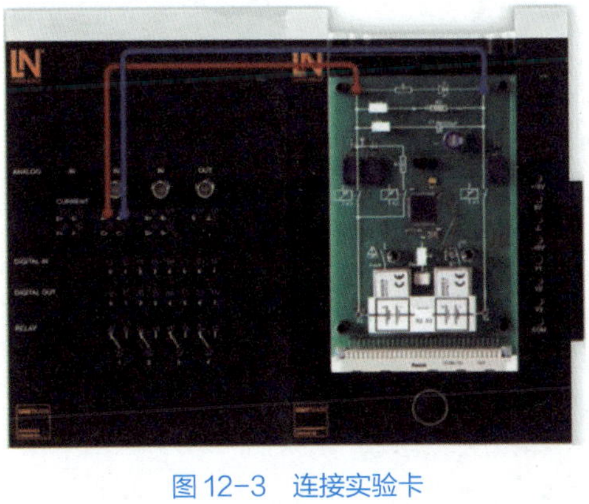

图 12-3　连接实验卡

3）打开“仪器”→“测量设备”→“虚拟电压表 A”，并按表 12-2 进行设定。

表 12-2　虚拟电压表 A 设定

仪器	交流 / 直流	RANGE	MODE	图示
虚拟电压表 A	DC	50 V	RMS	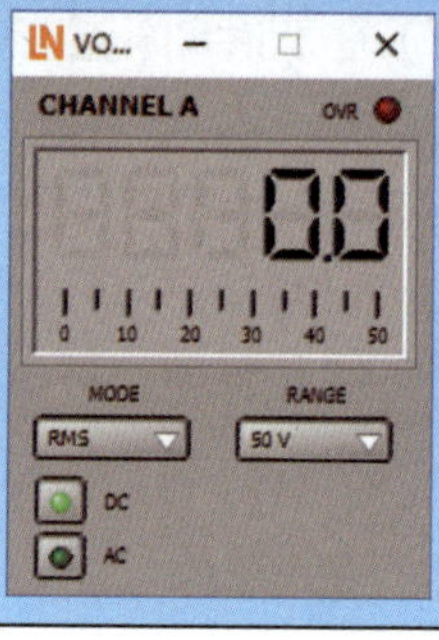

（4）高压上电实验记录

1）高压继电器闭合顺序

观察高压上电过程中高压继电器的闭合与断开顺序，并将结果记录在表 12-3 中。

表 12-3　高压继电器状态记录

序号	高压继电器	状态	
1	总负继电器	闭合□	断开□
2		闭合□	断开□
3		闭合□	断开□
4		闭合□	断开□

2）检测系统电压

总负继电器和预充继电器闭合时，系统电压为______________V。

总正继电器闭合、预充继电器断开后，系统电压为______________V。

3）描绘电流通路

在图 12-4 和图 12-5 中分别描绘预充电路与供电电路的电流通路。

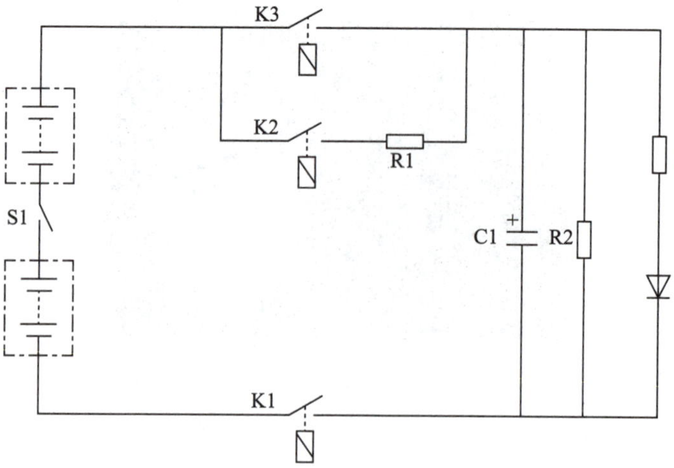

图 12-4　预充电路

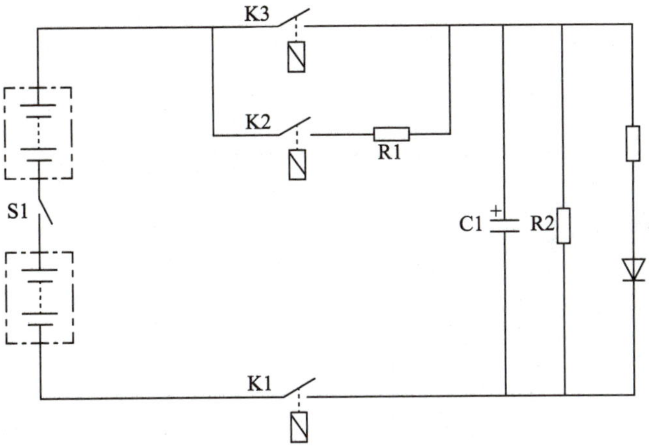

图 12–5　供电电路

二、高压上电电路搭建

1. 知识学习

根据图 12–6 中控制单元针脚的定义以及实验箱面板，讨论控制单元供电电路和高压继电器控制电路的连接线路，并将其绘制在图 12–7 中。

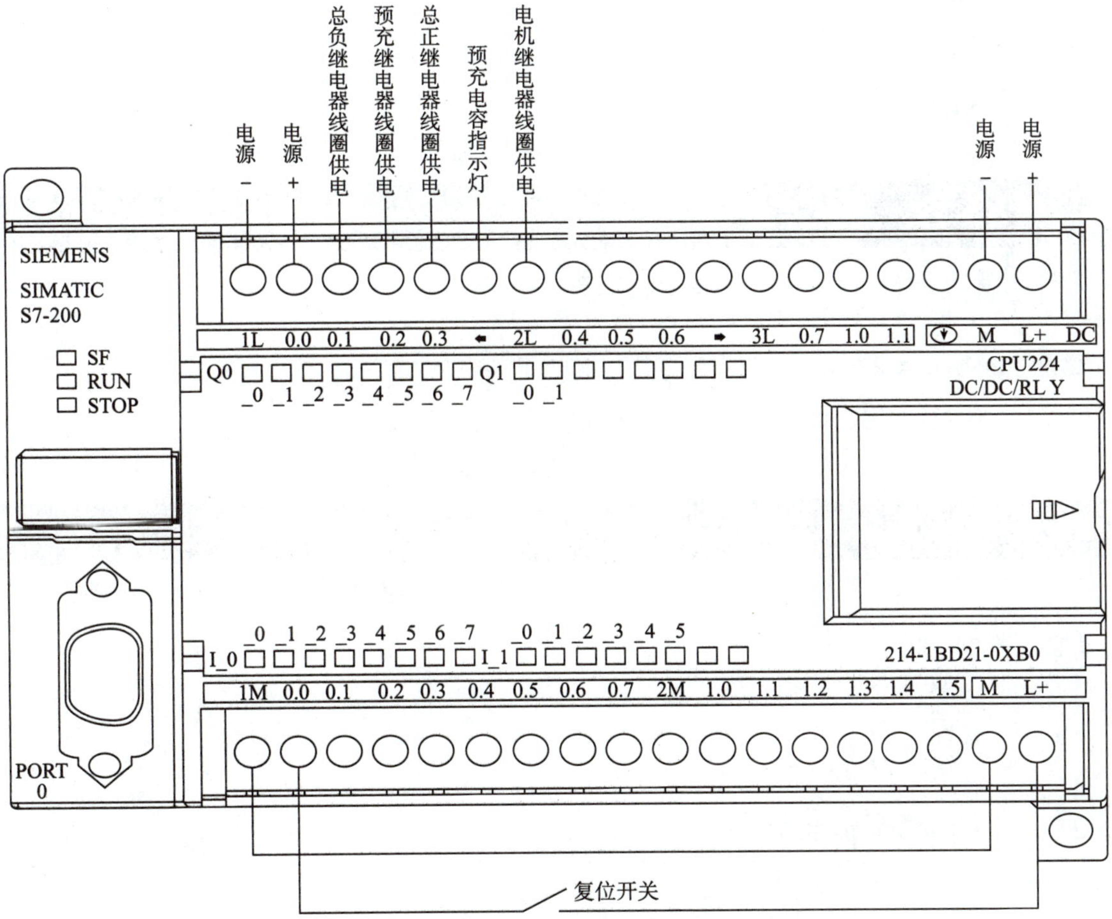

图 12–6　控制单元针脚的定义

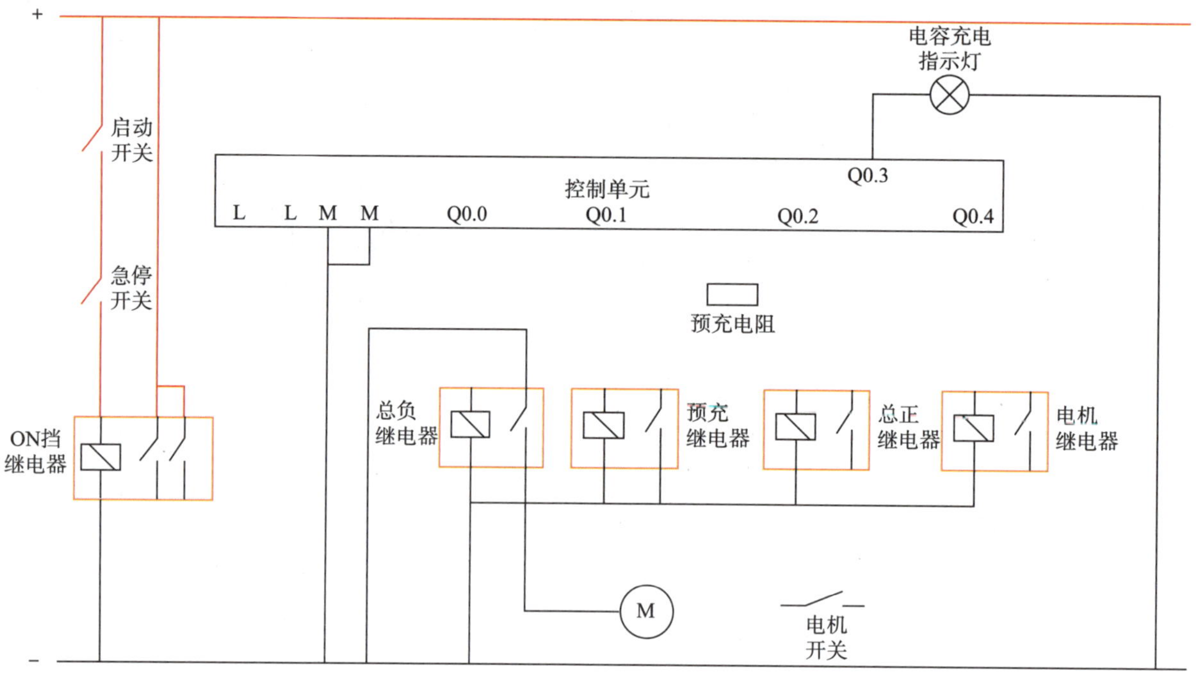

图 12-7　电路连接图

2. 技能操作

（1）物料准备

准备技能操作所需的物料，见表 12-4。

表 12-4　物料准备

类别	所需物料
实训平台及附件	高压上电实验箱

（2）搭建高压上电电路

在高压上电实验箱搭建高压上电电路，并将相关内容记录在表 12-5 中。

表 12-5　搭建高压上电电路记录

序号	步骤	工作内容	注意事项
1	搭建 ON 挡继电器电路	连接 ON 挡继电器 86 端子和电源负极	
2	搭建控制单元复位开关电路		

续表

序号	步骤	工作内容	注意事项
3	搭建总负继电器电路		
4	搭建预充继电器电路		
5	搭建总正继电器电路		
6	搭建电机电路		
7	连接电容充电指示灯		
8	连接高压上电实验箱电源		

（3）验证电路

验证搭建的高压上电电路是否可以正常工作，并将相关内容记录在表 12-6 中。

表 12-6　高压上电电路验证记录

序号	内容	记录	处理方式
1	高压继电器闭合顺序是否正确	是□　　否□	
2	电机是否可以正常工作	是□　　否□	

三、高压上电故障诊断与维修

1. 知识学习

（1）高压上电的流程

高压上电的流程如图 12-8 所示。

1）将启动开关置于 ON 挡后，VCU 被唤醒并自检。

2）VCU 发出 BMS 唤醒信号，BMS 被唤醒并自检后确认整车不处于充电状态。

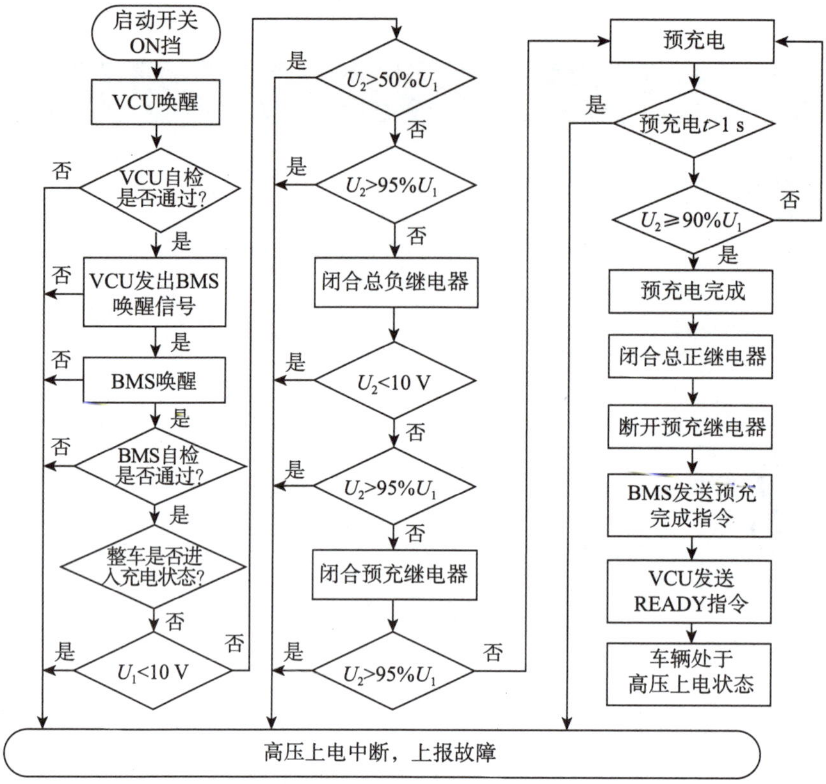

图 12-8　高压上电的流程

3）BMS 检测高压维修开关是否连接良好，电池模块之间是否连接良好，并反馈至 VCU。若 $U_1 < 10$ V，判断高压维修开关或电池模块间未正确连接，高压上电中断并上报故障。

4）BMS 检测总负继电器、总正继电器和预充继电器是否粘连，并反馈至 VCU。若 $U_2 > 50\%U_1$，判断为总负继电器粘连；若 $U_2 > 95\%U_1$，判断为总负继电器、总正继电器和预充继电器同时粘连，高压上电中断并上报故障。

5）VCU 控制总负继电器闭合，BMS 检测总负继电器状态。若 $U_2 < 10$ V，判断为总负继电器未正常闭合，高压上电中断并上报故障。

6）BMS 控制预充继电器闭合，开始预充电过程。

7）$U_2=U_3 \geqslant 90\%U_1$ 时，判断预充电完成。若预充电时间大于 1 s 且仍未达到预充电完成条件，则判断为预充电失败，高压上电中断并上报故障。

8）BMS 控制总正继电器闭合，延时 10 ms 后断开预充继电器。

9）BMS 向 VCU 发送预充完成指令，VCU 向组合仪表发送 READY 指令，组合仪表显示“READY”字样，整车高压上电完成。

（2）高压互锁过程的分析

电动汽车的高压设备盒通过连接线与各用电设备相连，高压系统连接图和高压互锁电气原理图分别如图 12–9 和图 12–10 所示，连接线与设备通过高压互锁插头相连，其示意图如图 12–11 所示。一旦某一设备的高压端出现不正常现象，整个高压系统就会锁死，以确保用户及车辆的安全。

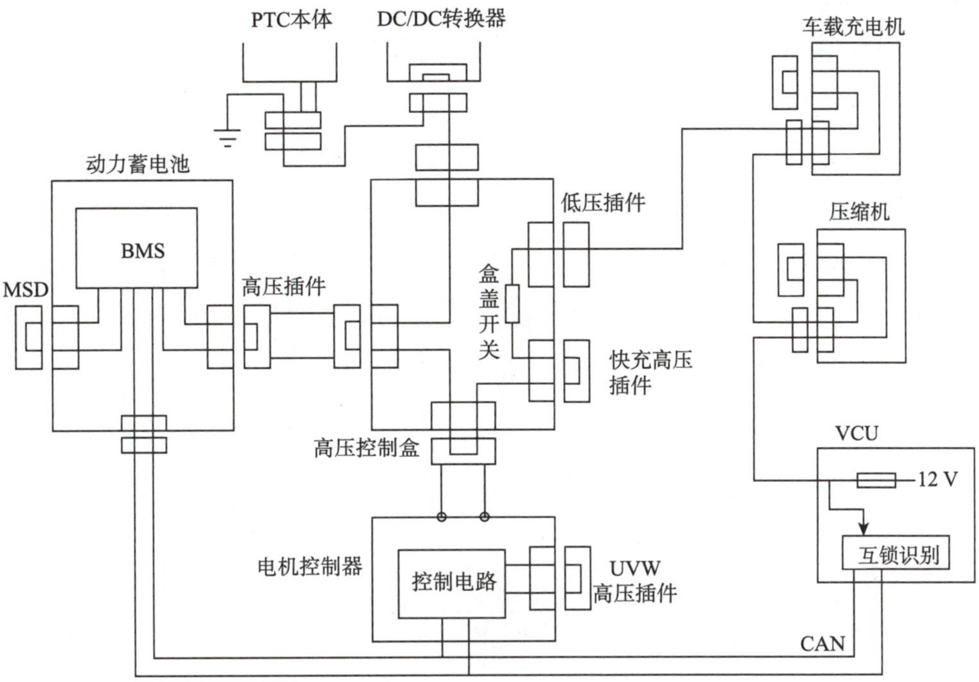

图 12–9　高压系统连接图

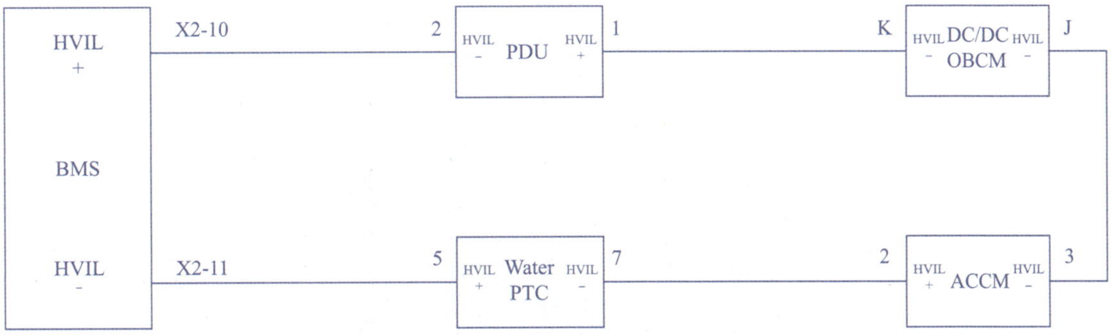

图 12–10　高压互锁电气原理图

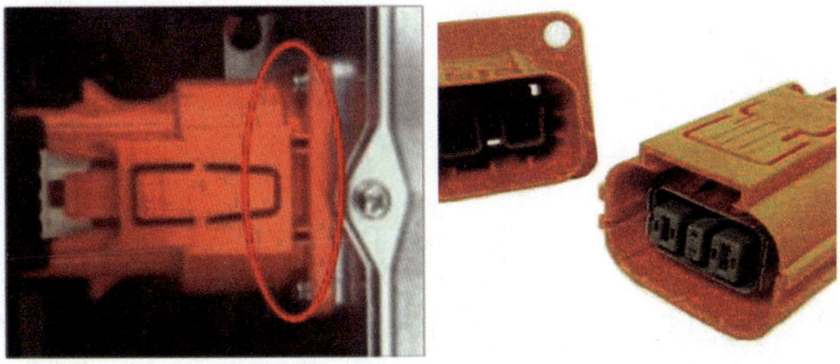

图 12–11　高压互锁插头示意图

高压互锁的目的：

1）在高压上电前确保整车整个高压系统的完整性。

2）在整车运行过程中高压系统回路断开或者其完整性受到破坏时，可启动安全防护。

3）防止带电插拔高压连接器，避免给高压端子造成拉弧损坏。

（3）高压上电故障的分析

根据高压上电的流程来分析，高压上电失败主要有以下几种原因。

1）在初始化阶段，各控制器未被唤醒或未完成自检；电池模块之间未正确连接或高压维修开关断开；动力蓄电池自身故障，如 SOC 过低、电池单体压差过大、温度过高或过低等。

2）绝缘故障、高低压互锁故障也会导致不能正常完成高压上电，这类原因会另外上报相应故障。

3）在执行高压上电阶段，高压继电器的非正常通断、预充电失败或超时会导致高压上电失败。

（4）高压上电故障的诊断思路

高压上电故障的诊断思路如图 12-12 所示。

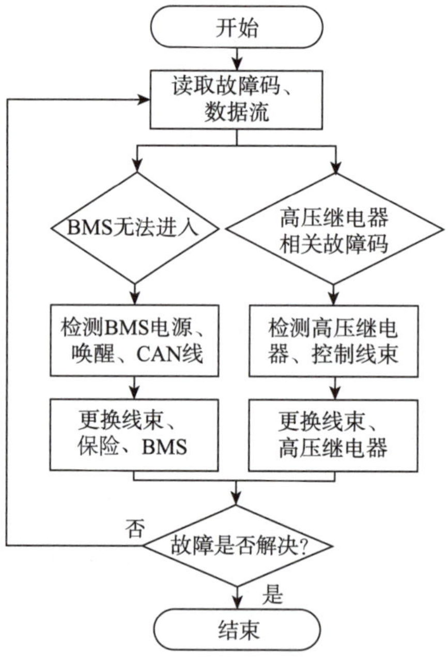

图 12-12 高压上电故障的诊断思路

（5）高压互锁判定案例

以某款电动汽车为例，其高压互锁的判定方法如下（其他车型按照实际的高压互锁针脚，参考此方法进行判定）。

1）通过仪表和 CAN 报文判定高压互锁故障

① 在组合仪表中，动力蓄电池故障指示灯常亮。

② CAN 线上 BMS 发出的报文为“$1D8:BMS_General_Status_1::HVInterLoStat=False”。

若满足以上两个条件，则可判定高压互锁故障，但是在部分场景下，很难获取 CAN 报文，所以这时通常采用排除法来排查高压故障状况。

2）通过排除法判定高压互锁故障

① 例如在图 12-10 中，整车断开 12 V 低压供电，再断开 BMS 与动力蓄电池连接的低压插件，用万用表测量 BMS 的正极输出“X2-10”与负极输入“X2-11”针脚之间的电阻值，若电阻值大于 5 Ω，则需要检查整个高压回路的通断。

② 依次检查所有高压插件是否存在漏接或虚接现象，检查高压插件互锁回形针是否存在弯曲或断裂现象，检查四个低压模块（PDU-DC/DC-ACCM-PTC）插件是否存在漏接或虚接现象。若确认回路有以上故障，可直接解决；若检查后回路没有以上故障，则可将故障定位为线束通断或用电器模块内部问题。

③ 检查“K”到“X2-10”、“J”到“X2-11”是否导通。若哪一段没有导通，则可将其锁定为故障模块。若电阻值小于等于 5 Ω，则需要检查整个高压回路是否存在短路；若电阻值小于 5 Ω，则说明回路导通，需检测“X2-10”对地是否短路，并检测“X2-10”对电源是否短路。若确认有以上故障，可直接解决；若检查后没有以上故障，则可将故障定位为 PACK 内部问题，需继续排查。检查副驾驶座位下方的 MSD 是否存在漏装、互锁针弯曲或断裂现象，BMS 的高压插件互锁回形针是否存在弯曲或断裂现象。若确认有以上故障，可直接解决；若检查后没有以上故障，则可将故障定位为 BMS 内部问题。

2. 技能操作

（1）物料准备

准备技能操作所需的物料，见表 12-7。

表 12-7 物料准备

类别	所需物料
实训平台及附件	动力蓄电池检测教学平台及使用说明书、动力蓄电池 PACK 教学实训平台及使用说明书、维修手册
仪器、设备、工具	高压安全防护用品、万用表、绝缘工具套装、绝缘扭力扳手、诊断仪等

（2）故障信息读取

1）读取故障码

使用诊断仪读取故障码，将相关内容填写在表 12-8 中。

表 12-8 故障码信息

序号	故障码	故障码描述
1		
2		
3		

2）读取数据流

使用诊断仪读取相关数据流，分析并判断异常数据，填写在表 12–9 中。

表 12–9　数据流记录

序号	系统	名称	当前值	正常值	是否正常
1	BMS				是□　否□
2					是□　否□
3					是□　否□
4	VCU				是□　否□
5					是□　否□

（3）维修方案制定

1）拆画电路图

参考维修手册，将高压上电电路图拆画至图 12–13 中。

图 12–13　高压上电电路图

2）制定维修方案

根据读取的故障信息，参考电路图，分析可能的故障点及故障原因，并制定维修方案，完成表 12–10 的填写。

表 12-10 故障分析及维修方案

故障分析：可能的故障点及故障原因		
1		
2		
3		
维修方案 / 检测流程		
1		
2		
3		
4		
5		

（4）故障检测与维修

1）BMS 线束检测

根据维修方案，结合电路图，对 BMS 电源、BMS 唤醒和 CAN 线进行检测，并将结果记录在表 12-11 中。

表 12-11 BMS 线束检测记录

序号	检测项目	检测点		检测条件	检测类型	标准值	检测值	处理方式
示例	电源	T121/89	搭铁	—	电压	辅助蓄电池电压	0 V	维修线束 / 更换保险
		T121/89	T21/H	断电	电阻	<1 Ω	∞	
1	BMS 主板电源							

续表

序号	检测项目	检测点		检测条件	检测类型	标准值	检测值	处理方式
2	BMS 唤醒							
3	BMS 从板电源							
4	CAN 线							

2）高压继电器及其线束检测

根据维修方案，结合电路图，对高压继电器及其线束进行检测，并将结果记录在表 12-12 中。

表 12-12　高压继电器及其线束检测记录

序号	检测项目	检测点		检测条件	检测类型	标准值	检测值	处理方式
1	总负继电器							
2	总负继电器控制线束							
3	预充继电器							

续表

序号	检测项目	检测点		检测条件	检测类型	标准值	检测值	处理方式
4	预充继电器控制线束							
5	总正继电器							
6	总正继电器控制线束							

（5）维修结果检验

1）启动车辆，仪表盘故障信号装置是否点亮（是□　否□）。

2）使用诊断仪清除故障码，确认故障码是否被清除（是□　否□）。

3）使用诊断仪读取相关数据信息，信息是否全部正常（是□　否□）。

检查评估

对本任务的学习情况进行检查，并将检查结果和结果点评记录在表 12-13 中。

表 12-13　检查评估

检查项目	检查结果	结果点评
高压上电实验		
实验是否完成	是□ 否□	
上电过程中电流通路绘制是否正确	是□ 否□	
高压上电电路搭建		
高压上电电路搭建是否正确	是□ 否□	
高压继电器闭合顺序是否正确	是□ 否□	

续表

检查项目	检查结果	结果点评
高压上电故障诊断与维修		
电路图拆画是否正确	是□ 否□	
维修方案 / 检测流程制定是否合理	是□ 否□	
是否准确检测到故障点	是□ 否□	
故障维修方式是否正确	是□ 否□	
故障码是否清除	是□ 否□	
整理及恢复		
工具、设备是否整理恢复	是□ 否□	
实训工位是否打扫干净	是□ 否□	
工作页是否填写完整	是□ 否□	

任务小结

本任务小结如图 12-14 所示。

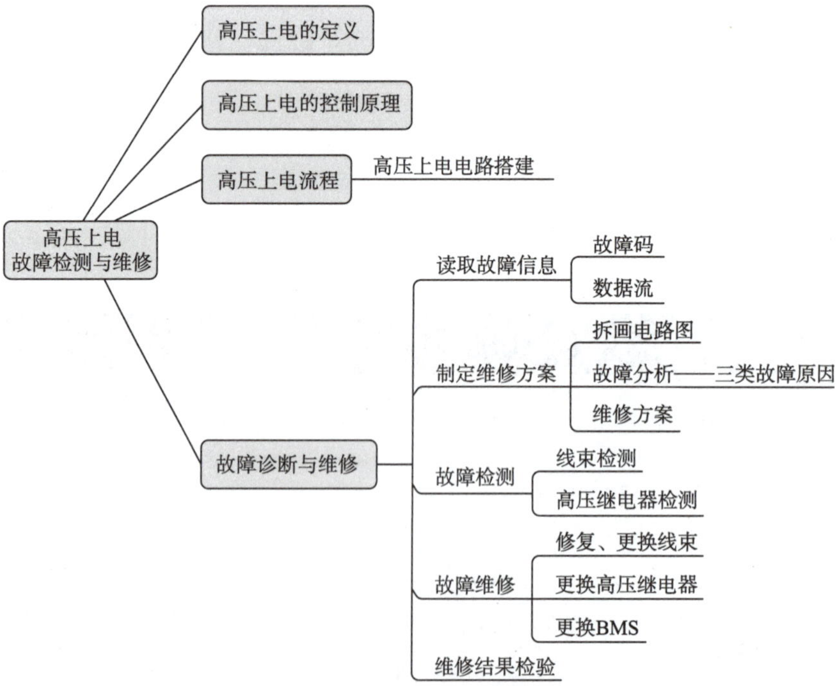

图 12-14　任务小结

任务十三
动力蓄电池系统故障诊断与维修

任务导入

场景：比亚迪智能网联汽车售后维修车间。

人物：维修技师张师傅、学徒小王、车主李先生。

情境：小王到比亚迪智能网联汽车售后维修车间参观学习，李先生的车辆因无法启动而被拖到维修车间，小王检查后发现，在启动车辆后，其组合仪表不显示“READY”字样，无动力蓄电池电量、续驶里程显示，且系统故障信号装置、动力蓄电池故障信号装置点亮。张师傅判断动力蓄电池系统出现故障。请你和小王一起学习动力蓄电池系统故障诊断与维修。

任务目标

▸ 能根据故障检测流程，使用诊断仪和万用表等工具，规范地完成动力蓄电池系统电压类故障诊断与维修。

▸ 能根据故障检测流程，使用诊断仪和万用表等工具，规范地完成动力蓄电池系统 SOC 和电流类故障诊断与维修。

▸ 能根据故障检测流程，使用诊断仪和万用表等工具，规范地完成动力蓄电池系统通信类故障诊断与维修。

任务实施

一、电压类故障诊断与维修

1. 知识学习

（1）常见故障分析

按照故障发生的部位，动力蓄电池系统的故障可分为四类，即电池单体、BMS、电子元器件（继电器和传感器等）和线路及插接器类故障。

按照工作原理分类，动力蓄电池系统的故障有电压类、SOC 类、电流类、温度类、通信、绝缘、充电类和高压上电故障等。

各类故障对应的故障现象及其故障原因见表 13–1。

表 13–1　动力蓄电池系统故障现象及其故障原因

序号	故障类型		故障现象	故障原因
1	电压类故障	电池单体电压高 / 低	在整车充满电静置后，一个或几个电池单体电压明显偏高 / 偏低，其他正常	（1）电池单体故障（容量低、内阻大、自放电率高或电池漏液等）； （2）电压采集线路故障； （3）BMS 故障（均衡功能差或失效）； （4）电池连接故障（紧固螺栓松动、连接铜排开焊、连接面有污物等）
		动态压差 / 静态压差	充电时电压迅速升至充电终止电压； 踩加速踏板时，故障电池单体电压比其他电池单体电压下降快； 踩制动踏板时，故障电池单体电压比其他电池单体电压上升快	
		电压跳变	车辆运行或充电时发生电压跳变	
2	SOC 类故障	SOC 不变化	续驶里程显示异常，电池实际电量与显示电量不一致	（1）通信故障（数据缺失或通信周期异常等）； （2）电流传感器故障； （3）电池单体故障（电压异常）； （4）BMS 故障（SOC 计算模块故障）
		SOC 下降快 / 慢		
		SOC 跳动		
3	电流类故障	电流异常	在车辆运行过程中，电流信息异常，从而导致行车中断	（1）电流传感器故障； （2）电流采集线路故障； （3）BMS 故障（电流计算模块故障）
4	温度类故障	加热系统故障	充电时电池温度低于规定数值，加热功能不开启	（1）温度传感器故障； （2）温度采集线路故障； （3）加热部件故障； （4）冷却部件故障； （5）BMS 故障
		冷却系统故障	电池温度高于规定数值，冷却系统不工作	
		温度高 / 低	系统中部分温度点偏高 / 偏低，运行或充电时达到报警阈值，报温度故障	
5	通信故障	BMS 与 VCU 通信故障	整车没有 BMS 信息，车辆无法启动	（1）CAN 线故障； （2）BMS 电源或唤醒线路故障； （3）BMS 故障
		BMS 内部通信故障	BMS 主板没有从板信息或只有部分从板信息	
6	绝缘故障	绝缘阻值低	车辆无法启动，整车报绝缘故障	（1）电池单体故障（漏液）； （2）蓄电池箱进水或环境湿度大； （3）BMS 故障（绝缘监测模块故障）
		绝缘监测系统故障		

续表

序号	故障类型		故障现象	故障原因
7	充电类故障	直流充电故障	充电无法启动； 电池充满后，无法停止充电	（1）高压继电器故障； （2）BMS 故障； （3）线路或插接器故障； （4）电池连接故障（紧固螺栓松动或连接铜排开焊等）
		交流充电故障		
8	高压上电故障		车辆无法启动	（1）CAN 线故障、唤醒线路故障； （2）BMS 线路故障； （3）绝缘故障、互锁故障； （4）动力蓄电池自身故障（SOC 过低、温差过大等）； （5）高压继电器故障

（2）电压类故障的检测流程

电压类故障的检测流程如图 13–1 所示。

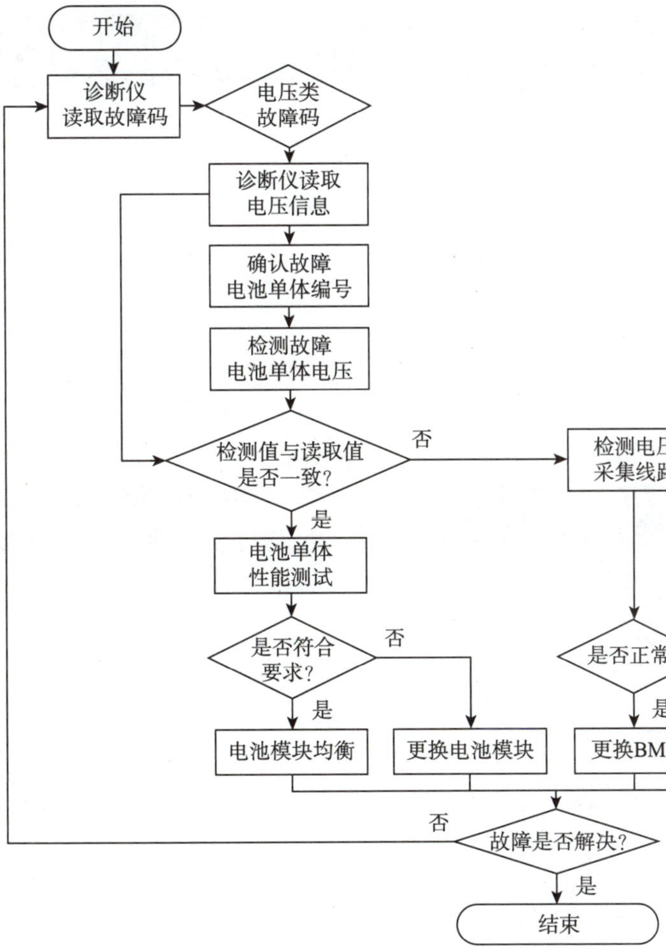

图 13–1　电压类故障的检测流程

2. 技能操作

（1）物料准备

准备技能操作所需的物料，见表 13-2。

表 13-2　物料准备

类别	所需物料
实训平台及附件	动力蓄电池检测教学平台及使用说明书、动力蓄电池 PACK 教学实训平台及使用说明书、维修手册、电池产品说明书
仪器、设备、工具	高压安全防护用品、电池均衡仪、绝缘工具套装、绝缘扭力扳手、万用表、诊断仪等

（2）故障信息读取

1）读取故障码

使用诊断仪读取故障码，将相关内容填写在表 13-3 中。

表 13-3　故障码信息

序号	故障码	故障码描述
1		
2		
3		

2）读取电池单体电压信息

使用诊断仪读取故障电池单体电压值，将相关内容填写在表 13-4 中。

表 13-4　电池单体电压值读取记录

电池单体编号	电压值	电池单体编号	电压值

（3）维修方案制定

根据读取的故障信息，参考电路图，分析可能的故障点及故障原因，并制定维修方案，完成表 13-5 的填写。

表 13-5　故障分析及维修方案

故障分析：可能的故障点及故障原因		
1		
2		
3		
维修方案 / 检测流程		
1		
2		
3		
4		
5		

（4）故障检测与维修

1）电压检测

检测故障电池单体的电压值，判断其与读取值是否一致，将结果填写在表 13-6 中。

表 13-6　电池单体电压检测记录

电池单体编号	检测值	读取值	是否一致
			是□　否□
			是□　否□
			是□　否□

2）电压采集线束检测

使用万用表对故障电池单体电压采集线束进行检测，完成表 13-7 的填写。

表 13-7　电池单体电压采集线束检测记录

序号	检测项目	检测点		标准状态	检测状态	处理方式
示例	3-1 号电池单体电压采集线通断	U_0	U_1	通	断	修复或更换线束
1						
2						
3						
4						

续表

序号	检测项目	检测点		标准状态	检测状态	处理方式
5						
6						
7						
8						
9						

3）电池单体性能测试

对故障电池单体的室温放电容量及内阻进行测试，将结果记录在表 13-8 中。

表 13-8　电池单体性能测试记录

序号	内容	工具	操作记录		结果判定
1	室温放电容量		测试值		合格□　不合格□
			标准值		
2	交流内阻		测试值		合格□　不合格□
			标准值		
3	直流内阻		测试值		合格□　不合格□
			标准值		

4）电池模块均衡

参考电池均衡仪使用说明书对电池模块进行均衡操作，并将相关内容记录在表 13-9 中。

表 13-9　电池模块均衡操作记录

序号	步骤	操作记录	
1	连接电池均衡仪与电池模块	线束连接顺序	
2	启动电池均衡仪	是否正常启动	是□　否□
3	设置参数	电池类型	
		串、并联节数	
		目标电压	
4	开始均衡	均衡过程是否正常	是□　否□
5	结束	是否正常结束	是□　否□

（5）维修结果检验

检验维修结果，并将检验结果记录在表 13-10 中。

表 13-10　维修结果检验记录

序号	检验项目	检验结果
1	启动车辆，仪表盘故障信号装置是否点亮	是□　否□
2	使用诊断仪清除故障码，确认故障码是否被清除	是□　否□
3	使用诊断仪读取相关数据流，确认其是否全部正常	是□　否□

二、SOC、电流类故障诊断与维修

1. 知识学习

SOC、电流类故障的检测流程如图 13-2 所示。

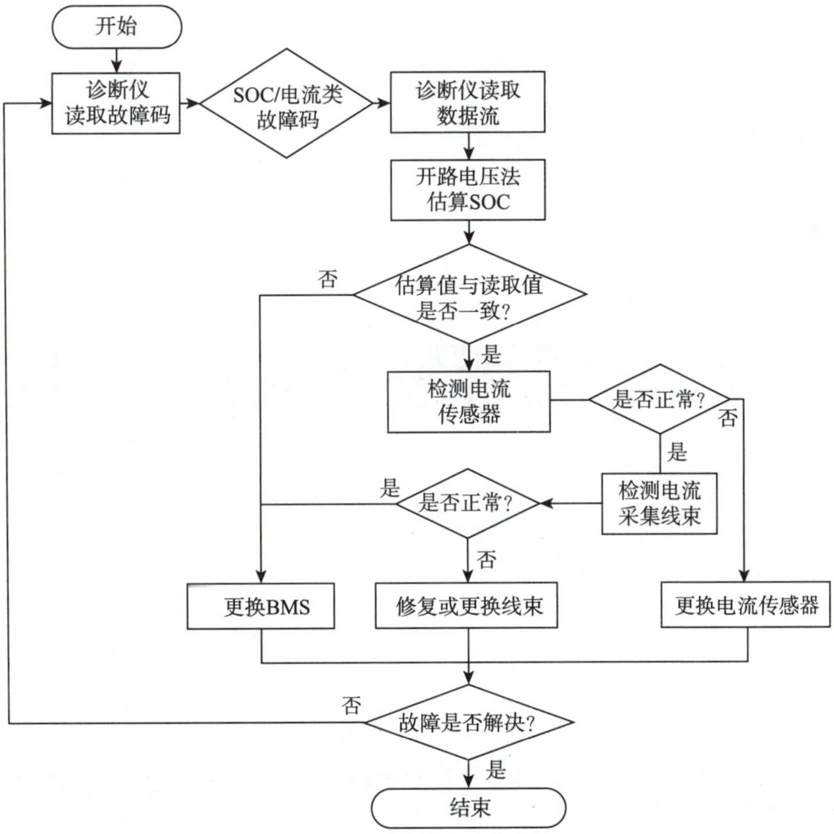

图 13-2　SOC、电流类故障的检测流程

2. 技能操作

（1）物料准备

准备技能操作所需的物料，见表 13-11。

表 13–11　物料准备

类别	所需物料
实训平台及附件	动力蓄电池检测教学平台及使用说明书、动力蓄电池 PACK 教学实训平台及使用说明书、维修手册、电池产品说明书
仪器、设备、工具	高压安全防护用品、绝缘工具套装、绝缘扭力扳手、万用表、示波器、诊断仪等

（2）故障信息读取

1）读取故障码

使用诊断仪读取故障码，将相关内容填写在表 13–12 中。

表 13–12　故障码信息

序号	故障码	故障码描述
1		
2		
3		

2）读取数据流

使用诊断仪读取相关数据流，分析、判断数据是否正常，填写在表 13–13 中。

表 13–13　数据流记录

序号	系统	名称	当前值	正常值	是否正常
1	BMS				是□　否□
2					是□　否□

（3）维修方案制定

根据读取的故障信息，参考电路图，分析可能的故障点及故障原因，并制定维修方案，完成表 13–14 的填写。

表 13–14　故障分析及维修方案

故障分析：可能的故障点及故障原因	
1	
2	
3	

续表

维修方案 / 检测流程		
1		
2		
3		
4		
5		

（4）故障检测与维修

1）SOC 估算

在每个电池模块中随机抽取一个电池单体，检测其端电压，通过开路电压法估算 SOC，并与诊断仪读取值进行对比，判断其是否在误差范围内，完成表 13-15 的填写。

表 13-15　SOC 估算

序号	电池编号	SOC 估算值	诊断仪读取值	误差	结果判定
1					BMS 的 SOC 计算功能是否正常： 是□　否□
2					
3					
4					
5					
6					

2）电流传感器检测

对霍尔电流传感器进行检测，并将结果填写在表 13-16 中。

表 13-16　霍尔电流传感器检测记录

序号	检测项目	检测点		检测条件	检测类型	标准值	检测值	处理方式
1	供电							

续表

序号	检测项目	检测点		检测条件	检测类型	标准值	检测值	处理方式
2	搭铁							
3	信号采集线							
4	波形							

（5）维修结果检验

检验维修结果，并将检验结果记录在表 13–17 中。

表 13–17　维修结果检验记录

序号	检验项目	检验结果
1	启动车辆，仪表盘故障信号装置是否点亮	是□　否□
2	使用诊断仪清除故障码，确认故障码是否被清除	是□　否□
3	使用诊断仪读取相关数据流，确认其是否全部正常	是□　否□

三、通信类故障诊断与维修

1. 知识学习

通信类故障的检测流程如图 13-3 所示。

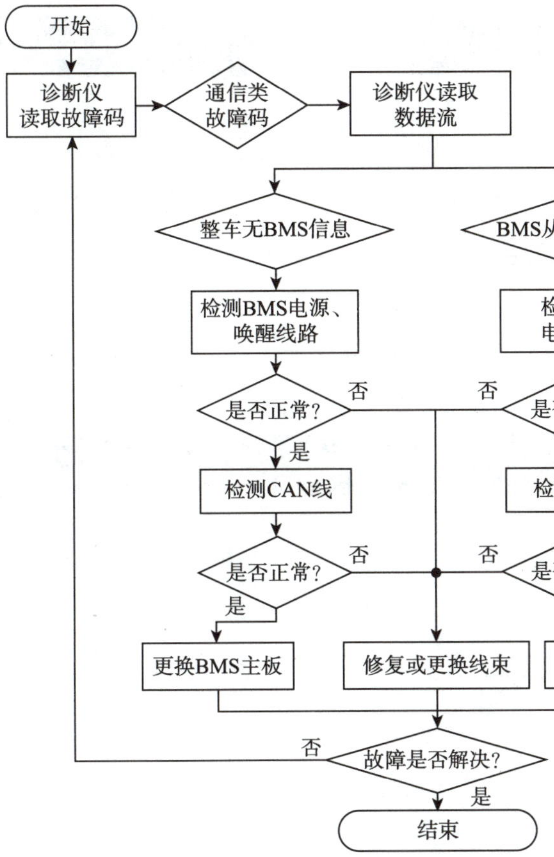

图 13-3　通信类故障的检测流程

2. 技能操作

（1）物料准备

准备技能操作所需的物料，见表 13-18。

表 13-18　物料准备

类别	所需物料
实训平台及附件	动力蓄电池检测教学平台及使用说明书、动力蓄电池 PACK 教学实训平台及使用说明书、维修手册、电池产品说明书
仪器、设备、工具	高压安全防护用品、绝缘工具套装、绝缘扭力扳手、万用表、诊断仪、示波器等

（2）故障信息读取

1）读取故障码

使用诊断仪读取故障码，将相关内容填写在表 13-19 中。

表 13-19　故障码信息

序号	故障码	故障码描述
1		
2		
3		

2）读取数据流

使用诊断仪读取相关数据流，分析、判断数据是否正常，填写在表 13-20 中。

表 13-20　数据流记录

序号	系统	名称	当前值	正常值	是否正常
1	BMS				是□　否□
2					是□　否□
3					是□　否□
4	VCU				是□　否□
5					是□　否□
6					是□　否□

（3）维修方案制定

1）拆画电路图

参考维修手册，将相关电路图拆画至图 13-4 中。

图 13-4　电路图

2）根据读取的故障信息，参考电路图，分析可能的故障点及故障原因，并制定维修方案，完成表 13–21 的填写。

表 13–21　故障分析及维修方案

故障分析：可能的故障点及故障原因		
1		
2		
3		
维修方案 / 检测流程		
1		
2		
3		
4		
5		
6		

（4）故障检测与维修

1）BMS 主板电源和唤醒线路检测

使用万用表对 BMS 主板供电、搭铁和唤醒线路进行检测，完成表 13–22 的填写。

表 13–22　BMS 主板供电、搭铁和唤醒线路检测记录

序号	检测项目	检测点		检测条件	检测类型	标准值	检测值	处理方式
示例	供电	T121/89	搭铁	—	电压	辅助蓄电池电压	0 V	维修线束 / 更换保险
		T121/89	T21/H	断电	电阻	<1 Ω	∞	
1	供电							
2								
3								
4								

续表

序号	检测项目	检测点		检测条件	检测类型	标准值	检测值	处理方式
5	搭铁							
6								
7								
8	唤醒							
9								
10								

2）整车 CAN 检测

使用万用表对整车 CAN 进行检测，完成表 13-23 的填写。

表 13-23　整车 CAN 检测记录

序号	检测项目	检测点		检测条件	检测类型	标准值	检测值	处理方式
1	电压							
2								
3	电阻							
4								
5	波形							

3）BMS 从板电源线路检测

使用万用表对 BMS 从板供电和搭铁进行检测，完成表 13-24 的填写。

表 13-24　BMS 从板供电和搭铁检测记录

序号	检测项目	检测点		检测条件	检测类型	标准值	检测值	处理方式
1	供电							
2								
3								
4								
5	搭铁							
6								
7								
8								

4）BMS 内部 CAN 检测

使用万用表对 BMS 内部 CAN 进行检测，完成表 13-25 的填写。

表 13-25　BMS 内部 CAN 检测记录

序号	检测项目	检测点		检测条件	检测类型	标准值	检测值	处理方式
1	电压							
2								
3	电阻							
4								
5	波形							

（5）维修结果检验

检验维修结果，并将检验结果记录在表 13–26 中。

表 13–26　维修结果检验记录

序号	检验项目	检验结果
1	启动车辆，仪表盘故障信号装置是否点亮	是□　否□
2	使用诊断仪清除故障码，确认故障码是否被清除	是□　否□
3	使用诊断仪读取相关数据流，确认其是否全部正常	是□　否□

检查评估

对本任务的学习情况进行检查，并将检查结果和结果点评记录在表 13–27 中。

表 13–27　检查评估

检查项目	检查结果	结果点评
电压类故障诊断与维修		
是否准确检测出故障点	是□　否□	
故障点维修方式是否正确	是□　否□	
SOC、电流类故障诊断与维修		
是否准确检测出故障点	是□　否□	
故障点维修方式是否正确	是□　否□	
通信类故障诊断与维修		
是否准确检测出故障点	是□　否□	
故障点维修方式是否正确	是□　否□	
整理及恢复		
工具、设备是否整理恢复	是□　否□	
实训工位是否打扫干净	是□　否□	
工作页是否填写完整	是□　否□	

任务小结

本任务小结如图 13-5 所示。

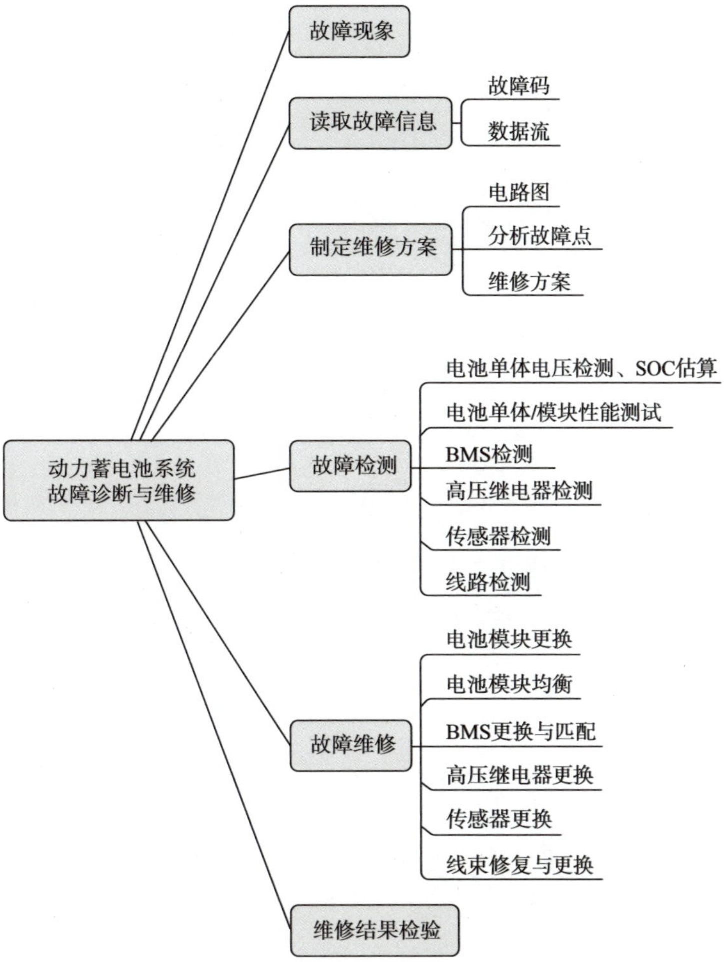

图 13-5　任务小结

情境三
动力蓄电池系统更换与回收

情境介绍

随着智能网联汽车的迅猛发展，动力蓄电池的使用量大幅提升，退役废旧动力蓄电池的回收和利用问题逐渐凸显出来。如何对在智能网联汽车维修或报废时所更换下来的动力蓄电池进行处理成为摆在政府和企业面前的一道难题。退役废旧动力蓄电池是“放错地方的资源”，若可以被良好地利用，将会产生巨大的价值，例如，退役废旧动力蓄电池的回收对于降低环境污染和车辆成本，以及减少资源浪费十分有利。判定退役废旧动力蓄电池能否被回收和利用，是维修人员面临的一项重要而特殊的工作任务。本情境主要围绕动力蓄电池系统的更换、电池状态的评估与回收利用展开讲解。

本情境包含动力蓄电池系统更换、电池状态评估与回收利用两个任务，具体内容包括动力蓄电池常用术语、更换流程和检查内容，动力蓄电池回收利用的判定标准、余能检测定义、作业流程、检测内容及方法，以及电池梯次利用的定义、要求及判定方法。

情境目标

▶ 能按照动力蓄电池系统的拆装流程和检查内容，正确使用拆装专用工具、万用表和手电筒，规范地完成动力蓄电池系统的拆装和检查作业。

▶ 能根据余能检测标准、要求及检测流程，准确地完成动力蓄电池余能检测判定，并正确使用专用设备和工具，完成退役废旧动力蓄电池余能检测作业。

▶ 能按照电池梯次利用要求，使用专用设备完成退役废旧动力蓄电池梯次利用判定。

任务十四
动力蓄电池系统更换

任务导入

场景： 比亚迪智能网联汽车售后维修车间。

人物： 维修技师张师傅、学徒小王、车主李先生。

情境： 小王到比亚迪智能网联汽车售后维修车间参观学习，李先生的车辆因无法启动而被拖到维修车间，张师傅判断车辆的动力蓄电池系统损坏，于是让小王更换动力蓄电池系统。请你和小王一起完成动力蓄电池系统的更换作业。

任务目标

▸ 能按照动力蓄电池系统的拆卸流程，使用拆装专用工具，规范地完成动力蓄电池系统拆卸作业。

▸ 能按照动力蓄电池系统的检查内容，使用绝缘表和手电筒等工具，规范地完成动力蓄电池系统检查作业。

任务实施

一、动力蓄电池系统拆卸

1. 知识学习

（1）动力蓄电池系统的常用术语

1）动力蓄电池箱

动力蓄电池箱是用于盛装蓄电池组、BMS 以及相应的辅助元器件，并包含机械连接、电气连接和防

情境三

护等功能的总成，简称蓄电池箱，如图 14–1 所示。

图 14–1　动力蓄电池箱

2）电池包

电池包有可从外部获得电能并可对外输出电能的单元，通常包含电池单体、BMS、蓄电池箱及相应附件（如冷却部件和连接线缆等）。

3）动力蓄电池系统

动力蓄电池系统是指由一个或一个以上的蓄电池包及相应附件（如管理系统、高压电路、低压电路、热管理设备及机械总成等）构成的能量存储装置。

（2）蓄电池箱的安装位置

蓄电池箱被螺栓连接在车身底板下方，如图 14–2 所示。

图 14–2　蓄电池箱的安装位置

（3）动力蓄电池系统的拆卸流程

动力蓄电池系统的拆卸流程如图 14–3 所示。

高压安全防护 → 高压断电 → 举升车辆 → 回收冷却液 → 断开线束连接 → 拆卸蓄电池箱

图 14–3　动力蓄电池系统的拆卸流程

1）在拆卸过程中，需注意下列事项：

① 关闭所有用电设备，关闭启动开关。

② 在拔出高压维修开关后，需使用安全堵盖将高压维修开关的盖口堵住。

③ 高压部件在拆卸后要进行必要的绝缘处理。

④ 操作人员身上不要携带金属用品，如项链和手环等物品。

⑤ 在断开高压插接器后，需使用绝缘胶带进行包扎绝缘。

⑥ 要注意金属导电物品的绝缘防护。

2）在拆卸前须准备：拆卸过程中需要用到的部分专用工具，其中最重要的特殊工具如下：

① 可移动总成升降台以及用于拆卸和安装高电压动力蓄电池的适配接头套件。

② 用于拆卸和安装电池模块的起重工具。

③ M4、M5 和 M6 型号内六角旋具、绝缘表等工具。

④ 隔离带。

3）拆卸前的安全确认包含以下几点：

① 绝缘穿戴确认

a) 确认绝缘手套和绝缘鞋是否穿戴完备。

b) 确认绝缘工具是否配置完备。

② 电池包状态确认

a) 判断电池包是否为事故包。

b) 确认电池包是否与整车脱离。

c) 确认电池包是否存在冒烟、异味或漏液等异常状况。

③ 工位环境确认

a) 确认操作工位是否与地面有效绝缘。

b) 确认电池包是否放置平稳、无晃动，作业空间内是否无尖锐障碍物。

c) 确认维修区域安全消防设备是否齐备。

④ 断开 MSD 维修开关

4）拆卸过程如下：

① 在操作前务必断开整车低压蓄电池（负极连接线），连接线位置如图 14–4 所示。

图 14-4　整车低压蓄电池负极连接线位置

② 使用升降柱将车身托离地面约 1.7 m（实际高度可以适当调整），如图 14-5 所示。

图 14-5　使用升降柱抬高车身

③ 检查电池包底面有无明显的破损现象，紧固螺栓是否齐全、完好，整车在通常情况下应无明显破损现象，在车身下方（电池包位置）放置托举平台，并将其上升至接触电池包底面，如图 14-6 所示。

图 14-6　破损检查及托举

④ 检查高压电缆（1 负、2 正）与通信插头（3）有无异常，拆卸高压电缆与通信插头，如图 14-7 所示。

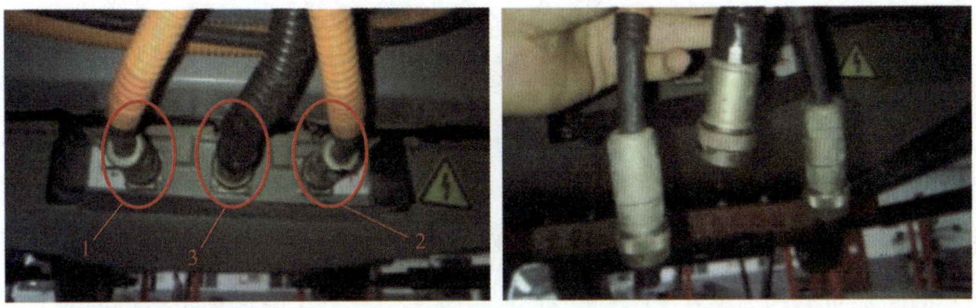

图 14-7　拆卸高压电缆与通信插头

1—高压电缆（负）插头　2—高压电缆（正）插头　3—通信插头

⑤ 使用专业扭力工具拆卸螺栓，在拆卸过程中应用双手稳固螺栓进行匀速扭卸，如图 14-8 所示。

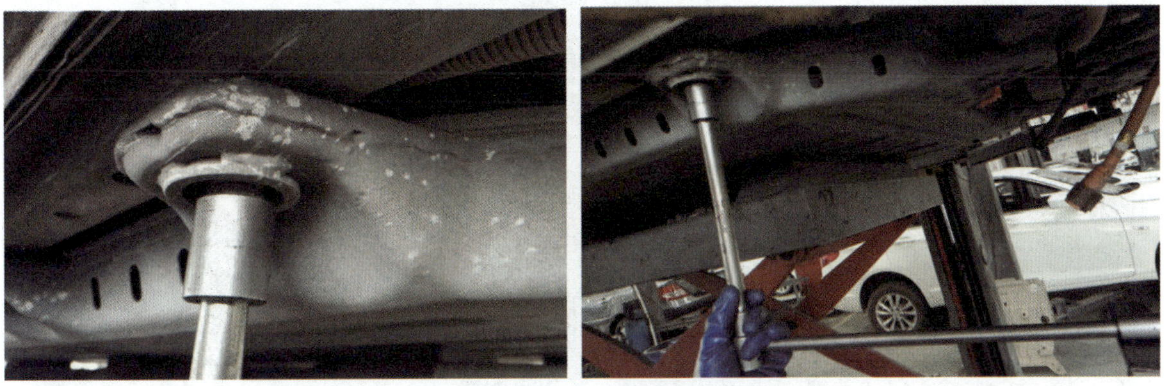

图 14-8　使用专业扭力工具扭卸螺栓

⑥ 两人分别在前、后方固定电池箱体，用举升机将电池箱体缓慢、匀速下降至脱离车身，如图 14-9 所示。

图 14-9　将电池箱体固定并缓慢、匀速下降至脱离车身

(4) 智能网联汽车换电技术

换电技术其实就是更换动力蓄电池技术，顾名思义，就是为智能网联汽车更换一副满电的动力蓄电池。《推动重点消费品更新升级　畅通资源循环利用实施方案（2019—2020年）》中明确指出，要推广新能源汽车电池租赁等车电分离消费方式，降低购车成本。2020年9月16日，吉利科技集团携首个智能换电站和换电车型亮相重庆智博会，正式发布换电模式；2020年10月18日，吉利科技集团换电站完成“重庆+济南”的两地布局；2020年11月底，吉利科技集团和重庆高速集团签署协议，布局换电。目前，吉利科技集团自主研发的智能换电站已经可以实现无人值守，全程60 s极速换电，换电站如图14–10所示。

图14–10　换电站

2. 技能操作

(1) 物料准备

准备技能操作所需的物料，见表14–1。

表14–1　物料准备

类别	所需物料
整车及附件	实训整车、维修手册
仪器、设备、工具	高压安全防护用品、绝缘工具套装、绝缘扭力扳手、举升机、软管夹、冷却液回收容器、电池托架等

(2) 拆卸动力蓄电池系统

参考维修手册，拆卸动力蓄电池系统，将表14–2的内容填写完整。

表 14–2　动力蓄电池系统拆卸记录

序号	流程	操作步骤	工具 / 设备
1	高压安全防护	穿戴高压安全防护用品	
		进行环境安全防护工作	
2	高压断电	关闭启动开关，断开辅助蓄电池负极	
		拆卸高压维修开关	
3	举升车辆	举升车辆，注意举升机的支撑点不能支撑在蓄电池箱上	
4	回收冷却液	用软管夹夹紧动力蓄电池冷却液进、出水管两端	
		在冷却液进、出水管连接处下部放置冷却液回收容器	
		断开冷却液进、出水管连接，收集冷却液	
5	断开连接线束	断开低压连接线束和高压连接线束	
		拆卸动力蓄电池系统搭铁线	
6	拆卸蓄电池箱	置入电池托架，将其上升至距离蓄电池箱平面 1~2 cm 处	
		调整电池托架，使其与蓄电池箱平台平行，并锁止电池托架	
		将电池托架缓慢上升至支撑蓄电池箱处	
		拆卸蓄电池箱固定螺栓	
		缓慢降低电池托架，取下蓄电池箱	

二、动力蓄电池系统检查与安装

1. 知识学习

（1）动力蓄电池系统的铭牌信息

动力蓄电池系统的铭牌主要包括产品型号、标称电压、产品能量、产品质量、生产编号和生产厂商等信息，如图 14–11 所示。

图 14-11 动力蓄电池系统的铭牌

以图 14-11 为例，动力蓄电池系统产品型号“PNCM-168-046-372”的具体解释见表 14-3。

表 14-3 动力蓄电池系统产品型号的具体解释

产品型号	具体解释
PNCM-168-046-372	P：普莱德
	NCM：镍钴锰（NCA: 镍钴铝）
	168（内部编号）：该电池支持“快速对私换电”服务模式
	046 A · h：3 节 16.8 A · h 电芯并联
	372 V：电池系统额定电压

（2）动力蓄电池系统的检查内容

1）外观检查

① 电源线、插头、延长线和保护器是否破裂或损坏。

② 是否有过热、冒烟或冒火花的迹象。

③ 是否有电池系统损坏（如破裂）或电池漏电现象。

④ 动力蓄电池系统和电源线是否出现进水现象。

⑤ 当按照操作说明进行操作时，产品是否能正常运行。

⑥ 高、低压插件是否与说明书中的不一致或不能正常对接。

⑦ 其他未见过的异常情况等。

如发现上述情况，请停止使用该产品，并立即通知售后检修人员。

2）螺栓紧固力矩检查

① 放置电池包盖：两人将包盖水平抬起并匀速放置到电池包上，保证其四周安装端面对齐、贴合。

② 安装螺栓：先安装电池包四角螺栓，在安装时螺栓孔应对齐。双手持专用工具，保持其与螺栓垂直，均匀用力旋紧，紧固力矩为（10.0 ± 1）N · m。

③ 依照对角或左右对称的顺序依次安装剩余螺栓，将其均匀用力旋紧，紧固力矩为（10.0 ± 1）N · m。

④ 再次检查四角螺栓紧固力矩是否达到标准。

⑤ 为全部螺栓画标识线。

3）气密检测

① 气密操作前准备：

a）使用专用气密夹具，确保电池箱体的密封性。

b）将测漏仪与检测部件相连接。

c）检查气密仪器和进气管路是否连接紧密，以防漏气。

② 将气密仪器通电并设置打压参数：

a）将气密仪器通电。

b）设置气密检测参数。

依据 TWI–056（气密性检测设备操作指示）进行检测；重启时间为 40 s，充气总压为 3.5~4.5 kPa；稳定时间为 35 s，测试时间为 60 s；测试时间段内气体压降小于等于 0.1 kPa。

c）开始气密检测，记录结果。

4）电池系统搬运注意事项

① 轻拿轻放，正面朝上，不可倒放或斜放。

② 使用专用运载工具，严禁徒手搬移、拖运，以及破坏电池外观。

③ 在搬运前应检查电箱的绝缘性，总正、总负继电器对电池外壳的绝缘电阻应大于等于 500 Ω/V。

5）电池包安全参数测量

电池包安全参数测量主要分为现场测量和出厂检测测量，其中，现场测量的测试内容如下。

① 500 V DC，总正继电器内、外侧对箱体阻值应大于等于 550 MΩ。

② 500 V DC，总负继电器内、外侧对箱体阻值应大于等于 550 MΩ。

③ 总电压测量，根据电池单体串联数量 × 电池单体电压来计算。

出厂检测测量的内容如下。

① 上电后主、从板处于工作状态（分体式）。

② 电池单体数量显示正常（90 s 无遗漏）。

③ 静态电池单体压差小于 50 mV；总电压为（328.5 ± 10）V。

④ 温感数量显示正常。

⑤ 在测试过程中温感温差小于 10 ℃。

⑥ 下电后温感温差小于 5 ℃（电芯温度小于 40 ℃时检测）。

⑦ 无故障上报。

情境三

6）拓展

绝缘测试 550 MΩ 应用兆欧表进行测试，手摇兆欧表外形及其接线柱功能如图 14–12 所示。兆欧表种类繁多，但其作用大致相同，图 14–12 展示了常见的手摇兆欧表及其接线柱功能。兆欧表有三个接线柱，分别为“接地（E）”“线路（L）”和“保护环（G）(或‘屏蔽’)”。

① E 端

接地端，接被测设备的接地部分或外壳。

② L 端

接线端，接被测设备的导体部分。

③ G 端

保护环，主要用于电力电缆绝缘电阻的测量。

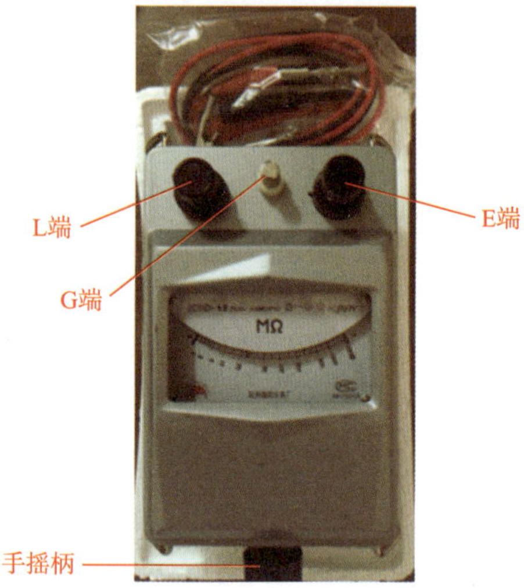

图 14–12　手摇兆欧表外形及其接线柱功能

（3）动力蓄电池系统的安装流程

1）检查电池包定位栓（见图 14–13）有无松动迹象，确认安装牢固，确保定位栓准确插入定位插孔，对于部分不紧固的螺栓，用双手固定工具与螺栓位置，并均匀用力，固定螺栓。

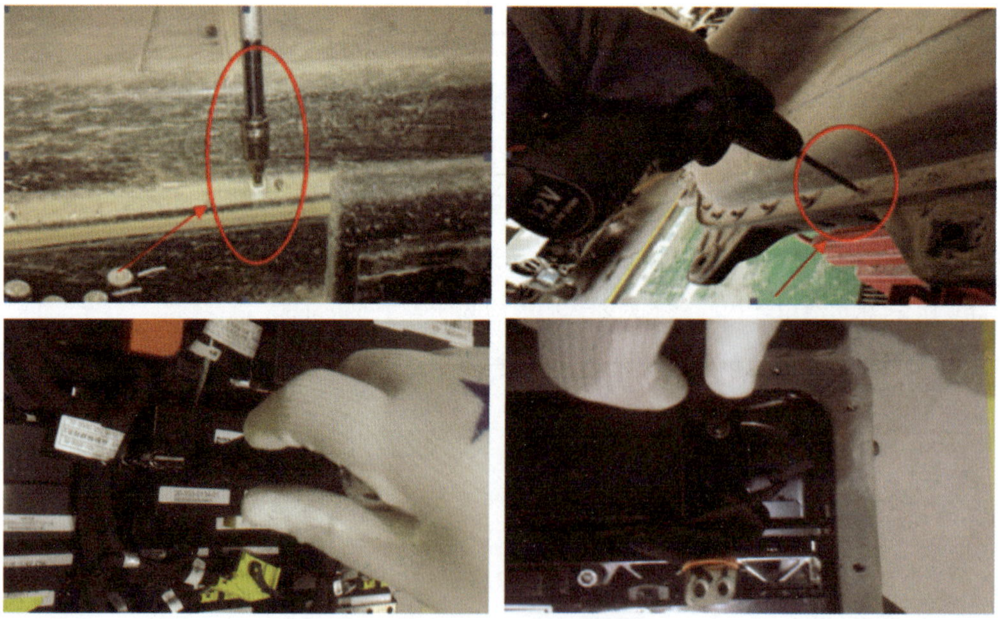

图 14–13　定位栓的固定

2）将电池放至托举平台上，并将平台放至车身下方，如图 14–14 所示。

3）由两人操作，缓慢、匀速地上升平台，并对准车身电池箱体槽位，如图 14–15 所示。

4）仔细检查周边线束的摆放位置，防止摩擦、扯损，如图 14–16 所示。

图 14-14　将电池放至托举平台上

图 14-15　上升平台并对准车身电池箱体槽位

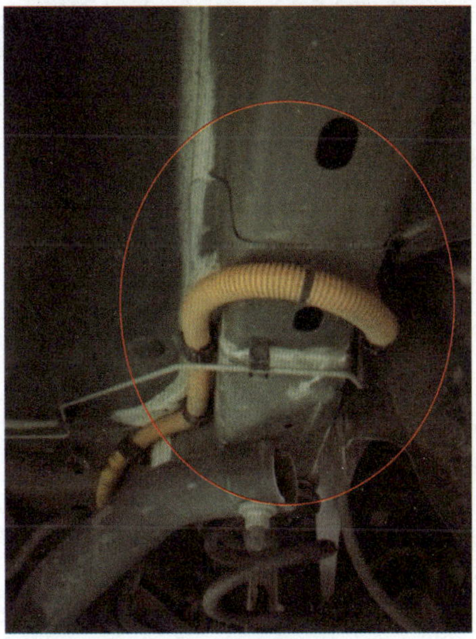

图 14-16　摆放位置检查

5）在安装过程中，检查螺栓配件是否齐全，其安装顺序为：先弹片、后垫片，如图 14-17 所示。

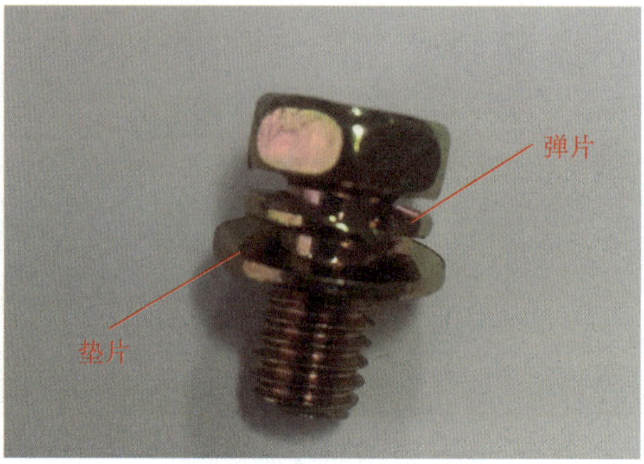

图 14-17　检查螺栓及其配件

6）在螺栓固定操作前，先将螺栓手动旋进插孔，确保螺栓可顺利安装，使用专用扭力工具进行螺栓的安装与紧固，双手稳固工具，将螺栓匀速打紧，如图 14-18 所示。

图 14-18　螺栓固定

7）确认全部安装和紧固操作完成后下降托举平台。

安装是以与拆卸相反的顺序进行的，其详细操作步骤应参考维修手册。安装完成后，需注意下列事项。

① 需添加冷却液。

② 在更换新的动力蓄电池系统后需进行 BMS 与 VCU 的匹配作业。

8）使用上位机软件监控当前电池状态，核对电池单体电压和总电压等数据，以保证动力蓄电池系统接入正常，通过上位机软件确定高压继电器等元件能否正常工作。上位机软件界面如图 14-19 所示。

图 14-19　上位机软件界面

2. 技能操作

（1）物料准备

准备技能操作所需的物料，见表 14-4。

表 14-4　物料准备

类别	所需物料
整车及附件	实训整车、维修手册
仪器、设备、工具	高压安全防护用品、绝缘工具套装、绝缘扭力扳手、举升机、软管夹、电池托架、绝缘表、手电筒等

（2）动力蓄电池系统外观及铭牌检查

对待安装的动力蓄电池系统的外观及铭牌进行检查，将相关内容填写在表 14-5 中。

表 14-5　动力蓄电池系统外观及铭牌检查记录

序号	内容	操作记录		处理方式
1	外观	是否有变形或裂纹	是□　否□	
		是否有尖角或毛刺	是□　否□	
		是否有外伤或污物	是□　否□	
		焊接处是否打磨光滑	是□　否□	

续表

序号	内容	操作记录		处理方式
2	铭牌	产品型号		
		标称电压		
		产品能量		
		产品质量		
		生产厂商		
		是否与原车一致	是□　否□	
3	绝缘电阻	阻值是否符合维修手册要求	是□　否□	

（3）安装动力蓄电池系统

参考维修手册，按与拆卸相反的顺序安装动力蓄电池系统，并将安装步骤填写在表 14–6 中。

表 14–6　动力蓄电池系统安装记录

序号	流程	操作步骤	工具 / 设备
1	安装蓄电池箱		
2	安装连接线束		
3	安装冷却管路		

续表

序号	流程	操作步骤	工具 / 设备
4	添加冷却液		
5	降下车辆		
6	通电复位		
7	BMS 与 VCU 匹配		

检查评估

对本任务的学习情况进行检查，并将检查结果和结果点评记录在表 14–7 中。

表 14–7 检查评估

检查项目	检查结果	结果点评
动力蓄电池系统拆卸		
是否正确完成动力蓄电池系统拆卸作业	是□ 否□	
车下作业时是否佩戴安全帽	是□ 否□	
动力蓄电池系统检查与安装		
更换的动力蓄电池是否与原车一致	是□ 否□	
是否正确完成动力蓄电池系统安装作业	是□ 否□	
整理及恢复		
工具、设备是否整理恢复	是□ 否□	
实训工位是否打扫干净	是□ 否□	
工作页是否填写完整	是□ 否□	

任务小结

本任务小结如图 14–20 所示。

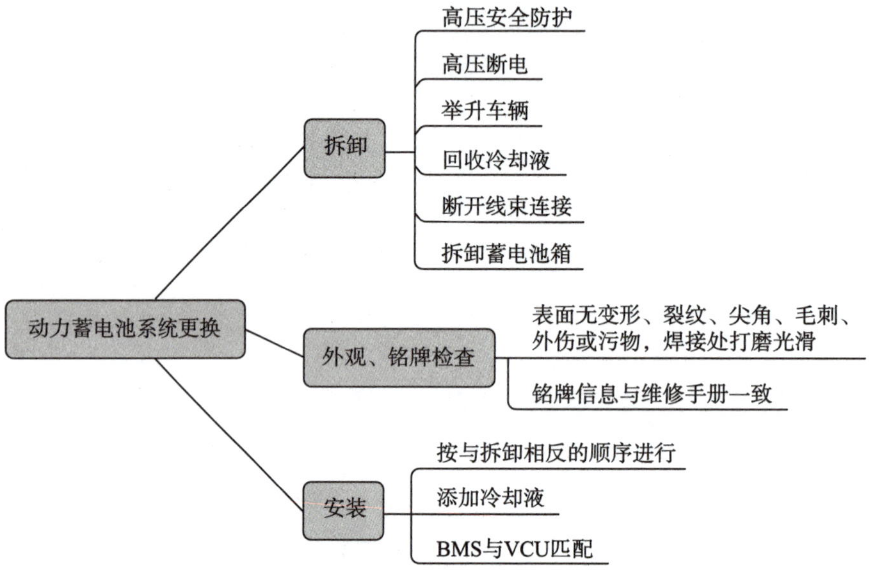

图 14–20　任务小结

任务十五
电池状态评估与回收利用

任务导入

场景： 某电池回收中心。

人物： 操作技师小张。

情境： 小张收到了退役电池包，需要对其进行检测，确定其是否可以被梯次利用。理论上，智能网联汽车退役的动力蓄电池还有 80% 以下的电池容量，经过测试、筛选、重组等环节，退役电池可以继续在低速电动车、备用电池、电力储能等领域应用，具体应用方向与退役电池的实际容量有关。

任务目标

- 能根据余能检测的标准和要求，准确判断是否需要对动力蓄电池进行余能检测。
- 能按照标准作业流程，对退役电池进行余能检测。
- 能按照电池梯次利用要求，使用专用设备检测并判断退役电池是否可以梯次利用。

任务实施

一、电池状态评估

1. 知识学习

（1）动力蓄电池回收利用市场分析

近年来，随着智能网联汽车成为行业热点，作为其基础和核心部件的动力蓄电池也进入高速发展期，但智能网联汽车动力蓄电池的使用寿命有限（按照充电循环次数推算，大约为 8 年），早期进入市场的智能网联汽车动力蓄电池已陆续进入退役期，因此，汽车用动力蓄电池的回收利用需求日益凸显。

尽管智能网联汽车动力蓄电池主要采用相对环保的锂电池，相比铅酸电池，其污染性弱一些，但对环境的污染依然十分严重，一块 20 g 重的手机电池足以使 1 km^2 的土地被污染 50 年以上，而一组动力蓄电池重达数百公斤，如果回收处置不当，也极有可能带来“二次污染”，甚至引发灾难性后果。因此，如何规范废旧动力蓄电池回收市场，保证退役电池被安全回收、环保处理和资源化利用，避免新型固体废物引发严重的环境后果，已然成为业内外共同关注的焦点。

未来 5 年，动力蓄电池平均每年将退役 20~30 GW · h 或 16 万 t；预计到 2026 年，动力蓄电池累计退役量将超 142.2 GW · h 或 92.6 万 t。

电池里面的绝大部分材料都是可以被重复利用的，目前镍钴锰的回收率已经达到了 99.3%，锂的回收率达到了 90% 以上。

针对智能网联汽车动力蓄电池回收，国家已分别于 2018 年 2 月 1 日和 2021 年 6 月 1 日起正式实施了《车用动力电池回收利用　余能检测》和《废旧电池回收技术规范》标准。此类标准不仅对动力蓄电池回收和利用做出了严格的规范，还明确指出回收拆解企业应具有的相关资质。

虽然国家在不断完善动力蓄电池回收体系，但在落实方面还存在诸多问题，废旧动力蓄电池的回收和利用将是智能网联汽车行业可持续发展的最主要障碍，要想突破这个障碍，就必须坚持在政府相关部门的领导下，携手产业链上下游企业，共同完善标准体系和回收体系，突破技术瓶颈，这样才能保证行业的健康发展。

（2）动力蓄电池回收利用方向

动力蓄电池的回收主要有两大方向——梯次利用和再生利用。

在退役的动力蓄电池容量处于 20%~80% 时，梯次利用是首选。梯次利用即对动力蓄电池组进行拆解重组，对电池形态和性能等做出评估和检测，在此基础上针对容量进行调整，将其循环利用在对电池性能要求不高的场景中，如常见的电网储能、基站备用电源和低速电动车用电等。

当电池容量降至 20% 及以下，电池不具备梯次利用价值时，则可以将电池模组进行精细化拆分，对不同材料进行分类处理、再生利用，通过放电、机械破碎和干湿法处理等步骤，提取出镍、钴、锂等贵金属和塑料等可循环利用的组分，最大限度地实现资源循环利用。

理论上，无论是磷酸铁锂还是三元锂电池，都可以被梯次利用。但在实际回收时，磷酸铁锂电池更适合被梯次利用，三元锂电池更适合被拆解回收。一方面，将磷酸铁锂直接报废提取贵金属的收益少，因为其锂含量少，铁价值低，梯次利用则更能发挥其循环寿命长和安全性高的优势。相比之下，三元锂电池的镍钴锂价格高，但循环利用寿命不如磷酸铁锂，在目前缺钴少镍的情况下回收三元锂电池并尽快提取原材料就成了解决当务之急的选择。

（3）动力蓄电池回收利用管理

2018 年 7 月，工业和信息化部对外发布了新能源汽车国家监测与动力蓄电池回收利用溯源综合管理平台，使动力蓄电池回收环节实现有“码”可依；2021 年，国务院《政府工作报告》已提出要加快建设动力电池回收利用体系；同年 3 月全国新能源汽车退役动力电池评估及交易平台落户佛山市南海区；而且除专业第三方回收企业外，不少锂电池材料生产企业、动力蓄电池生产企业和电动汽车生产企业不断入场“延链”，包括宁德时代新能源科技股份有限公司、比亚迪集团、中航锂电有限公司、中国铁塔股份有限公司、宁波杉杉股份有限公司、上海汽车集团股份有限公司、东风汽车股份有限公司和北京新能源汽车股份有限公司等头部企业。

动力蓄电池回收利用管理流程如图 15–1 所示，国家监管平台负责对动力蓄电池的生产、车辆装配及回收再利用信息进行记录、监测、管理，确保每块动力蓄电池都有码可查、有迹可循，并确保每块退役的动力蓄电池都能被合理处置、回收再利用。

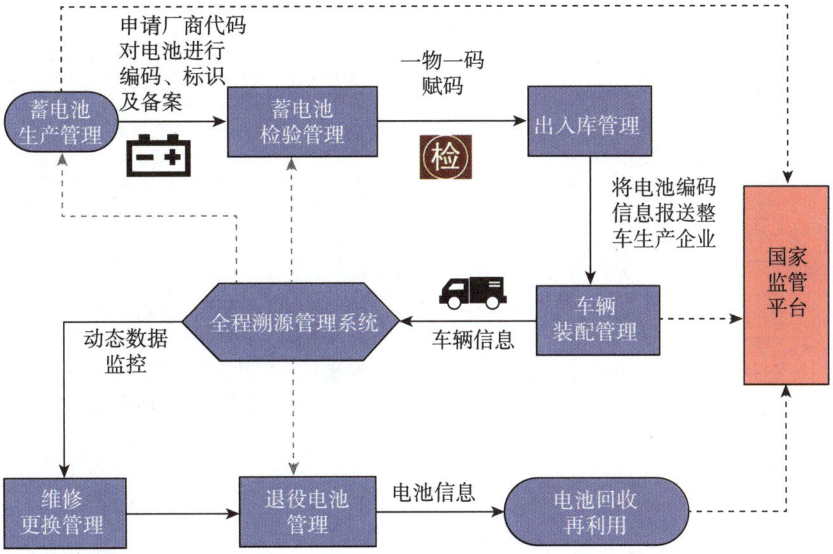

图 15–1　动力蓄电池回收利用管理流程

（4）动力蓄电池回收利用的判定标准

出现下列情况之一的动力蓄电池包可以被判定为可退役：

1）因交通事故造成的电池包破损或变形等，以及经车辆生产企业鉴定不能保证安全使用的电池包。

2）充、放电性能不能满足使用要求，以及经检测或维修后确定不能满足使用要求或安全要求的电池包。

3）充、放电性能正常，实测有效容量低于标称容量的 80%，以及车主决定淘汰的电池包。

4）因车辆已达到使用年限，随车辆一起报废的电池包。

（5）动力蓄电池余能检测

1）余能检测的定义

余能是指动力蓄电池从电动汽车上移除后其剩余的实际容量。从电动汽车上退役的动力蓄电池需进行余能检测，以分析和判断其是否可以被梯次利用，检测内容包括电池包、电池单体和电池模块的余能检测。

针对动力蓄电池的余能检测，国家标准《车用动力电池回收利用　余能检测》中规定了车用废旧动力蓄电池余能检测的术语、定义、符号、检测要求、检测流程及检测方法。该标准适用于车用废旧锂离子动力蓄电池和金属氢化物镍动力蓄电池单体及模块的余能检测。需要特别注意的是，该标准不适用于车用废旧动力蓄电池包组的余能检测。

2）余能检测作业流程

退役动力蓄电池余能检测作业流程如图 15-2 所示。

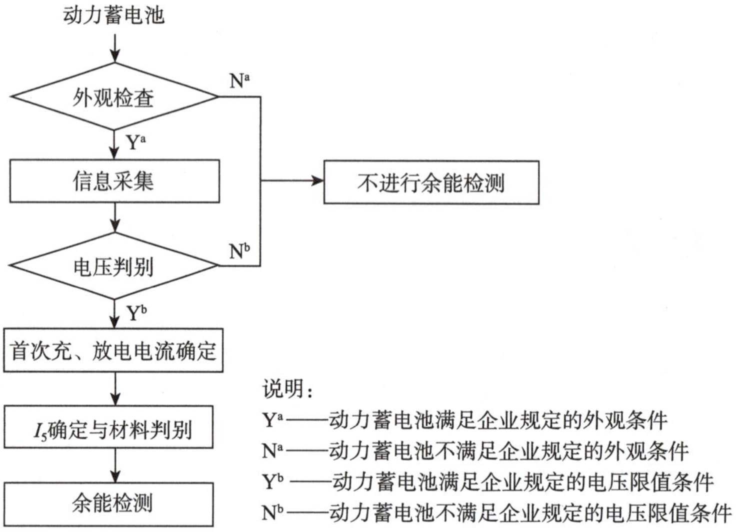

图 15-2　退役动力蓄电池余能检测作业流程

3）余能检测的内容

① 外观检查

在良好的光线条件下，用目测法检查电池模块和电池单体的外观，电池外观不得有明显变形、裂纹及漏液，电池表面应平整、干燥、无外伤，且排列整齐、连接完好，否则不应对其进行余能检测；如电池有主动保护线路，应将其去除后再进行余能检测。

② 信息采集

通过动力蓄电池的标签和铭牌等收集动力蓄电池的基本信息，如标称电压、标称容量和标称能量等。称取动力蓄电池的质量并记录。

③ 电压判别

用电压表检测动力蓄电池的端电压，初步判定动力蓄电池的类别，并判别其极性。

④ 首次充、放电电流确定

首次充、放电电流应根据动力蓄电池的标称电压、标称容量和标称能量等确定，其计算公式见表 15-1。

表 15-1　首次充、放电电流（有标签）

动力蓄电池类型	I_c /A	I_m /A
软包锂离子动力蓄电池	$I_c=C_n/5$ 或 $I_c=W_n/5U_n$	$I_m=C_n/5$ 或 $I_m=W_n/5U_n$
钢壳、铝壳或塑料壳锂离子动力蓄电池	$I_c=C_n/5$ 或 $I_c=W_n/5U_n$	$I_m=C_n/5$ 或 $I_m=W_n/5U_n$

如果不能确定动力蓄电池的标称电压、标称容量和标称能量等信息，则首次充、放电电流可根据动力蓄电池的质量确定，其计算公式见表 15-2。

表 15-2　首次充、放电电流（无标签）

动力蓄电池类型	I_c /A	I_m /A
软包锂离子动力蓄电池	$I_c=0.006\,6\times m+0.832\,1$	$I_m=n_1\cdot I_c$
钢壳、铝壳或塑料壳锂离子动力蓄电池	$I_c=0.007\,0\times m-0.665\,6$	$I_m=n_1\cdot I_c$

表中：

C_n——标称容量，单位为安时（A·h）；

W_n——标称能量，单位为瓦时（W·h）；

U_n——标称电压，单位为伏特（V）；

I_c——蓄电池单体首次充、放电电流，单位为安培（A）；

I_m——蓄电池模块首次充、放电电流，单位为安培（A）；

n_1——模块中并联蓄电池单体的数量，单位为个；

m——蓄电池单体质量，单位为克（g）。

⑤ I_5 的确定

以首次充、放电电流恒流方式进行充、放电试验，并确定 I_5，其计算公式如下：

$$I_5=C_f/5$$

式中，I_5——5 h 率放电电流，单位为安培（A）；

C_f——以首次充、放电电流恒流放电测得的蓄电池容量，单位为安时（A·h）。

⑥ 材料判别

通过按上述步骤进行充、放电试验得到的充、放电曲线，初步判定动力蓄电池材料的类别。

（6）动力蓄电池余能检测的方法

1）电池单体

① 采用 I_5（A）的充电电流对电池单体进行充电试验。

② 采用 I_5（A）的放电电流对电池单体进行室温放电试验，并计算其室温放电容量。

③ 测得的室温放电容量为电池单体在室温下的余能，以 A·h 为单位。

2）电池模块

① 采用 I_5（A）的充电电流对电池模块进行充电试验。

② 采用 I_5（A）的放电电流对电池模块进行室温放电试验，并计算其室温放电容量。

③ 采用 I_5（A）的放电电流对电池模块进行低温放电试验，并计算其低温放电容量。

④ 采用 I_5（A）的放电电流对电池模块进行高温放电试验，并计算其高温放电容量。

⑤ 测得的室温放电容量、低温放电容量和高温放电容量分别为电池模块在室温、低温和高温下的余能，以 A·h 为单位。

说明：室温为（25±2）℃，低温为（−20±2）℃，高温为（55±2）℃。

（7）人员要求

1）拆卸人员应满足规范拆卸、环保作业和安全操作等相应要求，并持有相应的资格证书。

2）在拆卸过程中应双人操作，并至少有一名作业人员持有低压电工证并经过企业内部培训或汽车企业等的专业培训。

2. 技能操作

（1）物料准备

准备技能操作所需的物料，见表 15–3。

表 15–3　物料准备

类别	所需物料
实训平台及附件	动力蓄电池检测教学平台及使用说明书、电池产品说明书
仪器、设备、工具	万用表，电子秤，蓄电池充、放电设备等

（2）余能检测

1）外观检查

对电池单体和电池模块进行外观检查，并将结果记录在表 15–4 中。

表 15–4　外观检查记录

检查内容	电池单体	电池模块
是否有变形	是□　否□	是□　否□
是否有裂纹	是□　否□	是□　否□
是否有漏液	是□　否□	是□　否□
是否有主动保护线路	是□　否□	是□　否□
是否进行余能检测	是□　否□	是□　否□

2）信息采集

收集动力蓄电池的基本信息，并将结果记录在表 15-5 中。

表 15-5　基本信息记录

信息	电池单体	电池模块
标称电压		
标称容量		
标称能量		
质量		
模块中电池单体的串、并联数量	—	

3）电压判别

检测电池单体和电池模块的端电压，并将结果记录在表 15-6 中。

表 15-6　电压检测记录

检测内容	电池单体	电池模块
端电压		
电池类别		
是否进行余能检测	是□　否□	是□　否□

4）首次充、放电电流确定

计算电池单体和电池模块的首次充、放电电流，并将结果记录在表 15-7 中。

表 15-7　首次充、放电电流计算记录

检测内容	电池单体	电池模块
首次充、放电电流		

5）I_5 确定及材料判别

对电池单体和电池模块进行充、放电试验，确定 I_5 及材料类别，并将结果记录在表 15-8 中。

表 15-8　I_5 确定及材料类别相关记录

检测内容		电池单体	电池模块
充、放电试验	放电电流		
	放电方式		
	蓄电池容量		
I_5			
材料类别			

情境三

6）电池单体和电池模块余能检测

按照标准步骤对电池单体和电池模块进行余能检测，并将结果记录在表 15-9 中。

表 15-9　余能检测记录

检测内容		电池单体	电池模块
充电	充电电流		
	充电方式		
室温放电	放电电流		
	室温放电容量		
低温放电	放电电流	—	
	低温放电容量	—	
高温放电	放电电流	—	
	高温放电容量	—	
室温下电池余能			
低温下电池余能		—	
高温下电池余能		—	

二、电池梯次利用

1. 知识学习

（1）电池梯次利用的定义及发展方向

1）电池梯次利用的定义

电池梯次利用是指将退役（废旧）电池（或其中的电池包、电池模块和电池单体）应用到其他领域的过程，可以一级利用，也可以多级利用。

2）电池梯次利用的发展方向

理论上讲，电池包、电池模块和电池单体都可以进行梯次利用。但从现阶段退役废旧动力蓄电池的实际情况来分析，电池包在直接梯次利用时存在电压等级不匹配、BMS 不兼容、内部电池一致性差和安全隐患等问题，因而很少被采用；电池单体由于拆解成本高，容易在拆解过程中损坏，以及检测重新成组成本高等问题，也很少被采用；电池模块的梯次利用是目前普遍采用的方式。

目前，梯次利用的主要发展方向如下：

① 替代传统铅酸蓄电池：通信备用电源、新能源路灯（见图 15-3）、低速电动车和电动自行车等。

② 开发微电网市场：微电网储能系统、移动式充电车、家用微电网储能柜和电网用户侧储能系统（见图 15-4）等。

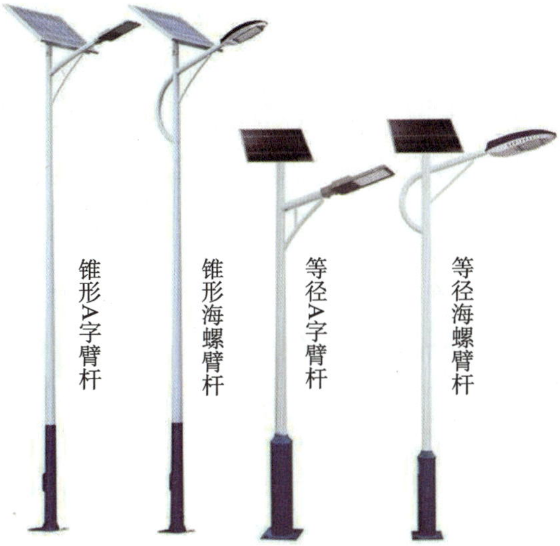

图 15-3　新能源路灯

图 15-4　电网用户侧储能系统

（2）电池梯次利用的要求

1）外观要求

① 电池包或电池模块应外壳完好，外观不得有明显变形、裂纹及漏液，表面应平整、干燥、无外伤，且排列整齐、连接完好。

② 电池单体不得有泄漏、破损、腐蚀或变形，其表面应平整无外伤、无污物等，且标志清晰、正确。

2）余能要求

应用场景为汽车用电池的梯次利用产品：

① 在（25 ± 2）℃条件下，电池包 $1I_3$（I_3 为 3 h 率放电电流，其数值为额定容量值的 1/3）电流值的放电容量应不低于标称容量的 60%。

② 在（25 ± 2）℃条件下，电池模块 $1I_3$ 电流值的放电容量应不低于标称容量的 60%。

③ 在（25 ± 2）℃条件下，电池单体 $1I_3$ 电流值的放电容量应不低于标称容量的 65%。

应用场景为储能电池和其他应用场景的梯次利用产品：

① 在（25±2）℃条件下，电池包 $1I_5$（I_5 为 5 h 率放电电流，其数值为额定容量值的 1/5）电流值的放电容量应不低于标称容量的 50%。

② 在（25±2）℃条件下，电池模块 $1I_5$ 电流值的放电容量应不低于标称容量的 50%。

③ 在（25±2）℃条件下，电池单体 $1I_5$ 电流值的放电容量应不低于标称容量的 55%。

不适合梯次利用的产品：

在（25±2）℃条件下，当退役汽车用动力蓄电池的 $1I_3$ 电流值的放电容量达到电池生产厂家规定的寿命终止条件或低于标称容量的 40% 时，应终止梯次利用。

3）月自放电率要求

月自放电率应不高于 8%。

4）循环寿命要求

循环寿命应高于 500 次。

5）内阻要求

内阻值应不超过其出厂规格的 4 倍。

电池梯次利用产品应用于不同的场景和不同的行业时，应满足相关行业对电源产品的技术标准要求。

（3）电池梯次利用的判定

1）检测流程

退役废旧动力蓄电池是否可以梯次利用的检测流程如图 15-5 所示。

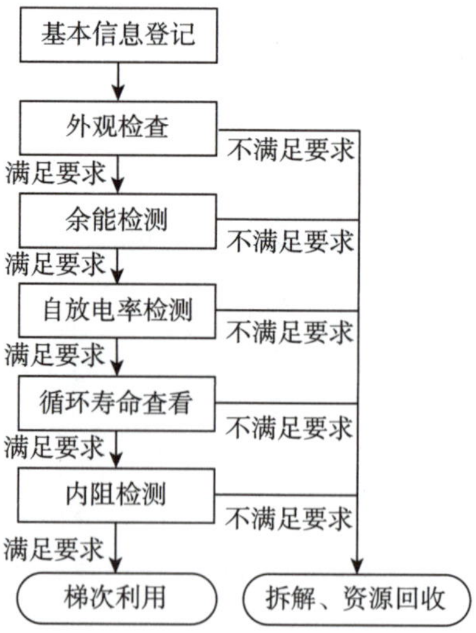

图 15-5　退役废旧动力蓄电池的检测流程

2）基本信息登记

判断退役废旧动力蓄电池是否可以进行梯次利用时，需要对下列信息进行检查并登记。

① 退役废旧电池的生产厂商和出厂日期。

② 退役废旧电池的使用厂商、使用途径和报废原因。

③ 退役废旧电池的标称电压、额定容量和蓄电池类型。

④ 退役废旧电池的维修记录。

3）自放电率的定义及检测

① 自放电特性

自放电是指电池开路时，在一定条件下（如一定温度和湿度等）电池内部自发的或不期望的化学反应造成的可用容量自行下降的现象。自放电的产生主要是由于电极在电解液中处于热力学的不稳定体系，电池的两个电极各自发生了氧化和还原反应。

② 自放电率

自放电率是指在存放时间内，电池在没有负荷的条件下，因自身放电造成的电池容量损失的速度。自放电率用单位时间内电池容量降低的百分数来表示，即

$$X=\frac{C_{前}-C_{后}}{C_{前}T}\times 100\%$$

式中，$C_{前}$——储存前电池的容量；

$C_{后}$——储存后电池的容量；

T——储存时间，常用天、月或年表示。

③ 自放电率的检测方法及步骤

a）检测电池室温放电容量。

b）将电池充满电后静置（根据需要设置静置时长，如计算的是月自放电率，则静置时长应为一个月）。

c）检测静置后的室温放电容量。

d）计算自放电率。

（4）人员要求

1）拆卸人员应满足规范拆卸、环保作业和安全操作等相应要求，并持有相应的资格证书。

2）在拆卸过程中应双人操作，并至少有一名作业人员持有低压电工证并经过企业内部培训或汽车企业等的专业培训。

2. 技能操作

（1）物料准备

准备技能操作所需的物料，见表 15-10。

表 15-10 物料准备

类别	所需物料
实训平台及附件	动力蓄电池检测教学平台及使用说明书
仪器、设备、工具	万用表，电子秤，蓄电池充、放电设备等

（2）电池梯次利用判定

结合上一部分的余能检测结果，对退役废旧动力蓄电池继续进行检测，判断其是否可以进行梯次利用，并完成表 15-11 的填写。

表 15-11 电池梯次利用判定记录

基本信息登记			
生产厂商		出厂日期	
使用厂商		使用途径	
报废原因		动力蓄电池类型	
标称电压		标称容量	
维修记录			
检测内容	检测记录	标准值	结果判定（是否满足要求）
外观			是□ 否□
余能			是□ 否□
自放电率			是□ 否□
循环寿命			是□ 否□
内阻			是□ 否□
结果判定	是否可以梯次利用：是□ 否□		
	梯次利用方向：		

检查评估

对本任务的学习情况进行检查，并将检查结果和结果点评记录在表 15-12 中。

表 15-12　检查评估

检查项目	检查结果	结果点评
电池单体余能检测		
电池单体余能检测流程是否正确	是□　否□	
电池单体余能计算是否准确	是□　否□	
电池模块余能检测		
电池模块余能检测流程是否正确	是□　否□	
电池模块余能计算是否准确	是□　否□	
电池梯次利用判定		
检测内容是否完整	是□　否□	
结果判定是否正确	是□　否□	
整理及恢复		
工具、设备是否整理恢复	是□　否□	
实训工位是否打扫干净	是□　否□	
工作页是否填写完整	是□　否□	

任务小结

本任务小结如图 15-6 所示。

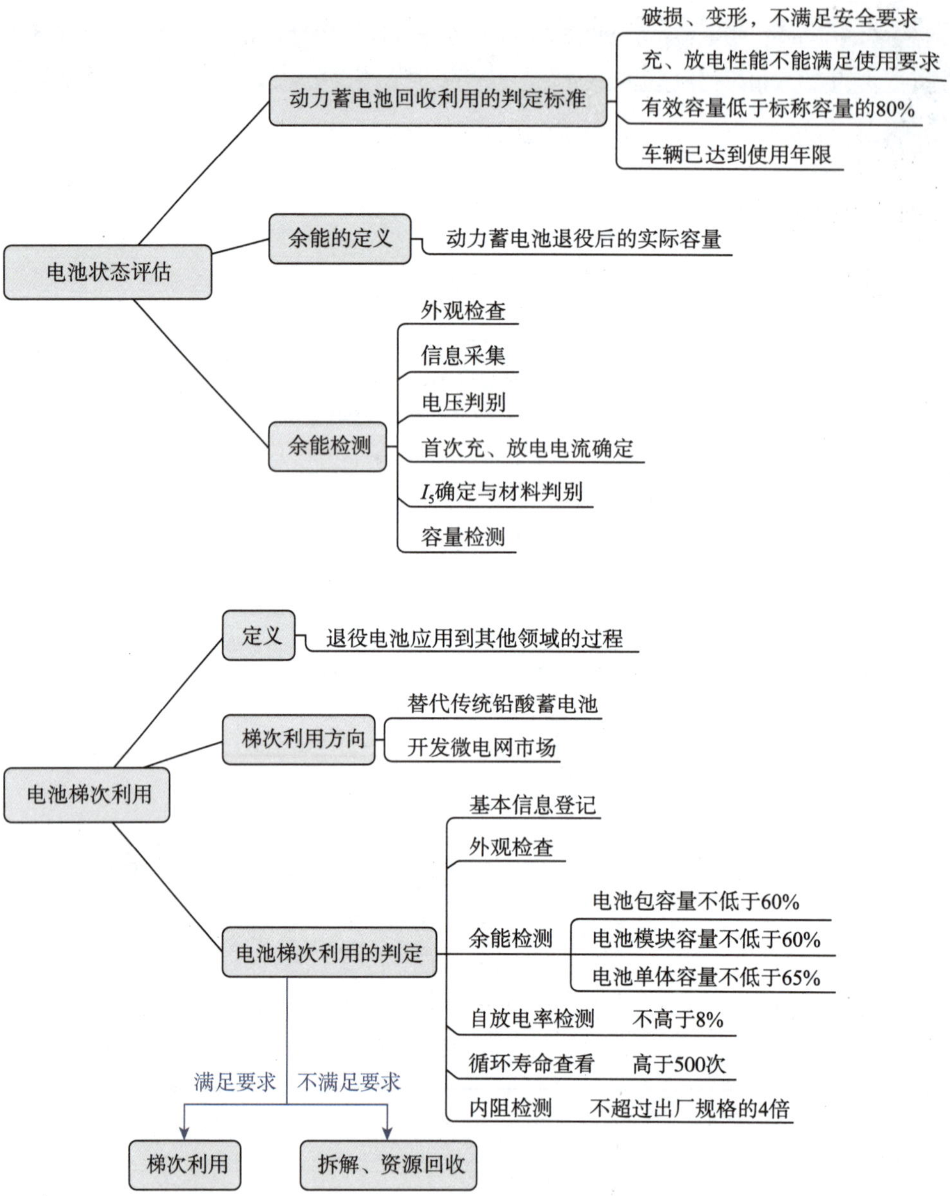

图 15-6　任务小结